Elementarwesen

Marko Pogačnik

Elementarwesen

Begegnungen mit der Erdseele

AT Verlag

Dieses Buch ist eine vollständig überarbeitete, neu gestaltete und wesentlich erweiterte Neuausgabe des 1994 unter dem Titel »Elementarwesen. Die Gefühlsebene der Erde« bei Droemer Knaur, München, erschienenen Werks.

AT Verlag, Baden und München
Lektorat: Johannes Heimrath
Einbandfoto: Anselm Spring
Layout, Satz, Bildbearbeitung: www.humantouch.de
Druck und Bindearbeiten: Ebner & Spiegel, Ulm
Printed in Germany

ISBN 978-3-03800-348-9

www.at-verlag.ch

Inhalt

Einleitung *8*

1 — Einstieg in eine unbekannte Welt *10*

1 — Das elementare und das kosmische Bewusstsein *12*
2 — Ein Bewusstseinsportal *14*
3 — Geduld mit meiner märchenhaften Sprache! *15*
4 — Holografisches Teilstück des Erdherzens *16*
5 — Leere im Herzen *18*
6 — Die Fischfrau und die Erdseele *20*
7 — Urbildliche Intelligenz der Erde *26*
8 — Umweltgeister – der politische Aspekt *30*
9 — Logische Konsequenzen einer märchenhaften Sprache *32*
10 — Übung: Einem Baum die Hand geben *36*
11 — Darf ein Baum gefällt werden? *38*
12 — Übungen zur Wahrnehmung der Wasserelementarwesen *44*

2 — Das Reich der Elementarwesen *46*

13 — Feen und der unterirdische Raum *49*
14 — Übungen zur Wahrnehmung der Feenwelt *52*
15 — Umweltgeister des fünften Elements *55*
16 — Vielschichtige Beziehungen pflegen *58*
17 — Übungen zur Wahrnehmung der Feuergeister 60
18 — Landschaftsengel und Raumfeen *62*
19 — Der Verstand und die elementare Welt *68*
20 — Der Einbruch der Technologie in die elementare Welt *70*
21 — Übung mit den Antennen des Solarplexus *73*
22 — Umweltgeister im Kontext anderer Kontinente und Kulturen *79*

3 — Die Göttin und die sieben Zwerge *87*

23 — Wer ist eigentlich die Göttin? *88*
24 — Phantasie und spielerische Kreativität *92*
25 — Rituale als kreative Werkzeuge *95*
26 — Die Sprache der Kosmogramme *99*

27 — Das Herz des Monte Verità *102*
28 — Schneewittchen und die Beziehung zur elementaren Welt *104*
29 — Raum- und Zeitlöcher *106*
30 — Umweltheilung *110*
31 — Die paradiesische Unterwelt von Sarajewo *112*
32 — Hilferuf der Elementarwesen *118*
33 — Die Ouspensky-Kathedrale in Helsinki *122*

4 — Die Ordnung der Elementarwelt *124*

34 — Übungen zur Wahrnehmung der Erdelementarwesen *136*
35 — Die Übung mit der Biene *140*
36 — Die Wirkung der Umweltgeister aufgrund der Resonanz *142*
37 — Die erhabenen Wesenheiten des Fox Basins *148*
38 — Hüter des zukünftigen Raums *150*
39 — Elementarwesen im Licht der Öffentlichkeit *155*
40 — Eine Übung um Waldorganismus zu erfahren *158*
41 — Ein Feenbaum auf den Philippinen *160*

5 — Die Evolution des Elementarreichs *165*

42 — Die Erde, aus ihrer Mitte heraus betrachtet *166*
43 — Urbildliche Zivilisationen der Erde *172*
44 — Die »neuen« Elementarwesen *180*
45 — »Kindergärten« der Elementarwesen *182*

6 — Naturtempelbezirke *185*

46 — Die Landschaftsnymphe Ekurna heute *191*
47 — Naturtempel, Naturtempelholon *196*
48 — Der Naturtempel Rafford in Schottland *200*

7 — Das persönliche Elementarwesen bei Tier und Mensch *205*

49 — Der Adler über Gotland *207*
50 — Landschaftstempel der Verkörperung *211*

51 – Übung für den Kontakt mit dem persönlichen Elementarwesen *216*
52 – Die Qualität der Erdung *219*
53 – Die Kraft der Geschenke *222*
54 – Gegenseitige Wahrnehmung von zwei Welten *226*

8 – Im Wirbel des Wandels *229*

55 – Der Prozess der Erdwandlung hat begonnen *229*
56 – Die Erdseele erwacht *230*
57 – Umweltgeister und Christusbewusstsein *232*
58 – Elementarwesen im Aufruhr *234*
59 – Hüter des neuen Raums *236*
60 – Erfahrung auf dem Doga *238*
61 – Kosmische Elementarwesen *242*
62 – Die Feennatur im Menschen *244*
63 – Übung zur Förderung unserer Feennatur *246*

Über den Autor *251*

Literatur *253*

Genau dreizehn Jahre nachdem mein Buch »Elementarwesen – Die Gefühlsebene der Erde« mit all seinen Zeichnungen und Texten erstmals erschien, liegt nun eine wesentlich erweiterte, aktualisierte Neuausgabe vor. Die Zahl Dreizehn gilt als Feenzahl, die Tore in die Welt der Umweltgeister und Elementarwesen öffnet.

Wie aber kam es überhaupt zu diesem Buch? Am Anfang stand mein langjähriger Wunsch, die Bewusstseinsebenen der Erde und der Natur zu erfahren – und Elementarwesen und Naturgeister sind nichts anderes als genau das. Sie repräsentieren verschiedene Bewusstseinsaspekte Gaias, der Erdseele. Von meiner Tätigkeit her war ich schon immer an einer tieferen Interaktion mit dem Erdbewusstsein interessiert. Immerhin befasse mich seit 1980 mit der Gesundheit unseres Erdplaneten, vor allem durch eine Art von Erdakupunktur, die ich »Lithopunktur« genannt habe. Beim Menschen beobachten wir, dass das Heilsein des Körpers wesentlich vom Zustand des Bewusstseins abhängt, und das könnte auch auf die Erde zutreffen.

Es hatte jedoch dreizehn Jahre gedauert, bis mir ein echter persönlicher Kontakt mit den Elementarwesen zuteil wurde. Dieser unerwartete Kontakt, der sich am 26. Januar 1993 ereignete – mehr darüber auf den nächsten Seiten –, führte mich in einen Kommunikationszyklus mit der Welt der Elementarwesen, der genau dreizehn Monate andauerte. Von Anfang an zeichnete ich meine Erfahrungen auf, und daraus entstand bis zum Februar 1994 schließlich das ursprüngliche Buch.

In jenen dreizehn Monaten wurden mir alle grundlegenden Dimensionen der Elementarwelt durch die Elementarwesen selbst – also unmittelbar durch das Erdbewusstsein – gezeigt und erläutert. Ich fühlte mich wie ein Gast, der in eine unbekannte Welt eingeladen wurde, um meinen Mitmenschen von ihrer verblüffenden Schönheit und ihrer realen Existenz berichten zu können. In den seither vergangenen Jahren habe ich die Kontakte mit der Welt der Elementarwesen und Umweltgeister als wichtigen Bestandteil meiner erdheilerischen, geomantischen und erzieherischen Tätigkeiten weiter gepflegt. Die 63 Kurzkapitel in dieser Neuausgabe sind das Ergebnis der Erfahrungen, die ich in den dreizehn Jahren von 1994 bis 2007 gesammelt habe.

Für die Neuausgabe las ich den Originaltext aus dem Jahr 1994 nach dreizehn Jahren erstmals wieder. Dabei fielen mir viele Stellen auf, zu denen ich heute eine andere Sichtweise entwickelt habe. Es hat sich in den vergangenen Jahren zwischen mir und den Wesen der elementaren

Welt einiges ereignet, was zu einem tieferen Verständnis ihrer Existenz geführt hat. Schließlich fand ich es sinnvoll, den ursprünglichen Text mit neu verfassten Kommentaren zu erweitern.

Auf diese Weise ist ein dreischichtiges Buch zustandegekommen, das Ihnen Freude und Einsicht bringen möge:

Die erste Schicht besteht aus dem ursprünglichen Bericht meiner Wanderung durch die elementare Welt in den Jahren 1993–94. Ich habe den Text fast unverändert übernommen und lediglich einige Formulierungen verbessert. Die ursprüngliche Einleitung habe ich neu verfasst, und das damalige letzte Kapitel »Die Heilung der gestörten Elementarwelt« habe ich durch das neue Kapitel »Im Wirbel der Wandlung« ersetzt. Letzteres macht die Verschiebung meines Fokus in der Beziehung zur Welt der Elementarwesen nachvollziehbar. Zur optischen Unterscheidung ist der ursprüngliche Text in einer Antiqua-Schrift gesetzt.

Die zweite Schicht besteht aus 63 Kommentaren, die an entsprechenden Stellen in den alten Text eingefügt sind. Sie behandeln neue Entdeckungen, vervollständigen damalige Einsichten oder stellen selbstkritische Reflexionen dar. Nach dreizehn Jahren kann ich einiges von dem, was ich damals geschrieben habe, besser verstehen oder einordnen. Die neuen Textteile sind in der Schrift dieses Absatzes gesetzt.

Die dritte Schicht bilden 56 Zeichnungen. Die meisten davon habe ich an Ort und Stelle skizziert, dort, wo der Kontakt zu dem betreffenden Elementarwesen zustande kam. Die Zeichnungen stellen ein Paradox dar: Die elementare Welt kennt keine physischen Formen, kann jedoch im menschlichen Bewusstsein nur dann einen Platz finden, wenn sie eine Form annimmt. So habe ich versucht, einerseits gewisse Brücken zu den Formen zu schlagen, in denen die Elementarwesen traditionell dargestellt werden; andererseits habe ich mich bemüht, die zu dichten Formen, die dem ätherischen Wesen der Elementarwelt zuwiderlaufen würden, aufzulösen, da sie die Naturintelligenz in Rollen zwingen, die der menschlichen Vorstellung entspringen.

Gestatten Sie nun Ihrem inneren Kind, meine Geschichten zu genießen, und erlauben Sie dem Erwachsenen in Ihnen, zur allgemeinen Bewusstwerdung der Erdintelligenz beizutragen.

Šempas, am 16. März 2007
Marko Pogačnik

1 — Einstieg in eine unbekannte Welt

Mit den Elementarwesen, den Märchen und sagenumwobenen Intelligenzen der Natur kam ich zum ersten Mal im September 1992 in Kontakt, als ich mit meiner Tochter und Mitarbeiterin Ajra in Nordirland weilte. Ein Jahr zuvor hatte ich von der Stadt Derry (Londonderry) den Auftrag zu einem umfangreichen Landschaftsheilungsprojekt erhalten. Die Landschaft von Derry und dem nordöstlichen Donegal war durch die Grenzziehung zwischen Nordirland und der Republik Irland auf schmerzliche Weise auseinandergerissen worden. Ziel meiner Lithopunkturarbeit war gewesen, durch Steinsetzungen beiderseits der Grenze die ursprüngliche vitalenergetische[1] Einheit der Landschaft wiederherzustellen.[2]

Inzwischen waren die Lithopunktursteine bereits an den entsprechenden Plätzen in der Landschaft aufgestellt. Nun waren wir gekommen, um das Werk einzuweihen und es der Öffentlichkeit vorzustellen. Dazu waren Gruppenerfahrungsreisen zu den durch die Lithopunktursteine bezeichneten Plätzen in der uralten sakralen Landschaft um Derry geplant, die wir leiten sollten. Um die Reisen vorzubereiten, fuhren wir an einem frühen Morgen auch zu den Beaghmore-Steinkreisen, die in einer wilden Moorlandschaft unweit von Cookstown liegen. Der einzigartige Wert dieser neolithischen Steinsetzungen liegt darin, dass sie schon vor Jahrhunderten von dicken Moorschichten überdeckt wurden und dadurch in ihrer ursprünglichen Vollkommenheit erhalten geblieben sind. Vor nicht allzu langer Zeit haben Archäologen diese Zeugnisse megalithischer Kunst freigelegt, und wegen ihrer Unverfälschtheit können wir besonders gut an ihnen lernen.

Es war das erste Mal, dass ich versuchte, die Kraftbeziehungen innerhalb der Steinkreise einfach mit meinen Händen zu erspüren. Es war noch nicht lange her, dass ich die Radiästhesieinstrumente beiseite gelegt und den Mut gefasst hatte, allein den Schwingungen meiner Hände als Anzeiger unterschiedlicher Strahlungen zu vertrauen. Ich hatte schon immer die Meinung vertreten, dass die Wünschelrute nur ein Hilfsmittel sei, um das feine »Zittern« des menschlichen Körpers sichtbar zu machen, wenn dieser über einer Kraftquelle steht oder sich durch ein Kraftfeld bewegt. Es hatte zwölf Jahre gebraucht, bis ich bereit war, die Rute als Krücke abzulegen. Seither habe ich einfach meinen Händen erlaubt, sich frei in den Schwingungen des Ortes zu bewegen. Dabei stellte sich heraus, dass die Handbewegungen

1 Die vitalenergetische Ebene einer Landschaft ist der materiellen Ebene übergeordnet und zeichnet sich durch eine höhere Schwingung aus. Sie wird auch als ätherische oder bioenergetische Ebene bezeichnet. Die Kraftphänomene sind auf dieser Ebene angesiedelt.

2 Dieses Projekt habe ich ausführlich in meinem Buch »Die Landschaft der Göttin. Heilungsprojekte in bedrohten Regionen Europas« (München 1993) dargestellt.

genauen Mustern und Gesetzmäßigkeiten folgen, die eine zuverlässige Unterscheidung der verschiedenen Kraftphänomene ermöglichen.

Als ich zum Beispiel im Inneren eines der sieben einfachen Steinkreise stand, pendelte meine linke Hand in einem langen, regelmäßigen Rhythmus hin und her, den ich als »solaren« Rhythmus kannte. Als ich dann aber auf die abgerundeten Steinhaufen, die sogenannten Cairns, kletterte, die offensichtlich als komplementäre Formen zwischen den Steinkreisen stehen, veränderte sich die rhythmische Bewegung der Hand: Das Pendeln wurde kurzbahnig und schnell; es handelt sich um lunare Kräfte, die ich im Gegensatz zu den männlichen (solaren) Kräften der Steinkreise als weiblich bezeichnen würde. So wurde also die gesamte Komposition der Beaghmore-Steinsetzungen unter Berücksichtigung des Gleichgewichts zwischen den Yin- und den Yang-Kräften des Universums erschaffen.

Nun finden sich aber zwischen den Steinhaufen und den Steinkreisen einzelne Steine, die scheinbar ohne jede Ordnung dort verstreut liegen. Bei einer früheren Gelegenheit, als ich noch mit meinen Radiästhesieinstrumenten untersuchte, konnte ich keinerlei Anhaltspunkt gewinnen, der sie als einen sinnvollen Bestandteil der alten Steintempelstruktur ausgewiesen hätte. Nun war ich neugierig, herauszufinden, ob ich mit Hilfe meiner bloßen Hände doch etwas an diesen rätselhaften Einzelsteinen fühlen würde.

Ich legte meine rechte Hand behutsam auf die Oberfläche eines dieser Steine und ließ die linke entspannt, aber mit äußerster innerer Konzentration, am Körper herunterhängen. Zu meiner Überraschung begann die Hand, sich unendlich langsam zu bewegen. Es war aber nicht nur die unbeschreiblich langsame Handbewegung, die mich verwunderte – um einen nur wenige Zentimeter langen, rückwärts verlaufenden Bogen zu beschreiben, brauchte die Hand gefühlsmäßig unendlich viel Zeit. Hinzu kam noch ein seltsam tiefes Gefühl, das ich an der Handinnenfläche spürte. Es fühlte sich an, als würde ich durch eine Erdspalte direkt in die tiefste Unterwelt schauen.

Verblüfft über diese bisher unbekannten Wahrnehmungen, wandte ich mich an meine Tochter Ajra mit der eindringlichen Bitte, ihren Engel-Meister[3] zu fragen, worum es sich dabei handelte. Seine Antwort lautete, es handle sich um die Präsenz von Elementarwesen.

3 Schon ein Jahr zuvor, als ich das Lithopunkturprojekt in Norden Irlands vorbereitete, hatte ich Ajra gebeten, mir dabei zu assistieren. Kurz davor hatte sie entdeckt, dass sie telepathisch mit ihrem Engel-Meister Christopher Tragius kommunizieren kann. Als Engel-Meister bezeichne ich die höherentwickelten Wesenheiten, die unsere menschliche Evolution aus einer unsichtbaren, parallelen Wirklichkeit begleiten und beratend oder durch Impulsgebungen unsere Entfaltungsprozesse unterstützen. Botschaften von Christopher Tragius habe ich schon in »Die Landschaft der Göttin« in den Kapiteln über Irland und Slowenien zitiert.

Diese Erklärung hätte mir nicht viel geholfen, hätte meine Tochter nicht in den zurückliegenden Monaten ein ganzes Buch nach dem inneren Diktat ihres Engel-Meisters Christopher Tragius niedergeschrieben, in dem unter anderen auch die Welten der Engel und der Elementarwesen ausführlich behandelt werden.[4] Zwar hatte ich noch keine Gelegenheit gehabt, in das Buch hineinzuschauen, da es noch ungedruckt im Speicher unseres Computers lag, aber Ajra konnte mir doch aufgrund ihrer Kenntnis des Kapitels über die Natur der Elementarwesen zweierlei Einsichten zu dem unerwarteten Kontakt vermitteln.

1 – Das elementare und das kosmische Bewusstsein

Die Rede von Engeln und Elementarwesen mag den Verstand kränken, und mancher möchte das vorliegende Buch jetzt zuklappen. Halt! Es geht hier nicht um handfeste Realitäten, sondern um verschiedene Sprachen.

Spricht man in einer Verstandessprache, so bewegt man sich in der gewohnten Raum-Zeit-Struktur. Der Verstand kann schlicht nichts von den Ausdehnungen der Wirklichkeit wissen, die jenseits dieser Struktur liegen. Es handelt sich um eine Sprache, die so etwas wie Elementarwesen in einer ganz anderen Form kennt, zum Beispiel in der Form des genetischen Codes einer Pflanze.

Geht man jedoch von einem Interesse an unbekannten Ausdehnungen des Lebens aus und lässt sich von den Ebenen der Wirklichkeit überraschen, die dem Verstand verborgen sind, so beginnt das Bewusstsein, eine andere Sprache zu artikulieren. Dann wird die Vorstellung plausibel, dass es parallel zum menschlichen auch andere Ebenen des Bewusstseins geben kann. Und da wir uns auf dem Erdplaneten bewegen, dürfen wir erwarten, dass es Bewusstseinsarten gibt, die das irdische Leben beseelen. Die westliche Tradition spricht von Elementarwesen und Naturgeistern.

Da der Erde als Planet zugleich eine Rolle im größeren Universum zukommt, muss sie auch an einem kosmischen Bewusstsein teilhaben. In der klassischen Sprache verschiedener Kulturen wird der kosmische Aspekt des Bewusstseins mit den Engeln gleichgesetzt.

Dabei mag die Wesenhaftigkeit der beiden Bewusstseinsebenen stören. Nochmals: Halt! Kann man sich das menschliche Bewusstsein vorstellen, ohne dass es denkende Menschen gäbe? Auch die anderen Dimensionen des Bewusstseins könnten nicht existieren, gäbe es nicht

4 Ajra Miška: »Dotik večnosti« (»Von der Ewigkeit berührt – Die Erzählung eines Engels«), Edition Ecorna, Ottersberg 2002, erhältlich beim AT Verlag, Baden und München.

Wesenheiten, welche die irdische und die kosmische Ausdehnung des Bewusstseins »verkörperten«.

So erfuhr ich, dass die Elementarwesen gleichzeitig auf zwei Daseinsebenen existieren: Ihr Körper ist nicht wie der Körper des Menschen materialisiert, sondern hat die Gestalt eines Kraftwirbels, der auf der vitalenergetischen Ebene schwingt. Außerdem haben sie ein Bewusstsein, das auf der emotionalen Ebene (auch: »astrale« Ebene) angesiedelt ist und nicht auf der mentalen, wie dies beim Menschen der Fall ist. Folglich können sie nicht auf gedanklichem Weg, sondern nur über eine gefühlsmäßige Verbindung von uns erreicht werden.

Meine Handwahrnehmungen entsprachen genau dieser doppelten Daseinsebene des Elementarwesens: Durch die extrem langsame Handbewegung hatte ich die spezifische Schwingung eines vitalenergetischen »Körpers« wahrgenommen und durch das in die tiefsten Tiefen ziehende Gefühl in der Handfläche die eigenartige Qualität seines emotionalen Bewusstseins. Meine Wahrnehmung umfasste also beide Daseinsebenen eines Elementarwesens.

Zweitens erinnerte sich Ajra, wie ihr Engel-Meister davon gesprochen hatte, dass die neolithische Kultur sich der entscheidenden Rolle der Elementarwesen in der Landschaft noch ungebrochen bewusst gewesen war. In jedem Heiligtum, das diese Kultur errichtete, wurden auch Kontaktpunkte zum Reich der Elementarwesen gestaltet. Bei den Beaghmore-Steinsetzungen hatten die erwähnten, verstreut liegenden Einzelsteine diese Rolle beibehalten. Ein zweites Beispiel sollte ich schon einige Tage später am Beltony-Steinkreis bei Raphoe im County Donegal entdecken. Einer der 66 im Kreis stehenden Steine ist mit einer Reihe runder Vertiefungen versehen.[5] Bei ihm konnte ich eine ähnliche Tiefe und emotional aufgeladene Schwingung wahrnehmen wie bei den Beaghmore-Einzelsteinen. Offensichtlich war von den 66 stehenden Steinen dieser eine spezifisch der Präsenz der Elementarwesen geweiht.

In den Folgemonaten entdeckte ich durch die neu verstandene Sensibilität meiner Hände an verschiedenen Orten die Präsenz von Elementarwesen, doch gelangte ich noch keinen Schritt über diese trockene Feststellung hinaus. Erst gegen Ende Januar des folgenden Jahres, als ich mit meiner Frau Marika einen Heiler im slowenischen Kärnten aufsuchte, sollte sich diese unbefriedigende Situation wenden. Der Heiler hieß Franz Mihelač.

5 Diesem Phänomen entsprechen in Mitteleuropa die sogenannten Schalensteine, die nach meinen Untersuchungen ebenfalls den Elementarwesen geweiht sind.

Franz ist ein eigenartiger Heiler. Um seine Heilungen zu vollziehen, schafft er ein derart starkes Energiefeld im Raum, dass man kaum atmen kann. Die eigentliche Behandlung galt zwar meiner Frau, aber ich durfte anwesend sein und das Kraftfeld miterfahren. Durch den fast unerträglichen Druck der Heilungskräfte wurden in meinem Körper zwei Dinge angesprochen, die bislang in meinem Unbewussten geruht hatten. Als Erstes bemerkte ich zu meinem Entsetzen, dass es sich im Bereich meines Herzens anfühlte, als fehle etwas, und ich spürte ein beklemmendes Band, das dieses »Loch« umschloss. Jahrelang hatte ich mich schon mit den Ursachen meiner immer wieder auftretenden Herzbeschwerden beschäftigt und glaubte, darin recht erfolgreich gewesen zu sein. Nun wurde ich auf ein weiteres, ungelöstes Problem hingewiesen.

Das zweite Ereignis äußerte sich in Form einer Vision: Kristallklar sah ich am unteren Ende meiner Wirbelsäule eine Tunnelöffnung, die mit einem Steingewölbe schön eingefasst war. Meinem Gefühl nach führte der Tunnel schräg nach unten in die Tiefe der Erde. Als ich ihn aber mit meinem Bewusstsein betreten und tiefer eindringen wollte, musste ich feststellen, dass der Gang zum Teil zugewachsen und durch eine stellenweise eingestürzte Decke verschüttet war. Schließlich musste ich meinen Versuch, den Tunnel zu erforschen, aufgeben.

2 — Ein Bewusstseinsportal

Um hier die märchenhafte Ausdruckweise in eine moderne Sprache zu übersetzen, würde ich von einem Bewusstseinsportal sprechen. Meine geomantischen Untersuchungen der letzten Jahre haben gezeigt, dass es Plätze in der Landschaft gibt, welche die Kommunikation zwischen den verschiedenen Ebenen des Kraftkörpers und des Bewusstseins der Erde ermöglichen. Solche Portale kann man sich wie eine Art von Zeit- und Raumtunnels vorstellen, die Ein- und Ausgänge auf verschiedenen Ebenen der ober- und unterirdischen Welt aufweisen.

Wenn ich in meiner Erzählung von einem Eingang in die Unterwelt spreche, beschreibe ich ein geomantisches Phänomen dieser Art in der Nähe unseres Hauses, ein Bewusstseinsportal, das es mir damals ermöglicht hat, an die im Erdinneren gespeicherten Informationen heranzukommen.

Dass es nicht um ein verschüttetes Relikt aus vergangenen Epochen ging, sondern um eine Art Bewusstseinstunnel, erschloss sich mir daraus, dass der Tunnel zugeschüttet erschien, solange mir nicht bewusst war, warum ich das Unterbewusstsein der Erde betreten sollte. Als sich dies schließlich aufklärte – wie der Fortgang der Geschichte zeigen wird –, wurde der Eingang freigegeben.

Um sich in einem Bewusstseinstunnel durch verschiedene Raum- und Zeitdimensionen bewegen zu können, muss man sich jeweils von der logisch nachvollziehbaren Raum-Zeit-Struktur befreien und sich der besonderen Beschaffenheit des vorhandenen Portals anvertrauen, bis man die erwünschte Tiefe oder Höhe des Naturbewusstseins erreicht hat. Dabei bleibt das individuelle Bewusstsein wach, um den ganzen Vorgang betrachten und steuern zu können sowie um die Erfahrungen zu entziffern und in logische Bilder zu übersetzen.

Über das letzte Bild machte ich mir zunächst keine Gedanken. Was aber die mir unheimlichen Herzbeschwerden anging, begann ich zu ahnen, dass es sich um ein Problem handeln könnte, das in einem meiner vergangenen Leben wurzelte. Bis dahin hatte ich noch nie eine Rückführung in frühere Verkörperungen gewollt, da ich der Meinung war, alle Schwierigkeiten sollten im Hier und Jetzt gelöst werden. Doch nun hatte ich das brennende Bedürfnis, in das Geheimnis einzutauchen, das mit dem Loch in meinem Herzen verbunden war. Die Leitung meiner Rückführung vertraute ich Ajra an, die mit Hilfe der Anweisungen ihres Engel-Meisters eine Rückführungsmethode entwickelt hatte, bei der der Betreffende selbst mitwirken muss.

Am 26. Januar 1993 lag ich bei ihr auf der Couch, und sie führte mich durch einen dunklen Tunnel in die Vergangenheit. Sie ließ die Zeit rasch rückwärts laufen, und ich achtete darauf, wann etwas für mich Wichtiges herannahte. Dann wurde durch meine gezielte Aufmerksamkeit die Zeit plötzlich in ihrem Vorbeirasen gestoppt, und ich konnte in Ruhe betrachten, was sich abspielte. Als Erstes durchliefen wir eine Lebensrunde, die für mein Herzproblem keinerlei Bedeutung hatte. Aber schon die zweite Runde war von Anfang an von einer Vorahnung von Wichtigkeit geprägt.

Ich sah mich als einen feinfühligen Knaben zur Zeit der italienischen Hochrenaissance. Meine Mutter war kurz nach meiner Geburt gestorben, mein Vater war ein mächtiger Fürst. Als einziger Sohn sollte ich sein Nachfolger werden. Mich aber interessierte die weltliche Macht nicht, sondern ich zog es vor, in der Wildnis der Schlossgärten mit der Natur zu verkehren. Um der Forderung meines Vaters zu entgehen, ging ich später als Mönch in ein Kloster. Nun raste die Zeit mit großer Geschwindigkeit weiter. Das monotone Klosterleben bot keinen Anlass zu besonderer Aufmerksamkeit – bis ich plötzlich das Gefühl hatte, dass etwas Entscheidendes geschah.

3 – Geduld mit meiner märchenhaften Sprache!

Bitte haben Sie Geduld mit meiner märchenhaften Sprache! Mein Anliegen ist, die Botschaft einer Weltdimension, die vom menschlichen Verstand seit Jahrhunderten unterdrückt wird, vor der Kontrolle eben dieses Verstands zu schützen. Die märchenhafte Sprache, die ich in diesem Buch benutze, sobald ich in den Hallen des Unterbewusstseins der Erde wandle, ermöglicht mir, gewisse gefühlsmäßige und archetypische Informationen zu vermitteln, die sonst aufgrund der Einseitigkeit der rationalen Sprache verloren bleiben würden.

Ich beziehe mich dabei auch auf die unterschiedliche Funktion unserer beiden Gehirnhälften (Hemisphären), die es uns erlaubt, gleichzeitig auf eine ganzheitlich-intuitive (rechte Hemisphäre) und eine spezialisiert-verstandesmäßige (linke Hemisphäre) Weise zu denken. Gewöhnlich gehe ich so vor, dass ich meine Erfahrungen der Elementar- und Naturgeister in einer märchenhaften (rechtshemisphärischen) Sprache beschreibe und danach in die linkshemisphärische Verstandessprache übersetze. Auf diese Weise wird die ganzheitliche Natur des Erd- und Elementarwesen-Bewusstseins bewahrt und zugleich die Vielschichtigkeit des menschlichen Bewusstseins gewürdigt.

Ich hielt den Zeitstrom an. Der Botschafter meines Vaters besuchte mich in meiner Zelle, um mir mitzuteilen, dass mein Vater im Sterben liege und erwarte, dass ich nach Hause zurückkehrte, um meine Ehren und Pflichten zu übernehmen. Mit dem Abt sei schon alles abgesprochen. Daraufhin versenkte ich mich tief in mein Inneres, prüfte erneut, ob der Weg der Macht mein Weg war, und wies schließlich die Aufforderung zurück. Ich wollte unter allen Umständen meinem Herzen treu bleiben. Ich sah, wie der Botschafter meines Vaters noch einmal den Abt aufsuchte. Der unerbittliche Vater hatte beschlossen, sich an mir zu rächen. Es wurde abgesprochen, dass mir ein Rauschgift verabreicht werden sollte, von dem ich wie tot in Ohnmacht fiel. Dann wurde ich lebendig begraben. Die Verschwörer hofften wohl, die Sünde, mich getötet zu haben, würde sie nicht beflecken, denn ich würde ja von selbst sterben.

Ich erwachte im Sarg, als die Luft schon knapp wurde. Angesichts meines sicheren Todes war mir unerwartet ruhig zumute. Bevor ich den letzten Atemzug tat, sah ich plötzlich eine Schar Heinzelmännchen kommen – ich erkannte sie an der üblichen Tracht –, um mein Herz fortzutragen. Es war das Herz eines reinen Mannes.

4 — Holografisches Teilstück des Erdherzens

An diesem Punkt beging ich einen Fehler. Ich hatte damals noch kaum Erfahrung damit, wie das Herzsystem jedes Menschen in das des Erdkörpers eingebunden ist. Ich hatte die Erklärung meines Verstands angenommen, die Erdgeister hätten mein Herz aufbewahren wollen, weil ich mich in jener Inkarnation so wahrhaftig verhalten hätte. Falsch!

Inzwischen weiss ich, dass das Herz des Menschen kostbar ist, nicht nur weil darin unsere göttliche Essenz verankert ruht – die Essenz unserer unsterblichen Seele –, sondern auch wegen seiner besondern Beziehung zum Herzsystem der Erde. Indem wir uns in den Lebenswelten der Erde verkörpert haben, sind wir auch ein Teil des planetaren Herzsystems. Als »Kindern der Erde« wird uns während des Verkörperungsvorgangs ein holografisches Teilstück (ein sich selbst ähnliches Fraktal) des Erdherzens einverleibt. Meine Tochter Ajra hat dafür den Begriff des »elementaren Herzens« geprägt. Vom Augenblick unserer Geburt durch die ganze Zeitspanne der Verkörperung haben wir das Vorrecht und die Fähigkeit, mit dem Herzen der Erde mitzuschwingen.

Was ich bei der geschilderten Rückführung gesehen habe, war der nachtodliche Moment, in dem der elementare Aspekt des menschlichen Herzens in das Herzsystem der Erde zurückgespeist wird. Erst in einer weiteren Inkarnation kann man daran wieder teilhaben.

Vor Aufregung sprang ich auf und rief: »Ajra, wir müssen den Zwergen nachgehen, um zu erfahren, was sie mit meinem Herzen gemacht haben!« Die beklemmende Leere, die ich im Bereich meines Herzens wahrgenommen hatte, stammte offensichtlich aus dieser mystischen Erfahrung in der Vergangenheit.

Ajra fragte mich, ob mir ein Ort bekannt sei, der einen Bezugspunkt zum Reich der Zwerge darstellte. Tatsächlich hatte ich nach der erwähnten Irlandreise durch die neuentdeckte Sensibilität meiner Hände einen solchen Platz gefunden. Er befindet sich in einem Waldstück in der Nähe unseres Hauses in Šempas. Eine kleine Felswand ragt dort aus dem laubbedeckten Boden.

Nun wies Ajra mich an, mir vorzustellen, es gäbe in der Felswand einen mit Steinen eingefassten Türbogen, der die Schwelle zu einem in die Tiefe hinabführenden Tunnel darstelle. Weiter sollte ich mir vorstellen, dass ich in den Tunnel hineinkröche und dem dunklen Gang in die Erdtiefe hinein folgte.

Der schwarze Tunnel schien unendlich, aber ich schritt beharrlich weiter. Plötzlich hellte sich der Raum auf, und der Gang war zu Ende. Ich schaute mich in der geräumigen Halle um. Außer einem gedämpften Licht sah ich zunächst nichts, bis ich einem Impuls folgend zu Boden blickte. Da sah ich eine wimmelnde Schar von Heinzelmännchen, die zwischen meinen Füßen hin und her liefen. Ich kam mir vor wie Gulliver unter den Liliputanern. Nachdem sich mein erstes Erstaunen gelegt hatte, erinnerte ich mich daran, warum ich in die Unterwelt hinabgestiegen war. Also sagte ich innerlich mit starker Stimme, wer ich sei und dass ich gekommen wäre, mein Herz zu besichtigen. Zu meiner Überraschung schien dem kleinen Volk die ganze Situation bereits im voraus bekannt zu sein, denn sofort löste sich eine kleine Gruppe aus der Menge und lief in eine bestimmte Richtung. Ich folgte ihnen mit langen Schritten.

Der Weg verlief labyrinthartig hin und her; wir hatten eine beträchtliche Distanz zu bewältigen. Schließlich blieben wir vor einer Kammer stehen. Zu meiner Verwunderung sah ich als einzigen Gegenstand auf einem erhöhten Platz mein Herz liegen. Es schien in einen Edelstein verwandelt zu sein. Mir schien die Form des Herzens so vertraut, dass ich wie selbstverständlich danach griff und es in meine Brust steckte. Es passte genau in das Loch, das ich im Bereich meines Herzens gespürt hatte, als ich bei dem Heiler in Kärnten gewesen war. Auf der Stelle fühlte ich mich wie erneuert.

Erst als ich beglückt den Raum verlassen wollte, bemerkte ich, dass um mich herum eine enttäuschte Stille herrschte. Sofort verstand ich meinen Fehler: Ich war im Begriff, den Zwergen ihre Reliquie, das Herz eines reinen Menschen, zu nehmen. Also legte ich es betrübt auf seinen erhabenen Platz zurück. Dann kam mir eine Idee, und ich sagte zu den Zwergen: »Es ist wohl wahr, dass das Herz nun eure Reliquie darstellt, da es sich aber um mein Herz handelt, möchte ich euch bitten, mir das Recht zuzugestehen, dass ich mein Herz besuchen kann, wann immer mein jetziges Herz einer Regeneration bedarf.« Und ganz im Sinn der Gerechtigkeit, die bekanntlich unter den Heinzelmännchen waltet, wurde mein berechtigter Wunsch gebilligt.

5 – Leere im Herzen

Eine Mutter liebt alle ihre Kinder. Unmöglich kann ausgerechnet ich ohne ein in mir pulsierendes Teilstück ihres Herzens geboren worden sein. Die Leere, die ich in meinem Herzbereich entdeckt hatte, dürfte wohl eher Ausdruck meiner damaligen Entfremdung vom Herzen der Erde gewesen sein, die ich noch nicht erkannt hatte. Ich hatte in jener Epoche meines Lebens zwar schon viel für die Erneuerung der menschlichen Beziehung zur Erde und zur Natur vollbracht: Die Grundlagen eines mehrdimensionalen Bewusstseins über die Wirkung der Lebenskräfte in der Landschaft waren schon gelegt und in die Öffentlichkeit hinein kommuniziert. Ich hatte bereits die Lithopunktur und andere Methoden der ökologischen Heilung entwickelt und in verschiedenen Projekten verwirklicht. Auch der Begriff des Landschaftstempels war durch das Buch »Die Landschaft der Göttin« neu eingeführt.

Doch meine emotionale Beziehung zum Wesen Erde war noch nicht erwacht, und ich hatte sie auch nicht im Sinn des ganzheitlichen Weltbilds verstanden. Ich konnte dem Herzen der Erde noch nicht zum lange ersehnten Ausdruck verhelfen. Sein in mir verkörpertes Teilstück schlummerte noch im Schatten meines Unbewussten.

In den folgenden Tagen stieg ich regelmäßig während meiner gewohnten Morgenmeditation den inzwischen vertrauten Weg in die Tiefe hinab, um das veredelte Herz für eine Weile in meine Brust zu stecken und es dann wieder zurückzulegen. Dabei benutzte ich den Eingang zur Unterwelt, der sich an der Felswand im Wald befindet, immer weniger, sondern begann, durch den Tunnel zu gehen, den ich während der Heilungssitzung in Kärnten am Ende meiner Wirbelsäule wahrgenommen hatte. Damals hatte ich ihn noch als verschüttet erlebt, denn die Fähigkeit, mich jederzeit mit der Elementarwelt in Verbindung zu setzen, war wie wohl bei den meisten Menschen in meinem Bewusstsein verdrängt und vergessen gewesen.

Sieben Tage lang verliefen meine Besuche in der Unterwelt während der Morgenmeditation ohne Schwierigkeiten. Als ich aber am achten Tag wieder hinabstieg, erwartete mich nicht die gewohnte angenehm graue Atmosphäre. Statt dessen befand ich mich inmitten eines grellen Lichts. Vergeblich versuchte ich zu verstehen, worum es sich handelte. Um es zu erfahren, tauchte ich schließlich in das Licht ein und befand mich mitten im Element Wasser! Zu meinem Erstaunen konnte ich recht gut atmen, während ich immer tiefer im Wasser versank.

An einem lotrechten Felsen entlanggleitend, wurde ich in die urbildlichen Tiefen des Wassers hinabgezogen, bis ich schließlich an der Schwelle zu einer Höhle anlangte. Darin sah ich einen Fisch schwimmen, einen grauen, blattförmigen Riesenfisch. Er schien sich nicht von seinem Platz zu bewegen, obwohl er sich leicht hin und her wiegte, um sein vollkommenes Gleichgewicht zu wahren.

Ich schaute dem Fisch in die Augen. Da erkannte ich Faronika, die Fischfrau, von der es in einer berühmten slowenischen Volksballade heißt:

Jesus schwimmt im Meer, in einem tiefen Meer.
Eine Fischfrau schwimmt ihm nach, die Fischfrau Faronika.
»Oh, warte, Fischfrau, warte, Fischfrau Faronika!
Wir wollen dich fragen, was in der Welt geschieht!«
»Schlage ich mit meinem Schwanz,
so wird die Welt untergehn!
Drehe ich mich auf meinen Rücken,
so wird die Welt überflutet!«
»Oh, tu es nicht, Fischfrau, Fischfrau Faronika!
Wegen der kleinen Kinder tu es nicht
und wegen der Frauen im Wochenbett!«

Wortlos stellte ich ihr die Frage, was ihre reale Funktion in der Landschaft sei. In derselben Weise erhielt ich eine klare Antwort. Sie gehöre zu den Elementarwesen des Wassers und sei in den unterirdischen Gewässern oder an den sogenannten »Blindquellen« (*blind springs*) in der Erdtiefe tätig. Ihre Aufgabe sei es, das grundlegende Gleichgewicht der Landschaft zu bewahren. Würde sie mit ihrem Schwanz schlagen, so käme es an der Erdoberfläche zu Katastrophen, gerade so, wie es der Volksmund erzählt.[6] Jeder Ort und jede Landschaft, die eine in sich geschlossene Einheit darstellen, habe einen Gleichgewichtspunkt, der mit einem Elementarwesen von ihrer Art in Resonanz stehe. Darauf fragte ich sie, an welchem Zeichen ich einen solchen Gleichgewichtspunkt erkennen könne. Da begann meine Hand sich im Wasser auszurichten und vor mir gegen den Uhrzeigersinn zu kreisen.

Ich bedankte mich bei Faronika und bat sie, angesichts des immer stärker ins Wanken geratenden ökologischen Gleichgewichts Erbarmen mit den Menschen zu haben. Dann glitt ich wieder zurück in mein Tagesbewusstsein.

Dankbar war ich für die Begegnung auch, weil ich eine ganz andersgeartete Dimension der Wasserwesen kennengelernt hatte, als wir sie aus den Märchen kennen, die meist von Nixen erzählen. Es leuchtete mir auch völlig ein, dass gerade das Wasser mit seiner Fähigkeit, sich in jeder Situation horizontal auszurichten, das geeignete Element für die Elementarwesen des Gleichgewichts ist. Ein Grund mehr, das Grundwasser zu schützen!

6 – Die Fischfrau und die Erdseele

Meine damalige Deutung der Rolle der Fischfrau Faronika möchte ich keineswegs bezweifeln. Im Licht späterer Erfahrungen wurde jedoch klar, dass sie als Ikone für ein vielschichtiges Urbild steht. Es handelt sich beim Urfisch vor allem um eine symbolische Darstellung der Erdseele. Nicht nur das Gleichgewicht, sondern auch das Bewahren der Identität der Erde wird durch die Gestalt des Urfischs symbolisiert. Wie angedeutet, ist die Erdseele an jedem Ort, in seiner wässrigen Tiefe, als ein holografisches Teilstück ihrer selbst anwesend. Man spricht von der

6 Der Fisch als Weltträger, auch Weltfisch genannt, kommt in den Weltentstehungsmythen vieler Völker vor. In der deutschen Volksüberlieferung heißt er »Celebrant« oder »Concelebrant«, und in einem Volkslied aus der Eifel werden ihm ähnliche Kräfte zugesprochen wie in den oben genannten Versen: »Der Fisch, der ist sich Concelebrant, / Er wird sich in allen Gottes Messen genannt, / Wird er nicht in allen Gottes Messen genannt, / So entsteht sich Erdbeben wohl in dem Land.« (Schmitz, »Sitten und Bräuche, Lieder, Sprüchwörter und Räthsel des Eifler Volkes I«, Trier 1856, zitiert nach Leander Petzoldt, »Kleines Lexikon der Dämonen und Elementargeister«, München 1990)

Die Fischfrau Faronika als mythologische Verkörperung eines Gleichgewichtsgeistes.

Seele des Ortes (lateinisch: *Genius loci*). Das wässrige Element gehört deswegen zu ihr, weil sie durch das emotionale Bewusstsein wirkt.

Es ist bezeichnend, dass ich den Urfisch als ersten unter den Archetypen des Erdinneren erlebt hatte. Da er die Erdseele symbolisiert, steht er auch für die Urmutter aller Elementarwesen und Naturgeister. Diese repräsentieren verschiedene Manifestationen ihrer Gedankengänge. In diesem Sinn könnte man Elementarwesen und Naturgeister als ausführende Intelligenzen verstehen, welche die Absichten und Vorkehrungen der Erdseele bezüglich des Lebens an ihrer Oberfläche in die Tat umsetzen.

Einer der weltweit wichtigsten Orte des Urfischs ist der Ort, an dem sich heute Venedig befindet. Dort manifestiert sich ein planetares Chakra, das der Ausbalancierung der irdischen Kraftfelder dient. Es ist bezeichnend, dass der Stadtkörper von Venedig eine Fischform aufweist und zudem auch mitten im Meer errichtet wurde.

Als ich am nächsten Morgen während der Meditation in die Unterwelt eintauchte, war ich schon gespannt, welchem märchenhaften Wesen ich dieses Mal begegnen würde. Wieder befand ich mich mitten im Element Wasser. Rasch wurde ich in die Tiefen getragen. Winzige Wasserwirbel tänzelten um meinen Körper herum und zogen mich fort in die Weite des Urmeers. Am Meeresboden angekommen, trat mir ein Wesen von unermesslicher Schönheit entgegen, in dem ich die Gebieterin des Wasserelements erkannte. In den slowenischen Märchen heißt sie »die schöne Vida«.

Ihre wundersame Schönheit überwältigte mich zunächst derart, dass ich meine Aufgabe, die vernachlässigte Welt der Elementarwesen kennenzulernen, vergaß. Doch bevor sie wieder entschwand, besann ich mich noch rechtzeitig und bestürmte sie mit meinen Fragen. Ich erfuhr, dass die geheimnisvolle regenerative Kraft des reinen Wassers ihre Gabe an das Leben darstellt. Die Märchen, die vom »Wasser des Lebens« erzählen, durch das ein Toter zum Leben erweckt werden kann, beziehen sich auf diese durch die Elementarwesen aufrechterhaltene Kraft des Wassers.

Dann zeigte mir eine Vision die mich umgebende Natur in ihrer überwältigenden Schönheit, einer Schönheit, wie sie der Mensch nur in ganz seltenen Augenblicken erfährt. Es wurde mir mitgeteilt, dass diese paradiesische Qualität von Schönheit, die nicht nur gesehen, sondern in erster Linie gefühlt werden kann, der regenerativen Kraft des Wassers zu verdanken ist, welche von ihren Helferinnen, den Nixen, durch die ganze irdische Schöpfung verteilt wird. Als ich mich bedankte und verabschieden wollte, erreichte mich noch eine ernsthafte Warnung der Wasserfrau: Die Schönheit, die sie und die anderen Elementarwesen des Wassers der

Die schöne Vida, Gebieterin des Wasserelements.

Mitwelt schenkten, habe nicht nur einen ästhetischen Wert, sondern sie sei eine grundlegende Lebensqualität. Durch die fortschreitende Umweltzerstörung, insbesondere die Verschmutzung und Entwertung der Gewässer, werde diese Lebensqualität verdrängt und vom Hauch des Todes bedroht.

Die dritte »Märchenfigur«, der ich während der Morgenmeditation begegnete, war König Mathias, der berühmteste Held der slowenischen Märchen. Im Volksmund heißt es, er schlafe mit seiner riesigen Kriegerschar im Berg Peca, am Rand des slowenischen Kärntens. Es war mein ausdrücklicher Wunsch, ihm zu begegnen, denn es interessierte mich, zu erfahren, welche reale Kraft jenseits des bekannten Stereotyps er verkörperte.[7]

Zuerst erschien in der Dunkelheit ein strahlendes Zepter, Symbol königlicher Macht. Ich griff nach dem Zepter und wurde nun von ihm in die Unterwelt des Bergs Peca geführt. Schließlich gelangte ich in eine riesige Halle, in der ein alter König saß. Ich durfte in das Gesicht des alten Königs schauen, und plötzlich wusste ich: Er war die leitende Intelligenz der Elementarwesen der Erde, und seine Armee waren die schlafenden Kräfte der Erde, eine unübersehbare Zahl von in Schlaf versunkenen Gnomen.[8]

Der tiefe Schlaf dieser als Soldaten dargestellten Kräfte, die mich an das Märchen von Dornröschen erinnerten, bedeutet, dass die Elementarwelt in das Unbewusste der Menschen hinabgesunken ist. Wegen dieses vollständigen Vergessens, so wurde mir erklärt, komme uns Menschen die Erde vor wie ein Klumpen intelligenzloser Materie. Da aber das menschliche Bewusstsein während der Dauer unserer Anwesenheit in der Evolution der Erde eine entscheidende lenkende Kraft darstelle, habe sich die Welt der Gnomen weitgehend zurückziehen müssen. Dieser Zustand wurde von besonders fühligen Menschen, die einst die Volkserzählungen geprägt haben, als entrückter Schlafzustand der Elementarwesen der Erde empfunden.

Dann bat ich um eine weitere Frage. Dies wurde gestattet, und ich fragte, was das in unzähligen Sagenvarianten erwähnte Zeichen bedeute, wonach die Krieger des Gnomenkönigs erwachen würden, wenn ein Jüngling in den unterirdischen Saal eindringe und das Schwert des Königs aus der Scheide ziehe. Da wurde das Schwert vor meinen Augen bis zu einem Drittel aus der Scheide herausgezogen, und die Klinge glühte auf, ähnlich dem Leuchten jener Kraftlinien der Erde (die wir Drachenlinien[9] nennen), welches das innere Auge sieht, wenn wir deren Verlauf in der Landschaft betrachten.

7 Im deutschen Sprachraum wird Ähnliches vom Untersberg bei Salzburg erzählt, in dem Kaiser Karl V. und Kaiser Friedrich Barbarossa schlafen sollen. Vgl. Leander Petzoldt, »Sagen aus Salzburg«, München 1993.

8 Von »genomos« (griechisch) – »innerhalb der Erde lebend«

9 Als Drachenlinien werden in der chinesischen Tradition die Akupunkturmeridiane der Erde bezeichnet, die die kosmische Kraft durch das Kraftgewebe der Landschaft tragen.

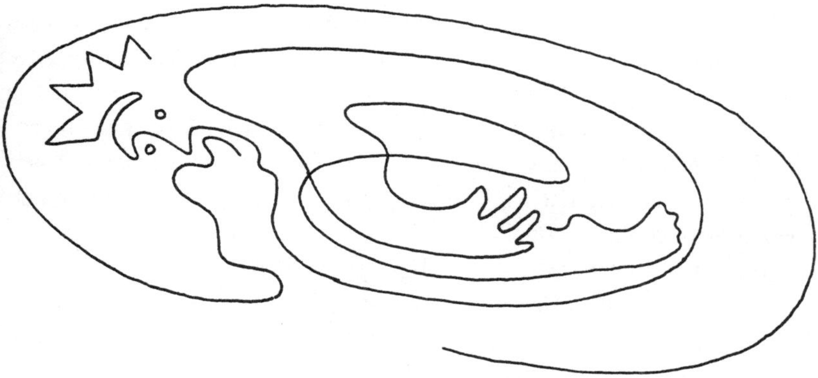

Der in Schlaf versunkene Gnomenkönig Mathias als ein Symbol der Erdkräfte.

Dazu wurde mir die Botschaft gegeben, der Jüngling symbolisiere eine neue Generation von Menschen, die das Kraftgewebe der Erde wieder entdecken, reinigen und ehren würden. Wenn dies geschehe, so werde das aus der Scheide gezogene Schwert den Elementarwesen als Zeichen dienen, dass die Zeit gekommen sei, ihr Exil zu verlassen, um gemeinsam mit den Menschen in schöpferischer Tätigkeit die Erde in einen Paradiesgarten zu verwandeln. Deshalb schließe auch die Sage mit der Verheißung eines Zeitalters des Friedens und der Glückseligkeit auf Erden.

Die drei bisherigen Begegnungen hatte ich so verstanden, dass ich die Figuren aus der Märchen- und Sagenwelt im Spiegel ihrer wahren Funktionen erkennen sollte, um eine Ahnung davon zu bekommen, was die in den Märchen versteckten Botschaften für unser Leben heute bedeuten. Danach änderte sich die Thematik meiner Kontakte mit den Wesen der Elementarwelt. Es sah ganz so aus, als sollte ich systematisch mit den verschiedenen Aspekten ihres Daseins vertraut gemacht werden.

7 — Urbildliche Intelligenz der Erde

An dieser Stelle muss ich klarstellen, dass ich bei meinen ersten drei Begegnungen mit dem Bewusstsein der Erde noch nicht mit echten Elementarwesen, sondern mit drei Facetten der urbildlichen Intelligenz der Erde in Kontakt gekommen war. Es handelt sich dabei um urbildliche Muster, die Vorgänge an der Erdoberfläche prägen. Diese Urmuster sollten jedoch zugleich als Wesenheiten göttlicher Natur verstanden werden. Deswegen konnte ich mit ihnen kommunizieren und sie anhand der mythischen Gestalten aus der slowenischen Volksüberlieferung erkennen.

Für Elementarwesen an der Erdoberfläche stellen diese urbildlichen Gestalten so etwas wie »Meisterintelligenzen« dar, die sie verehren und deren schwingungsmäßige Anweisungen sie während ihrer Tätigkeiten dauernd und in absoluter Treue befolgen. Zwischen der Essenz der einzelnen Naturgeister und Elementarwesen einerseits und dem Pantheon der urbildlichen Gestalten andererseits, von denen ich hier nur einige beschrieben habe, besteht eine Art Herzensbeziehung.

Später habe ich die Ebene der Urbilder, die sich tief im Erdinneren befindet, mit dem Ausdruck »Ur-Elementarebene« benannt. Dort werden archetypische Muster aufbewahrt, nach denen die irdische Schöpfung an der Oberfläche aufgebaut wurde und in jedem Moment erneuert wird. Elementarwesen tauchen, bildlich gesprochen, immer wieder in die ur-elementare Ebene ein, um die Kraft und das Wissen aufzufrischen, womit sie ihren spezifischen Dienst an der Erdoberfläche verrichten können.

Im nächsten Schritt ging es, grob gesagt, um die Interaktion der Elementarwesen mit den Lebensprozessen der Erde. Wieder begann es mit dem Element Wasser. Das Wasser hatte mich fortgetragen und an einem Ufer abgelegt. Ich dachte angestrengt nach, in was für einem Land ich wohl angelangt sein könnte. Da wurde ich gewahr, dass ich mich inmitten einer europäischen Kulturlandschaft befand. Ich sah Bäche, gesäumt von Bäumen und Sträuchern, sich durch die Felder winden. Wie in der traditionellen Landwirtschaft üblich, waren die Felder von bunten Hecken umgeben, die von pflanzlichem und tierischem Leben wimmelten. Zugleich verstand ich, dass ich nicht auf dem Weg des gewöhnlichen Sehens in diese Landschaft gelangt war, sondern durch das Tor der Elementarwesen, der Zwerge. Ich beobachtete also gespannt, wo ich ihre Gegenwart wahrnehmen würde. Da sah ich, dass die ganze Landschaft aus polarisierten Kraftfeldern bestand, die wie auf einem Schachbrett angeordnet waren. Es war aber keineswegs so, dass das eine Feld Yin und das andere Yang darstellte, sondern jedes Feld war in sich polarisiert.[10] An den polarisierten Ecken herrschte eine intensive Interaktion, die jeweils die angrenzenden Felder dynamisierte.

Praktisch bezog sich diese Polarisierung auf die Hecken, die in einer gesunden Agrarlandschaft die Felder einrahmen. Ich sah, dass die Hecken, wie eben beschrieben, jeweils diagonal zueinander polarisiert sind, wobei das dynamische Wechselspiel der beiden Pole aber mitten im Feld stattfindet. Dieser ganze Vorgang wird von den Elementarwesen der Erde geleitet. In einer Ecke der Heckeneinfassung haben die »männlichen« Zwerge und in der entgegengesetzten Ecke die »weiblichen« Zwerginnen ihren Brennpunkt. Ich sah ihre Aktivität wie ein Wechselspiel zwischen einer bläulichen Yin- und einer rötlichen Yang-Kraftwelle, die abwechselnd von dem einen und dann von dem anderen Fokus ausgingen und sich im Bereich des Felds mischten und spielerische Verflechtungen eingingen. Parallel zu diesem Bild verstand ich, dass durch die Interaktion, die ich beobachtete, das Land auf natürliche Weise in seiner Fruchtbarkeit bewahrt wird. Durch die landwirtschaftliche Nutzung werden die Kräfte der Erde dauernd erschöpft, doch wird dieses Abziehen der Energie durch die Heckeneinfassung wieder ausgeglichen.[11] In der wunderbaren Wildnis der Hecken werden die Fruchtbarkeitskräfte der Natur ständig erneuert. Dabei haben die polarisierten Elementarwesen der Erde die Aufgabe, diesen Prozess der Regeneration

10 In dieser Form hat jedes Feld eine ähnliche Qualität wie ein mittelalterlicher Klosterkreuzgang, bei dem ebenfalls die Ecken so polarisiert waren, dass beim Umschreiten eine harmonisierende Wirkung entstand.

11 Die Hecken bieten Lebensraum für eine Unzahl von Tieren und Kleinstlebewesen. Eine ähnliche Funktion haben die alten Stein- oder Erdwälle als Feldeinfassungen, in Friesland »Knicks« genannt.

zu initiieren und die erneuerten Kräfte durch das beschriebene Yin-Yang-Wechselspiel in die Felder zu leiten.

Während ich diese Einblicke in das geheimnisvolle Wirken der Natur erhielt, wurde mir auf der Gefühlsebene die Gefahr bewusst, die der Fruchtbarkeit der Erde auf längere Sicht droht, wenn die Hecken ausgerottet werden, um Platz zu schaffen für die »problemlose« maschinelle Landbearbeitung. Damit werden automatisch auch die Brennpunkte der Erdelementarwesen ausgelöscht, und ihre segensreiche Anwesenheit in der Landschaft stirbt mehr und mehr aus. Dabei umfing mich das unheimliche Gefühl eines dem Tod geweihten Planeten.

Dieser kostbare Einblick in die Arbeitsaufgaben der Zwerge veranlasste mich dazu, in der nächsten Meditation den möglichen Beziehungen der Elementarwelt zum Reich der Tiere und der Pflanzen nachzuspüren. In der Frage über das Wesen der Tiere tappte ich lange Zeit im Dunkeln. Offensichtlich fehlten meinem Bewusstsein die geeigneten Begriffe für die anstehende Offenbarung. Dann kam ein Hinweis auf das Märchen »Die Schöne und das Biest«, das ich gerade am Vorabend in der Verfilmung von Walt Disney gesehen hatte. Der schöne Prinz war wegen seiner Schlechtigkeit in ein hässliches Tier verwandelt worden. Während der Rückverwandlung fiel die absonderliche Tiermaske von ihm ab, und der Prinz erlangte wieder seine ursprüngliche, prächtige Gestalt. Der schöne Prinz, der in der ziemlich hässlichen Tierhaut gefangen ist, war offensichtlich ein Hinweis auf das feenartige Elementarwesen, das in der Tiergestalt versteckt ist.

Als Beispiel hatte ich mir gewünscht, die Elementarwesenseele eines Bären zu sehen. Daraufhin nahm ich das Bild eines durchsichtigen Bären wahr, durch den eine wunderschöne Mädchengestalt hindurchschien. Das Mädchen stellte ein hochentwickeltes Feenwesen dar, dem der Bär sozusagen als Kontaktpunkt mit der materiellen Welt dient. Die Verschiedenheit der beiden Wesen war verblüffend. Das Wesen des Elementargeistes ist mit dem des Tieres auf der emotionalen Ebene verflochten. Eines hilft dem anderen. Sie lernen voneinander und beschleunigen dadurch ihr geistiges Wachstum.[12]

Nun fragte ich, ob auch die Beziehung zu den Pflanzen ähnlich zu verstehen sei. Die Antwort war Ja und Nein. Jede Pflanze bietet einem individuellen Elementarwesen ihren physischen Körper als Gelegenheit an, mit der materiellen Ebene in Berührung zu kommen und zu dienen. In diesem Sinn ist das Verhältnis ähnlich wie zu den Tieren, obwohl auch hier ein Unterschied besteht, von dem ich später berichten werde (vgl. Kapitel 6).

12 Nicht alle Tierarten leben in einer Symbiose mit Elementarwesen; für die höherentwickelten Tierarten gilt dies häufiger.

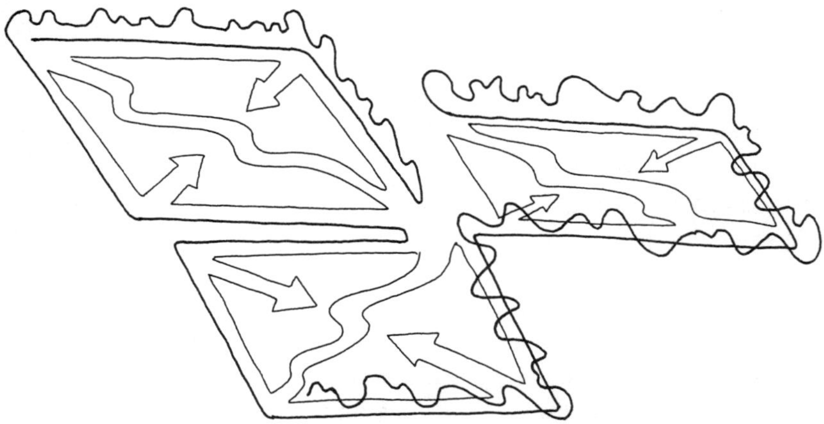

Ausschnitt aus einer traditionellen Kulturlandschaft:
In den von Hecken eingesäumten Feldern entsteht
ein belebender Polarisierungseffekt.

Das Nein bezog sich auf die unterschiedliche Herkunft von Pflanzen und Tieren. Die Evolution der Tiere ist – ähnlich wie die des Menschen – ein kosmisches Gastspiel auf dem Planeten Erde, wobei die Tiere viel stärker in die Vielfalt des materiellen Ausdrucks vorgedrungen sind. Die Pflanzen hingegen sind Wesen der Erde und daher in ihrem Wachstum geradezu abhängig von der Mitwirkung der Elementarwesen, die ihnen die Ebenen des Bewusstseins zugänglich machen.

8 – Umweltgeister – der politische Aspekt

Wir haben es hier mit einer politischen Frage zu tun. Ökologie ist weltweit eines der wichtigsten politischen Themen geworden. Es geht um den Schutz der Pflanzen, Tiere und Biotope wie auch um den Schutz des ursprünglichen Charakters der individuellen Landschaften. Dürfen dabei Bewusstsein und Seele ebendieser Naturwelten vergessen und ignoriert werden? Im selben Maß, wie die »Software« (Bewusstsein) in der globalisierten Welt wichtiger wird als die »Hardware« (Materie), wird im Fall der Natur die Dimension ihres Bewusstseins verleugnet.

Um den politischen Aspekt des Elementarwesen-Themas auszudrücken, habe ich jüngst den Ausdruck »Umweltgeister« geprägt. Es ist an der Zeit, die Bewusstseinswelten der Natur in die einzelnen Fakultäten des Umweltschutzes zu integrieren. Umweltgeister sind nicht weniger real als Pflanzen, Tiere, Menschen und Berge, obwohl sie keinen physischen Körper besitzen. Besitzen unsere Gedanken einen physischen Körper? Wie selbstverständlich akzeptieren wir etwa unsere Gestik als »Körper« unserer Gedanken. Analog haben auch Umweltgeister materielle Körper – repräsentiert durch Pflanzen, Tiere, Berge ...

Das Thema »Elementarwesen« ist in politischer Hinsicht nicht nur aktuell, sondern es birgt auch Zündstoff. Würde nämlich die Intelligenz der Umwelt anerkannt, so könnte man Pflanzen, Tiere und Bodenschätze nicht mehr als Waren ansehen und mit ihnen handeln. Wir wären aufgefordert, mit ihnen zu kommunizieren und ihr Recht auf integrales Sein zu respektieren. Das würde die Grundlagen unserer Gesellschaft tiefgreifend wandeln.

Bei der nächsten Gelegenheit fragte ich meine unsichtbaren Führer durch die Welten der Elementarwesen, ob auch zwischen dem Menschen und den Elementargeistern eine unmittelbare Beziehung bestünde. Die Antwort war damals für mich noch schwer zu begreifen. Also ließ ich mir an meinem eigenen Körper zeigen, wie die Elementarkräfte auf den menschlichen Körper einwirken. Eine Zeitlang herrschte Dunkelheit um mich herum. Dann bemerkte ich, wie die Kräfte der Unterwelt an meinem Körper arbei-

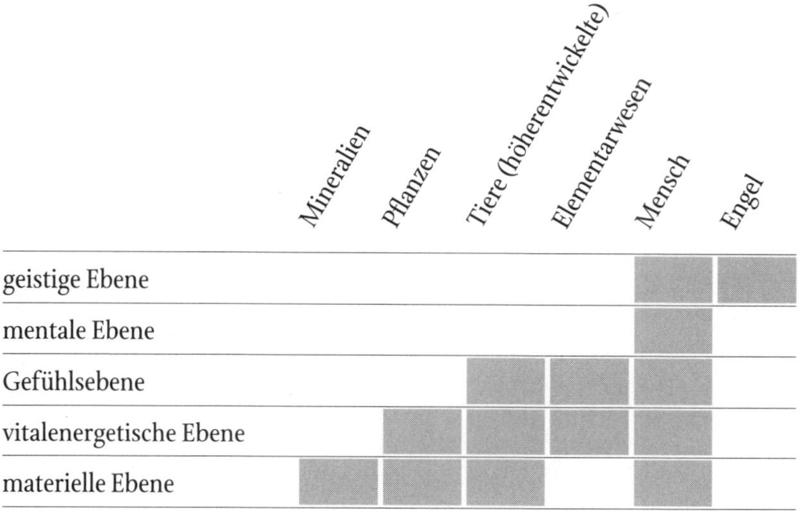

Die Daseinsebenen der verschiedenen Wesenheiten

teten. Es gab keinen unmittelbaren Kontakt, sondern die Wechselwirkung kam durch Resonanz zustande. Gewisse Körperteile schienen mit den entsprechenden Elementarkräften in Resonanz zu stehen. Ich konnte mir gut vorstellen, dass durch die Entfremdung des Menschen von der Erde und der Natur diese Resonanzbeziehungen schwerwiegend gestört werden, wodurch es zu den verschiedensten Krankheiten kommt, für die sich auf der physischen Ebene keine schlüssigen Ursachen finden lassen. Im zweiten Bild konnte ich sehen, welche Aufgabe den Elementarwesen bei der Verkörperung eines Menschen zufällt. Wieder nahm ich das Wirken der elementaren Kräfte auf die Materie dadurch wahr, dass ich die Resonanzen am eigenen Körper spürte. Dann sah ich, wie sich die Elementarwesen der von Resonanzen durchwirkten Materie nähern und sie durch die Muster, die sie im Bewusstsein tragen, so gestalten, dass sich die Organe des Körpers herausbilden. (Dieser Vorgang wird in Kapitel 7, »Das persönliche Elementarwesen bei Tier und Mensch«, genauer beschrieben.)

Noch einen weiteren Einblick in das geheime Leben der Elementarwesen möchte ich erwähnen, der mir ebenfalls im Winter 1993 zuteil wurde. Nachdem ich in der Morgenmeditation wieder einmal den gewohnten Weg in die Unterwelt beschritten hatte, wurde ich sofort bei meiner Ankunft in einem Bogen nach rechts gezogen. Schon befand ich mich auf einem Weg, der in einer Spirale vertikal nach unten verlief und mich tiefer und tiefer hinabzog. Im Vorbeigleiten sah ich auf verschiedenen Ebenen zwei

Eingänge, die seitlich irgendwohin führten, doch war die Geschwindigkeit zu groß, als dass ich hätte aussteigen und sie erforschen können.

9 – Logische Konsequenzen einer märchenhaften Sprache

Mir ist bewusst, dass meine Forschungsberichte oft als märchenhaft erscheinen und der Verstand sie kaum als relevant akzeptieren mag. Ich sehe jedoch bei der Erforschung eines dem modernen Menschen fast vollkommen unbekannten Bewusstseinsbereichs keine andere Möglichkeit, als mich darin einzuleben und ihn in seiner eigentümlichen Sprache zu erleben.

Wer solche Art geistiger Forschung betreibt, muss sich mit dem zu erforschenden Bewusstsein identifizieren, um unmittelbare Erfahrungen über dessen Qualität zu sammeln. Erst dann ist der Verstand aufgefordert, die geistig errungenen Erfahrungen in eine logische Sprache zu übersetzen, die eine objektive Bedeutung für unser Wissen von der Sphäre der Umweltgeister und der Beschaffenheit der irdischen Welt im allgemeinen haben kann.

Ich habe mich entschieden, den Prozess nicht zu verschleiern, durch den ich zu den Erkenntnissen über unsere Parallel-Evolution gelangt bin. Ich erzähle davon offen, um unserer vom Verstand beherrschten Kultur ein Gefühl dafür zu vermitteln, dass es Welten gibt, die, obwohl sie spielerisch und tänzerisch zu funktionieren scheinen, eine gewaltige Verantwortung für das Lebensgewebe der Erde tragen. Wir Menschen sollten daraus lernen, wie wir die denkstarre Haltung unseren eigenen Aufgaben gegenüber überwinden und unsere eigene emotionale Natur mehr zum Ausdruck bringen können. So würden wir auch die Entfremdung dem Leben der Erde gegenüber, unter der unsere Kultur leidet, weitgehend überwinden.

Erst bei einem dritten Eingang am Ende der Spirale kam ich zum Stillstand. Ich trat ein, um mich ein wenig umzuschauen. Vor mir lag eine traumhaft schöne, unendliche Landschaft, aber ich nahm kein einziges Wesen wahr. Ich fragte mich, was für eine Bewandtnis es wohl mit diesem wunderbaren, aber leblosen Land haben mochte. Anstelle einer Antwort bemerkte ich, wie sich mein Körper allmählich aufzulösen begann. Alles, was meinen Körper zusammenhielt, zerfloss leise und löste sich in der Schönheit der Natur auf. Dieser Vorgang war von keinerlei Schmerz begleitet, vielmehr barg dieses Mich-mit-den-Naturkräften-Vereinigen etwas Feierliches. Interessanterweise blieb der Brennpunkt meines Bewusstseins erhalten.

Dann kam auf telepathischem Weg eine Erklärung: Ich befand mich auf der untersten Ebene des dreigliedrigen Zyklus im Leben eines Elementarwesens, der Phase, die dem sogenannten Tod beim Menschen entspricht. Unter »Tod« ist aber nicht nur der gefürchtete Moment der Loslösung der Seele vom Körper zu verstehen, sondern in erster Linie das fortlaufende Leben auf der Ebene der Seele. Für die Elementarwesen ist diese Phase durch einen Zustand gekennzeichnet, wie ich ihn – in diesem Fall wohl nur scheinbar – als Auflösung meines Körpers erlebt habe. Die Elementarwesen lösen sich zu einer vollkommenen Einheit mit den Kräften der Natur auf, ohne den individuellen Fokus ihres Bewusstseins zu verlieren. So durchlaufen sie eine Phase der Regeneration.

Die zwei weiteren Eingänge, die ich auf meiner rasenden Fahrt in die Tiefe gesehen hatte, führten jeweils in eine andere Phase im Leben der Elementarwesen. Der Zyklus beginnt mit einer Phase des unbefangenen Genießens und unbegrenzter Freude innerhalb ihres eigenen Königreichs, das wir in den Begriffen unserer Weltordnung als die Unterwelt bezeichnen. Im Rahmen der Dreigliederung der göttlichen Kräfte wäre das die jungfräuliche Phase der universellen Ganzheit.[13]

Es folgt die zweite, die kreative Phase, wenn die Elementarwesen eine gewisse Aufgabe übernehmen, die sie in der realen Naturwelt ausführen. In dieser Phase verlassen sie die »Unterwelt« und verbinden ihren Brennpunkt mit einer bestimmten Pflanze, einer Hecke in der Landschaft oder mit einem Flussufer. Von dieser Phase wird später immer wieder die Rede sein, weil sie den realen Rahmen bildet, innerhalb dessen sich die Natur, der Mensch und die Elementarwesen ständig berühren.

Bei den Elementarwesen kann es Jahrhunderte ununterbrochenen Dienstes dauern, bis sie in die dritte Phase gelangen, wie ich sie an meinem Körper während der Meditation erlebt habe. Dies ist die Phase der Wandlung, die das Elementarwesen in seinem Lebenszyklus schließlich wieder an die Schwelle zur ersten Phase zurückbringt. Verglichen mit dem Tagesrhythmus eines Menschen entspräche die erste Phase einer Mischung aus Nahrungsaufnahme und vergnüglichem Spiel, die zweite der Arbeitszeit und die dritte dem Schlaf. Doch unterliegt die Abfolge dieser drei Phasen nicht der rhythmischen Wiederholung von Essen, Arbeiten, Schlafen usw. wie beim Menschen. Sie ähnelt mehr dem Kreislauf der drei Jahreszeiten in der Natur: Frühjahr, Hochsommer und Winter.

Mit diesen Einblicken in die Lebenszyklen der Elementarwesen war der »theoretische« Teil des Offenbarungszyklus abgeschlossen. Danach verla-

13 Auf der seelisch-geistigen Ebene der Landschaft entfalten sich die göttlichen Kräfte in einem dreiphasigen Zyklus. In ihrer jeweiligen Charakteristik entsprechen die drei Phasen der dreigestaltigen Göttin, wie sie in vorpatriarchaler Zeit verehrt wurde. Ich habe sie in ihrem Jungfrauaspekt, ihrem kreativen Aspekt und in ihrem Wandlungsaspekt als in der Landschaft wirkende Kraft wahrgenommen (vgl. dazu mein Buch »Die Landschaft der Göttin«).

gerte sich meine Heranführung an die Elementarwelt in den praktischen Bereich. Ich sollte nun die Elementarwesen in meiner Umgebung kennenlernen. Die ersten Begegnungen waren beispielhaft für unsere äußerst problematischen Beziehungen zur Naturintelligenz.

Die Wesenheiten, die ich als erste unmittelbar in der Natur wahrnehmen konnte, waren die Elementarwesen, die das Wachstum der Bäume begleiten. In Anlehnung an die lateinische Bezeichnung *faunus* nenne ich sie die Faune.[14] Traditionell werden sie als Jünglinge mit dem Unterleib eines Ziegenbocks und mit Hörnern auf dem Kopf dargestellt. Dieses antike Bild sagt wenig über die wahre Funktion der Faune aus, aber durch die Halb-Mensch-halb-Tier-Natur der Faungestalt wird zumindest angedeutet, dass die »Baumgeister« einer ganz anderen Evolution angehören als die Bäume selbst. Wie schon an früherer Stelle erwähnt, handelt es sich auch hier um eine Symbiose zwischen einer Pflanze und einem Elementarwesen.

Bei einem gesunden Baum sehe ich den Faun als eine spiralartige Kraft, die die Äste ebenso wie die Wurzeln bis tief in die Erde hinein umwebt. Das Kraftgewebe, das die Faune wirken, scheint dem Wachstum der Äste und der Wurzeln voranzugehen und sie so in bestimmte geeignete Richtungen zu lenken. Der Faun kann diese Führung bewerkstelligen, weil er außer dem beschriebenen Kraftkörper auch eine relativ selbständige Intelligenz besitzt, mit der er ständig die Umgebung seines Baums über und unter der Erde beobachtet. In vollkommener Übereinstimmung mit den in jedem Augenblick in sein Bewusstsein einströmenden Informationen leitet er den Aufbau des Baums. Diese Bewusstseinsdimension des Fauns nehme ich als ein in die Baumkrone eingewobenes Gesicht wahr, das die beschriebene energetische Struktur seines Körpers ergänzt.

Die antiken Faune, die als von Baum zu Baum laufend beschrieben werden, spiegeln bereits das entfremdete Bewusstsein, das die Gesetzmäßigkeiten des Zusammenwirkens von Baum und Elementarwesen nicht mehr kennt. Durch seinen Pflanzenkörper bietet der Baum dem Elementarwesen die Möglichkeit, Erfahrungen in der Materie zu machen. Als Gegenleistung bietet der Faun sein Bewusstsein an, mit dessen Hilfe der Baum harmonisch in seine Umgebung hineinwachsen kann. Durch diese Wechselwirkung ist der Faun für die Dauer der Lebenszeit des Baums an diesen gekoppelt. Dies geschieht in einer Weise, die weitgehend der Verkoppelung der Seele mit dem Körper eines Menschen während der Inkarnationszeit entspricht.

Diese Verkoppelung wird durch eine Art Nabelschnur besiegelt, die den Faun mit seinem Baum verbindet. Genauer gesagt handelt es sich um den Bewusstseinsbrennpunkt des Fauns, den dieser an das Kraftgewebe des

14 Daneben ist auch die griechische Bezeichnung »Dryade« für einen Baumgeist gebräuchlich.

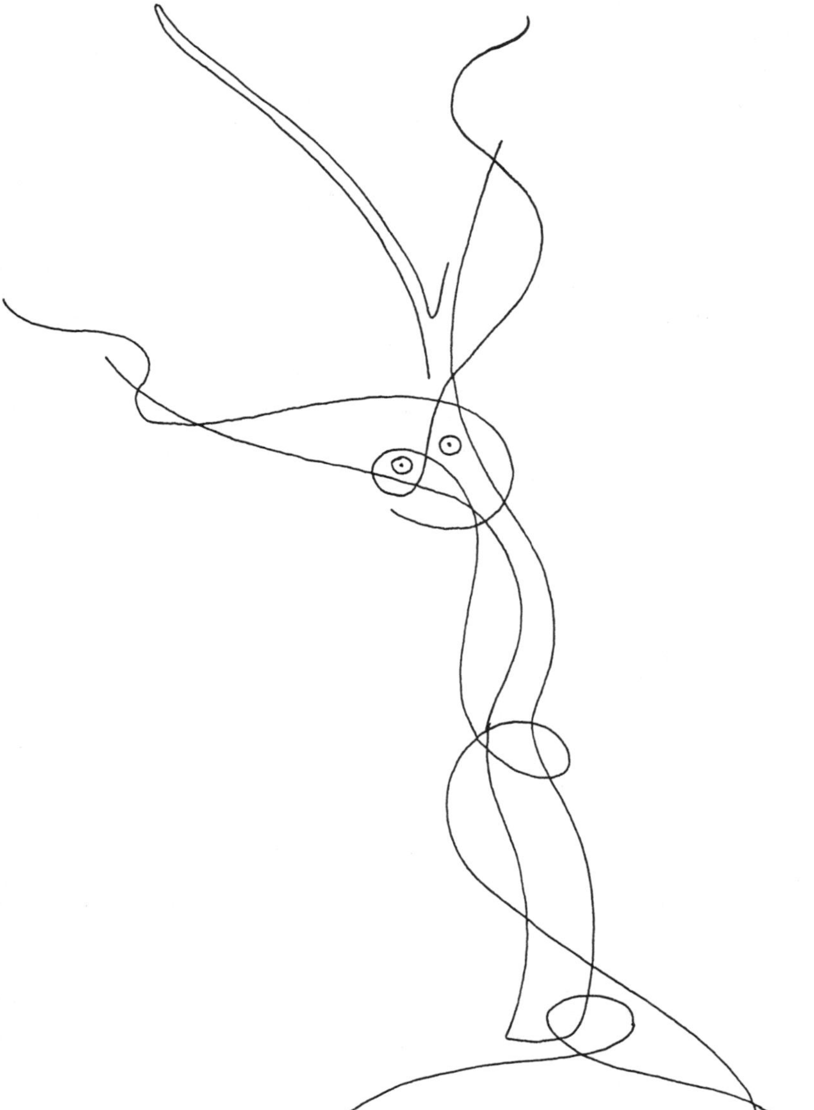

Der Faun einer jungen Eiche.

Baums anheftet, um dadurch eine Brücke zu schaffen, über die die Kommunikation von beiden Seiten stattfinden kann. Da aber die Elementarwesen keinen freien Willen besitzen, sondern als Teil der allumfassenden Natur wirken, kann der Faun seine »Nabelschnur« nicht abkoppeln, solange »sein« Baum noch lebt, und das heißt, solange noch Leben in den Wurzeln steckt.

10 – Übung: Einem Baum die Hand geben

An dieser Stelle schlage ich eine Übung vor, durch die man selbst zur Erfahrung des Wesen der verschiedenen Baumgeister gelangen kann. Ich habe sie im August 2006 von den mächtigen Bäumen eines Parks in der italienischen Gorizia erhalten. Ich war eingeladen, einen Vortrag über die Kraft der Natur zu halten. Da der Vortrag mitten im Park stattfand, wollte ich einige Übungen mit den Bäumen um uns herum anschließen. Die Wiederholung meiner gewohnten Wahrnehmungsübungen schien mir zu langweilig, und so kam ich auf die Idee, die Bäume selbst zu befragen, was für einen Kontakt sie sich wünschten. Die Antwort war eindeutig zu spüren: Sie beobachteten immer wieder, wie Menschen einander die Hände reichten. Es gäbe jedoch niemanden, der ihnen einmal die Hand schütteln würde.

Ich dachte noch, wie dies wohl bewerkstelligt werden könnte, da wurde ich schon von einer riesigen Zeder, in deren äußerem Kronenbereich ich stand, so umgedreht, dass ich ihr den Rücken zuwandte. Dann wurde meine linke Hand hochgehoben (ich bin Linkshänder), bis sie über meine Schulter hinweg zum Baum hinter meinem Rücken zeigte. Dabei wurde mir strengstens verboten, mich umzudrehen und den Baum bei der Ausführung seiner Geste zu beobachten. Nach einigen Augenblicken spürte ich eine warme, zarte Berührung an den Fingerspitzen. Ich verstand sofort, warum der Baumgeist dieses hohe Maß an Intimität einforderte. Um in den physischen Bereich hineinreichen zu können, musste er Gegebenheiten umgehen, die es ihm sonst nicht erlauben, auf der physischen Ebene wirksam zu werden.

Bis heute wiederhole ich diese Übung mit verschiedenen Gruppen, und jedes Mal erlebe ich etwas Unerwartetes. Die Kommunikation reicht von gewissen emotionalen Eindrücken bis zu exakten Einsichten in die geomantischen Schichten des gegebenen Ortes. Auf diese Weise kann man sogar mit Bergen die Hände schütteln!

Schon in den ersten Tagen, als ich begann, mich in der Wahrnehmung der Elementarwesen zu üben, sollte ich zwei lehrreiche Beispiele erleben. Mitte Februar 1993 traf ich mit dem Bürgermeister des nördlichen Stadtteils von Ljubljana zusammen, um ein Lithopunkturprojekt für die Stadt zu besprechen. Wir saßen zum Abendessen im »Gasthaus zur Schmiede«, einem berühmten alten Gasthaus am Stadtrand. Als die Wirtin vorbeikam, wurde ich vorgestellt. Zu unserer Überraschung gab sie uns zu verstehen, sie habe mein Buch über die geistigen Dimensionen der Stadtlandschaft von Ljubljana gelesen und schätze mein Werk sehr. Später setzte sie sich zu uns, um von einem Problem zu erzählen, das ihr große Sorge bereitete. Es ging um eine über hundert Jahre alte Linde, die im Hof des Gasthauses stand. Die Familie wollte den Baum fällen, weil man annahm, dass er die Fundamente und Dächer der umstehenden Gebäude gefährdete. Sie selbst traute sich aber nicht, diesem Plan zuzustimmen, weil sie fürchtete, dass dies dem Haus Unglück bringen würde. Ich versprach ihr, in der folgenden Woche vorbeizukommen und mit dem Faun der Linde zu reden.

Als ich wiederkam, führte sie mich in den Innenhof, wo sich mir ein fürchterlicher Anblick bot. Die Äste der hochgewachsenen Linde waren bis auf den letzten Ast abgesägt! Nur der kräftige, kahle Stamm ragte mindestens sechs Meter hoch in die Luft. Ich bat die Frau, mich einige Minuten allein zu lassen, und ging hinüber zu dem Baumstamm, um mit dem Baumgeist zu sprechen. Um Kontaktpunkte für eine solche Kommunikation herzustellen, lege ich in der Regel meine Hände ganz leicht an die Baumrinde. Dann öffne ich mein emotionales Bewusstsein, indem ich Liebe ausströme. Dadurch entsteht eine Brücke, über die das Gespräch mit dem Wesen des Baums fließen kann.

Kaum war die Brücke geschaffen, als das Bild eines gekreuzigten Riesen, der unter furchtbaren Qualen litt, in mein Bewusstsein schoss. In einer zuckenden Bewegung fuhr er immer wieder hoch, als würde er sich von der Erde abstoßen, um gleich wieder zusammenzubrechen. Mit jedem Hochfahren wiederholte sich die unsägliche Qual.

Um besser verdeutlichen zu können, was der Faun erlitt, möchte ich eine historische Parallele erwähnen. Die Römer hatten die Methode der Kreuzigung so »perfektioniert«, dass das Opfer noch mindestens drei Tage lang lebendig am Kreuz litt. Unter den Füßen des Gekreuzigten befestigten sie einen Querbalken, auf den sich das Opfer unwillkürlich aufstützte, um sich wieder hochzurecken, wenn es zusammengebrochen war und zu ersticken drohte.

Die Lage, in der sich der arme Faun befand, ähnelte der eines Gekreuzigten. Die riesigen Wurzeln waren noch intakt und sandten immer wieder einen Strom von Lebenskraft hinauf in den Stamm. Doch oben fehlte die Krone, die diese Kraft hätte aufnehmen können. Also brach der Kraftstrom zusammen und prallte wieder zurück. Durch ein einziges Bild hatte mir der Faun die ganze Tragik seiner Lage geschildert.

Ich ging zu der besorgten Wirtin und sagte ihr, eine solche Qual solle man einem Baum nie antun. Da es nun aber schon einmal geschehen war, wollte ich versuchen, den Faun zu »verpflanzen«. Ich bat sie, mir die jungen Linden zu zeigen, die sie in den letzten Jahren um das Haus herum gepflanzt hatte, um die alte Linde in Zukunft zu ersetzen.

Ich testete jedes Bäumchen mit der Hand, ob es einen Faun hatte oder nicht. Und wirklich fand ich am Parkplatz eine Linde ohne Faun, die auch schon recht kümmerlich aussah. Nun nahm ich einen schönen Stein aus der Tasche – ich habe immer einige dabei –, ging zu der gequälten Linde, hielt das Steinchen dicht an den Stamm und erklärte dem Faun, dass ich ihn zu einer anderen Linde verpflanzen wolle, wo er gute Dienste leisten könne. Schließlich bat ich ihn, seinen Brennpunkt auf den Stein zu übertragen, und trug ihn vorsichtig hinüber zu der jungen Linde. Dort hielt ich das Steinchen wieder dicht an den dünnen Stamm und bat den ungewöhnlichen Passagier, auszusteigen und seinen Bewusstseinsfokus auf die junge Linde zu übertragen.

Danach empfahl ich der Wirtin, die alte Linde so bald wie möglich ganz zu fällen. Als ich im Frühsommer wieder zu Gast in der »Schmiede« war, erzählte mir die Frau, die junge Linde habe noch nie so schön geblüht wie in diesem Jahr.

11 — Darf ein Baum gefällt werden?

Diese Erzählung hatte seinerzeit eine Lawine von Fragen seitens der Leserinnen und Leser der ersten Ausgabe des Elementarwesenbuchs ausgelöst. Ich wurde gefragt, ob man Bäume überhaupt fällen darf, ob man den Geist jedes abgesägten Baums auf einen anderen Baum übertragen muss usw.

Man sollte vor allem dem Bewusstsein der Natur vertrauen, dass es fähig ist, selbständig für das Schicksal der Bäume und anderer ihrer Wesenheiten zu sorgen. Wird ein Baum gefällt, so erfährt der Baumgeist eine Art Befreiungsimpuls, der es ihm ermöglicht, in die Ganzheit des Erdbewusstseins zurückzukehren. Dies ist ein natürlicher Vorgang im Lebenszyklus eines Naturgeistes, von dem ich bereits sprach.

Freilich würde dieser Vorgang erleichtert, wenn Menschen die Baumgeister wenigstens ein Tag vor dem Fällen darüber benachrichtigen würden. Man kann sich beispielsweise vor dem Baum verneigen und sich beim Baumgeist für dessen Dienst bedanken. Dann übermittelt man die Nachricht, eingebettet in die Wellen der begleitenden Dankbarkeit, durch die das Baumwesen die Botschaft wahrnehmen kann. Auf diese Weise kann sich das Baumwesen zurückziehen, bevor der schmerzhafte Vorgang des Absägens beginnt. Wenn es um ein

Meine Begegnung mit dem in der geköpften Linde leidenden Faun.

ganzes Waldstück geht, kann man die (nur für uns Menschen traurige) Nachricht dem Gesamtgeist des Waldes übermitteln.

Es gibt Ausnahmen wie den geschilderten Fall, wo der Baumgeist aufgrund einer guten Absicht gequält wird, statt von seinem nicht mehr erwünschten Dienst entbunden zu werden. Ausnahmen sind auch Bäume, die eine besondere Aufgabe in der Landschaft erfüllen, zum Beispiel indem sie Sitz eines höheren Umweltgeistes sind. Muss ein solcher Baum gefällt werden, sollte man möglichst schon zuvor einen Ersatzbaum pflanzen. Meist ist der junge Baum buchstäblich zu schwach, um einer so hohen Wesenheit als Fokuspunkt zu dienen. Deswegen sollte man einen Stein an seine Seite setzen oder einen starken Kristall im Wurzelbereich vergraben, wenn der betreffende Geist zum neuen Fokus transferiert oder ihm wenigstens diese Möglichkeit offeriert werden soll. Dabei sollte man schöpferisch vorgehen, sich etwas Eigenes einfallen lassen und neue Wege ohne Angst beschreiten. Wenn die Lösung nicht exakt stimmt, wird sich Natur dem anpassen. Entscheidend ist eine klare und reine Absicht.

Einige Tage später hatte ich ein Seminar in der slowenischen Stadt Koper abzuhalten. Die Stadt war einst von den Venezianern auf einer Insel erbaut und die Häuser so dicht beieinander errichtet worden, dass kein Platz für einen Park blieb. Ende des 19. Jahrhunderts wurde aber am höchsten Punkt der ehemaligen Insel ein Wehrturm abgerissen und an seiner Stelle ein winziger Park angelegt. Die Bäume, die dort gepflanzt wurden, sind inzwischen zu wunderbaren Riesen herangewachsen. Unter ihnen fiel mir besonders eine Platane auf, die unten am Stamm einen kräftigen Ast waagerecht zu einem acht Meter entfernten Punkt ausstreckte, um am Ende des Astes mit voller Kraft in die Höhe zu wachsen. Der Punkt, zu dem sie hinwuchs, war einer jener Gleichgewichtspunkte, von denen ich im Zusammenhang mit der Fischfrau Faronika erzählt habe.

Der Faun, der das Wachstum eines Baums leitet, ist sich nicht nur der biologisch-geologischen Umstände in der Umgebung des Baums bewusst, sondern auch der energetischen Phänomene. So vermag er das Wachstum des Baums so zu lenken, dass der Baum Beziehungen zu den Kraftpunkten in seiner Reichweite aufnimmt, wie es das Beispiel der Platane von Koper zeigt. Solche Äste sind besonders schützenswert, da gewöhnlich die Vitalität des Baums von ihnen abhängt.

Als ich mit den Seminarteilnehmern in den kleinen Park kam, um die Kommunikation mit den Faunen zu üben, musste ich zu meinem Entsetzen feststellen, dass der Park inzwischen urbanisiert worden war. Die verantwortlichen Gestalter hatten nicht nur die Wege gepflastert, sondern wohl auch den ungewöhnlich ausgreifenden Ast der Platane als störend empfunden, so dass sie ihn einfach abgesägt hatten.

Nachdem ich an diesem Beispiel die Unkenntnis der Menschen gegenüber den Bäumen erläutert hatte, was zu derartigen Fehlentscheidungen führt, suchte sich jeder Teilnehmer einen Baum aus, um mit ihm Zwiesprache zu halten. Ich beschloss, die Erfahrung mit der verkrüppelten Platane anderen zu überlassen, und ging zu einer zweiten Platane.

Obwohl ich mit dem Gefühl tiefer Liebe an den Baum herantrat, erhielt ich von seiner Seite keine Antwort. Lange Zeit blieb alles still, dann stürzte sich etwas wie ein wilder Hund mit furchtbarem Gebell vom Platanengipfel auf mich herab. Verwundert schaute ich nach oben in die Baumkrone. Und was sah ich? Die rücksichtslosen Neugestalter des Parks hatten dieser alten Platane alle unteren Äste abgesägt. Sie wollten einen Baum mit einer hohen Krone haben. Welch ein Hochmut!

Nun verstand ich plötzlich die Botschaft des Fauns: Durch die Verwüstung des mittleren Stammbereichs hatte er die Verbindung zum Wurzelbereich verloren und saß nun verzweifelt im übriggebliebenen Gipfel der Krone. Um ihm zu helfen, versenkte ich mich in einen vertieften Meditationszustand und bildete in meinem Bewusstsein eine Lichtbrücke, durch die ich den Faun oben mit dem Wurzelbereich unten verband. Ich hielt dieses innere Bild eine Zeitlang aufrecht, um dem von den Menschen missachteten Elementarwesen Gelegenheit zu geben, sich wieder mit den Wurzeln zu verbinden. Am Ende dieser meditativen »Aktion« empfand ich ein weiches Gefühl der Dankbarkeit, bevor ich mich den weiteren Aufgaben des Seminars widmete.

Es wurde mir bald klar, dass die Faune meine ersten Führer in die Bereiche der ökologischen Präsenz der Elementarwesen sein sollten. So ging ich einfach dazu über, die Bäume über die Dinge zu befragen, die ich nicht verstand. Ich hatte das früher schon häufiger getan, nur war ich damals noch nicht in der Lage, den feinen Unterschied zwischen dem pflanzlichen Wesen des Baums und dem darin »inkarnierten« Faun zu erspüren. Ich wusste auch nicht, dass der Faun die Intelligenz des Baums und folglich die Ebene darstellt, auf der die Kommunikation stattfindet.

So kam mir nun beispielsweise der Gedanke, mit Hilfe eines Fauns eine tragische Begebenheit zu klären, die sich vor mehreren Jahren unweit unseres Hauses abgespielt hatte. Während der sogenannten Flurbereinigungsmaßnahmen, durch die in der ersten Hälfte der achtziger Jahre die Kulturlandschaft unseres Heimattals schwer beschädigt wurde, hatte man auch ein kleines Wäldchen hinter unserem Haus abgehackt und mit schweren Maschinen selbst die Wurzeln herausgerissen, so dass auf dem Gelände ein Feld entstanden war. Theoretisch betrachtet, sollte die Situation für die Faune kein Problem darstellen, weil sie durch das Herausreißen der Wurzeln frei wurden, um in den umliegenden Wäldern neue Dienste zu übernehmen.

Und doch gab es ein Anzeichen, das Zweifel an der Korrektheit dieser Maßnahme aufkommen ließ. Nur einmal hatte ein Bauer versucht, auf dem neu entstandenen Feld Mais anzubauen, danach war es Brachland geblieben. Auch hatte ich eines Tages im Vorbeigehen den ganzen Bereich des ehemaligen Wäldchens innerlich als kohlschwarz, wie nach einem Brand, wahrgenommen; darüber schwebte eine Schar völlig verstörter Wesenheiten, die ich aber nicht erkennen konnte.

Um mir eine Erklärung zu holen, begab ich mich also zu einer alten Hainbuche, die dem unglücklichen Feld am nächsten stand. Als Antwort auf meine Frage, was sich auf dem benachbarten Feld abspiele, prägte der Faun ein ganz klares Bild in mein Bewusstsein. Ich sah einen organisch geformten, weißen Kern, der in mehrere Schichten einer unangenehm grauen, teilweise schwarzen Materie eingeklemmt war, so dass ein fest zusammengebackener Klumpen entstand. Damit ich verstehen konnte, wie er zusammengesetzt war, zeigte mir der Faun den Klumpen im Querschnitt.

Leider hatte ich damals noch wenig Erfahrung mit den Elementarwesen, so dass ich das Bild nicht deuten konnte. Ich bat daher meine jüngste Tochter Ana, den Engel der Erdheilung, mit dem sie seit November 1992 kommunizierte, um Erläuterung zu bitten. Kurze Zeit später schrieb Ana die Antwort des Engels, der sich Devos nennt und sich ganz den Fragen der Heilung des gestörten Kraftgewebes der Erde widmet, nieder. Seine Botschaft lautete:

»Es handelt sich um einen typisch menschlichen Akt. Was den Menschen im Weg ist, räumen sie weg, wobei ihnen die Natur und die Wesenheiten, die durch die Zerstörung ihren Lebensraum und ihre Heimstatt verlieren, unwichtig sind. Es zählt nur, was den Menschen gefällt; die Bäume, die für sie ein Hindernis darstellen, sollen verschwinden, sie sind sowieso zu nichts nutze. (Sie meinen), es gäbe rundherum genügend Wälder, und so sei es egal, ob das Wäldchen, um das es sich hier handelt, abgeholzt wird. Solche Klagen könnte ich unendlich fortsetzen, aber es tut zu weh und bedrückt zu sehr. Die Menschen sind sich gar nicht bewusst, dass sie auf diese Weise unzählige Wesenheiten zerstören und letztlich auch einen Teil ihrer selbst, da ihr Menschen doch ein Teil der Natur seid.

Lasst uns lieber die Lage anschauen, die dadurch entstanden ist. Wie Marko schon gesagt hat, sind bestimmte Elementarwesen und andere Wesenheiten fähig, sich von einem solcherart gestörten Platz zu lösen und mit der Zeit neue Wohnstätten und Aufgaben zu finden. Aber auch sie irren eine Zeitlang umher und suchen nach Auswegen aus den beklemmenden

Umständen. Letztendlich finden sie sich aber zurecht. Es gibt jedoch bestimmte Wesenheiten, die so an einen Raum gebunden sind, dass sie sich bei einem solchen Eingriff in die Natur nicht zurechtzufinden wissen. So können zum Beispiel die Wasserwesenheiten, die für eine Quelle, einen Bach oder einen Fluss sorgen und Teil dieser Wasserströme und deren Lebens sind, ihren Schützling nach einer solchen Katastrophe gar nicht verlassen, um an einen anderen Ort zu gleiten. Sie sind an eine bestimmte Wasserumgebung gebunden. Das ist der Grund, warum sie durch eine solche Zerstörungsaktion so tiefgreifend betroffen werden. Sie bemühen sich weiterhin, einer Quelle oder einem Bach zu helfen. Doch entsprechen die durch Maschinen und menschliche Grobheit geschaffenen Kanäle nicht ihrer Natur. So kommt es dazu, dass sie unglücklich über dem Wasser schweben, da sie in der wässrigen Substanz nicht mehr leben können und ohnmächtig deren Verfall zusehen müssen. Diese unglückliche Lage führt dazu, dass sie völlig verdunkelt, ja regelrecht schwarz werden. Für den Lebensraum bedeutet dies jedoch das Ende, denn nun ist er sich selbst überlassen und dem Verfall preisgegeben.

Das ist auch im Fall des Wäldchens hinter eurem Haus geschehen. Die Wasserwesenheiten haben ihre Hände von diesem Platz zurückgezogen, da all ihre Versuche, Kontakt mit dem Ort aufzunehmen, vergeblich waren. Dadurch verhärtet sich der Raum, er verkrampft sich und wird zu einem toten Raum, ohne Energie und ohne Leben. Ihr könntet in dieser Situation so helfen, dass ihr versucht, den Punkt zu finden, an dem diese Wesenheiten ihr Zentrum hatten, den Brennpunkt, von dem aus sie in der Umgebung der Wasserquelle gewirkt haben. Findet dann eine Weise, ihnen zu helfen, dass sie sich an diesem Punkt, der ihre Quelle darstellt, wieder versammeln und zu leben versuchen, damit sie nicht im ganzen Raum verstreut bleiben. So könnte wenigstens dieser Punkt belebt werden, in dem sowohl alle Wesenheiten als auch die Energie ihre Quelle haben. Auch der Platz wird dadurch ein wenig zum Aufatmen kommen, da er nicht mehr von dem ständigen Umherirren der verlorenen Wesenheiten geplagt wird.«

Meine Unfähigkeit, das vom Faun der Hainbuche in mein Bewusstsein eingeprägte Bild zu verstehen, lag daran, dass ich mögliche Probleme nur im Bereich der Baumelementarwesen erwartet und dabei ganz vergessen hatte, dass vor der Maßnahme am unteren Rand des ehemaligen Wäldchens ein Feuchtbiotop mit einer kleinen Wasserquelle lag. Einst schlängelte sich ein winziges Bächlein von dort aus durch die tiefergelegenen Wiesen. Im Zug der Flurbereinigung war das Feuchtbiotop trockengelegt und die Quelle zugeschüttet worden. Um eventuell nachquellendes Wasser abzuleiten, hatte man anstelle des Bächleins einen mehr als einen Meter tiefen, schnurgeraden Kanal gegraben. Die organischen Formen des wässrigen Elements waren gelöscht worden, und damit hatten die Wasserelementarwesen, die Nixen, jede Möglichkeit verloren, ihre Lebensaufgabe zu verwirklichen.

Ähnlich wie der Faun seinen Kraftkörper mittels einer »Nabelschnur« an einen bestimmten Baum bindet, knüpfen die Nixen, die für eine Quelle sorgen, ihren Fokus an den Bereich der Quelle. Dadurch übernehmen sie die Verantwortung für die Quelle. Wird die Quelle durch einen Eingriff des Menschen vernichtet, so sind sie ihres »Körpers« beraubt, obwohl sie weiter an ihre Aufgabe gebunden bleiben. Im Gegensatz zu einem Baum, der vergeht und an einer anderen Stelle wieder neu aufkeimt, bleibt eine Quelle dauerhafter Bestandteil der Landschaft. Auch nach ihrer Zerstörung bleibt eine Quelle weiter in der Landschaft anwesend und mit ihr ihre Hüterinnen, die Nixen. Entkörpert schweben sie in ihrem Unglück über dem Ort, verwirrt und durch die zerstörerischen Handlungen der Menschen verdunkelt. Das Bild des zusammengebackenen Klumpens, der innen hell war und nach außen hin zunehmend schwärzer wurde, demonstrierte diese tragische Situation genau.

Gemeinsam haben Ana und ich dann für die verlorene Nixenschar gesorgt. Zuerst haben wir den Bereich des ehemaligen Feuchtbiotops durch eine Kombination aus Meditation und Heilfarbenvisualisierung gründlich gereinigt. Dann haben wir am Rand des Bereichs einen schönen, größeren Stein schwingungsmäßig richtig platziert und die Elementarwesen des Wassers gebeten, sich um diesen Stein als Brennpunkt zu sammeln. Wie es der Erdheilungsengel vorgeschlagen hatte, sollte dies wenigstens dazu dienen, den verwirrten Zustand der Nixen zu überwinden, bis an der Stelle wieder ein Feuchtbiotop entstehen würde.

12 – Übungen zur Wahrnehmung der Wasserelementarwesen

Inzwischen habe ich verschiedene Übungen entwickelt, um die Umweltgeister des Wasser-Elements wahrnehmen zu können. Zunächst ausgehend von der Schilderung meiner persönlichen Erfahrungen, wurde mir in den vergangenen zehn Jahren die Selbstverantwortung des Einzelnen zunehmend wichtiger. Mit Hilfe der Übungen will ich jedem Menschen, der das wünscht, zu eigenen Erfahrungen mit der Welt der Elementarwesen verhelfen.

Übung 1: Diese Übung wirkt aufgrund der Resonanz mit dem traditionellen Bild der Wasserfrau, deren untere Körperhälfte mit Fischschuppen bedeckt ist. Steht man am Rand eines Wasserbiotops, so stellt man sich eine Zeitlang vor, die eigenen Oberschenkel seien mit Fischschuppen bedeckt. Man sollte es nicht nur visualisieren, sondern der charakteristischen Härte und Kühle der Fischschuppen nachspüren. Zusätzlich kann man einige Male mit dem »eigenen« Fischschwanz hin und her schlagen. Dadurch baut man eine Resonanzbrücke zu den anwesenden Wesenheiten des Wasserelements auf. Dann kann man die vorgeschlagene Imagination vergessen und sich im selben Augenblick ganz der Wahrnehmung öffnen.

Übung 2: Am Rand eines wässrigen Biotops stehend, stellt man sich vor, einen Zipfel des Wassers so hoch zu ziehen, bis der eigene Solarplexusbereich berührt wird. Danach wird das Wasser noch höher bis zum Rand des Herz-Chakras gehoben.

Nach einigen Augenblicken wird das imaginäre Wasser losgelassen. In diesem Moment beginnt man mit der Wahrnehmung. Jede Sekunde, die sich dazwischen schieben mag, schwächt unsere Fähigkeit ab, die unsichtbaren Ausdehnungen der Wasserwelt wahrzunehmen, da inzwischen der Verstand seine Kontrolle wieder aufbauen konnte.

Wahrnehmen in unserem Sinn heißt, die Wasserwelt auf unseren Körper wirken zu lassen, sie gefühlsmäßig zu erspüren, sich vielleicht innerlich in den Tanz ziehen zu lassen ...

In den europäischen Volkserzählungen begegnen wir häufig ungewöhnlichen Wesenheiten, die ich wohl unbesehen den Elementarwesen zuordnen würde, hätte ich nicht selbst die im ersten Kapitel beschriebenen leidvollen Erfahrungen gemacht, die mir gezeigt haben, wie die Naturgeister dämonisiert und in ihrem Wesen pervertiert worden sind. Viele der Gestalten, die uns in den alten Sagen entgegentreten, verstehe ich heute eher als Ausdruck einer verdrehten Einstellung des Menschen gegenüber der Erde und den Elementen und nicht als wahre Aussage über die Elementarwesen und ihre Eigenschaften.

So kennen wir beispielsweise unzählige Berichte über Drachen, doch habe ich noch nie ein drachenähnliches Elementarwesen wahrgenommen. Andererseits wiederum bin ich mit unzähligen Kraftphänomenen des Planeten Erde vertraut, die einen feurigen Charakter haben und der Landschaft eine eigenartige Kraftbewegung einprägen, die durch eine Drachengestalt ausgezeichnet versinnbildlicht werden könnte. Die schon erwähnten Ley-Linien, die die kosmischen Kräfte durch die Landschaft verteilen, werden in der chinesischen Geomantie-Tradition des Feng Shui (wörtlich: »Wind und Wasser«) sogar als Drachenlinien bezeichnet. Könnten wir die unsichtbaren feurigen Wirbel einer solchen Kraftlinie wahrnehmen, wie sie einer strahlenden Achse folgend geradlinig bergauf und bergab durch die Landschaft verläuft, so würden wir sie am treffendsten durch eine Drachengestalt symbolisieren.

So ließen sich die märchen- und sagenumwobenen Drachen als eine Erinnerung an die Kraftphänomene in der Landschaft verstehen, die ins Reich des Unbewussten abgesunken sind, seit sie von den Menschen innerlich nicht mehr wahrgenommen werden können. Darüber hinaus hat eine andere Gruppe von Gestalten Eingang in die Märchen- und Sagenüberlieferung gefunden, die ebenfalls dem Reich der Elementarwesen nur scheinbar angehören. In Wirklichkeit verbirgt sich hinter ihnen die Gegenwart der Göttinnen, die nach der Machtübernahme durch die patriarchalen Kulturen weitgehend aus dem Bewusstsein der Menschen verbannt wurden (vgl. dazu mein Buch »Die Landschaft der Göttin«) und – abgesunken zur »niederen Mythologie« – in veränderter Gestalt nur noch in Sagen und Märchen weiterleben.

Ein Beispiel hierfür ist die Gestalt der Berchta mit der eisernen Nase, die als Trägerin der Wandlungskräfte über die Mittwinterzeit wacht und die Tradition der Schwarzen Göttin in eingeschränkter Form weiterführt. In der slowenischen Überlieferung ist sie als Pehta bekannt, in Teilen des deutschen Sprachraums als Frau Holle.

Eine dritte Gruppe mythischer Gestalten, die nicht mit den Elementarwesen zu verwechseln sind, verdankt ihre Existenz dem Umstand, dass das Wissen der Menschen über deren wahre Identität jahrhundertelang durch die christliche Lehre verschattet wurde. Intuitiv hat aber die Volksseele die Schwachstellen der christlichen Glaubensvorstellungen erkannt und durch die Erschaffung bestimmter Symbolgestalten kompensiert. So haben sich meiner Meinung nach Figuren der Dämonologie entwickelt, wie etwa der sogenannte Wiedergänger, der, obwohl nicht mehr unter den Lebenden weilend, in Gestalt eines Gespenstes oder eines Tieres immer wieder erscheint. Bei ihm dürfte es sich um eine Antwort auf die christliche Tabuisierung der Wiedergeburtsvorstellung handeln. Ferner gehören in diesen Bereich die unterdrückten Dimensionen der eigenen Seele, die dem Menschen in dämonischer Gestalt erscheinen, wie beispielsweise der Alp, der uns in die gefürchteten Alpträume hinabzieht.[15]

Auf der anderen Seite finden wir immer wieder Sagen, die das wahre Wesen der Zwerge, der Feen oder der Nixen offenbaren. So erfahren wir zum Beispiel in einer slowenischen Sage etwas über die Aufgabe der Feen, die hier als die Weißen Frauen angesprochen werden. Es geschah im Winter. Schnee bedeckte noch den Boden, als man den lauten Ruf der Feen vernahm: »Säet Saubohnen! Säet Saubohnen!« Die Bauern aber meinten, es sei verrückt, die Bohnen in den Schnee zu säen. So dachten sie alle bis auf einen, der klug genug war, dem Rat der Weißen Frauen zu folgen. Er griff nach seiner Hacke, bahnte eine Furche in den Schnee und säte die Bohnen. Als dann der Frühsommer kam, musste der kluge Bauer seine Saubohnen mit der Leiter pflücken[16], so wunderbar waren sie gewachsen!

Heutzutage, da wir uns nach dem biodynamischen Aussaatkalender richten, wissen wir, dass bestimmte Tage, ja sogar Stunden besser zum Säen geeignet sind als andere, weil eine besondere Konstellation der Sterne und Planeten am Himmel das Wachstum der Pflanzen begünstigt. Die Feenwesen sind nach meiner Erfahrung jene Elementargeister, die die Lebensprozesse zwischen Himmel und Erde koordinieren. Und so sind sie tatsächlich dafür zuständig, das Signal für die richtigen Aussaatzeiten ertönen zu lassen. Die Sage sollte die Bauern aufrütteln, weniger den Argumenten ihres Verstands als vielmehr dem alten Weg der Natur zu vertrauen. Der Kluge ordnet sich der traditionellen Führung durch die Naturwesen unter und lauscht im Inneren ihrem Ruf.

15 Über die Berchta, den Wiedergänger und den Alp vgl. Leander Petzoldt, »Kleines Lexikon der Dämonen und Elementargeister«, München 1990.

16 Die Saubohnen zählten zu den Hauptnahrungsmitteln in Europa, bevor die Kartoffel aus Amerika eingeführt wurde. Sie wachsen in der Regel nicht mehr als 120 cm hoch.

Um die Glaubwürdigkeit der geschilderten »sagenhaften« Botschaft zu untermauern, will ich erzählen, wie ich selbst im Sommer 1993 eine Feenschar beobachten konnte. Ich hielt mich auf der Insel Srakane auf, einer kleinen, mit Steinen übersäten Insel, die zusammen mit zwei anderen winzigen Inseln, Susak und Srakane Male, eine Inselgruppe in der Adria bildet.

Den Fokus beziehungsweise die »Nabelschnur« der Feenschar nahm ich in Form einer hohen, dünnen Kraftsäule auf dem Gipfel des zentralen Hügels wahr, den ich wegen seiner inneren Verbindung zum Planeten Venus als Venushügel bezeichne. Die Kraftsäule war in der Erde verankert und schimmerte in sämtlichen Farben des Regenbogens, als sei sie aus zarten Farbfäden zusammengesetzt. Ich tauchte mit meinem Bewusstsein in die farbige Säule ein und ließ mich mit der aufwärtsströmenden Kraft in die Höhe tragen. An einem Punkt, den ich auf etwa hundert Meter Höhe schätzen würde, lief die Kraftsäule in ein Bündel dynamischer Wesenheiten aus, die ich als Raumfeen erkannte. In einer gleitenden Bewegung dehnten sie sich aus ihrem Zentrum heraus aus, bis sie den gesamten Raum über der Inselgruppe überspannten. Kaum hatten sie die Grenze ihres Gebiets erreicht, kehrten sie bogenförmig zu ihrem Ursprungsbrennpunkt zurück. In der nun eintretenden Ruhephase glichen sie den geschlossenen Knospen einer Blüte. Aber schon im nächsten Augenblick begannen die weißen Gestalten der Feenwesen sich wieder auszudehnen und auf der schon beschriebenen Bahn durch den Raum zu gleiten. In ihrer Dynamik glichen sie einer sich fortwährend öffnenden und schließenden Blüte.

Ich versuchte zu zählen, aus wievielen Einzelwesen die Feenschar bestand, und war überrascht: Es waren 13! Um genauer zu sein, muss ich zugeben, dass ich mir bis zur solaren Zahl 12 sicher war, in Übereinstimmung mit der unsichtbaren Wirklichkeit zu zählen, während ich bei der Zahl 13 einen gewissen Widerstand spürte. Als ich innerlich nach dem Grund meines Widerstands fragte, wurde ich entlang der Lichtsäule hinabgeführt; tiefer und tiefer folgte ich dem Feenfokus durch die Erdoberfläche hindurch bis in die untere Welt. Da sah ich nun die dreizehnte Fee einem Schatten gleich durch den Raum der Unterwelt kreisen. Zuerst glaubte ich ein dämonisches Wesen zu erblicken und erschrak. Doch schnell begriff ich, dass der Arbeitsbereich der Raumfeen nicht auf den Luftbereich oberhalb der Erdoberfläche begrenzt sein kann, die Raumsphäre musste unbedingt auch einen Teil der dunklen, unterirdischen Welt umschließen, um vollständig zu sein.

Sogleich erinnerte ich mich an die dunkle dreizehnte Fee im Dornröschen Märchen, die nicht zum Geburtstagsfest der neugeborenen Prinzessin geladen war, aber dennoch erschien, um der Prinzessin ihren Tod im

Alter von fünfzehn Jahren vorherzusagen. Die dreizehnte Fee, die noch an die Rhythmen des Mondes[17] und an die alte Naturordnung erinnerte, war keineswegs aus sich heraus »negativ«, sondern sie stand für jenen dunklen Teil der Weltensphäre, der zusammen mit dem unterirdischen Aspekt der Feen als erster aus dem Bewusstsein der Menschen verbannt wurde, und dies zu einer Zeit, da die Erinnerung an den lichten Aspekt der Raumfeen noch lebendig war.

Ich fragte nun, welche Bedeutung dem sphärischen Kreisen der Raumfeen – die Märchen berichten oft vom Feentanz – für das Leben in der Landschaft zukomme. Als Antwort nahm ich vier Ebenen wahr, die die Tätigkeitsbereiche der Raumfeen darstellten. Auf der obersten Ebene zeigten sich die Feen im Einklang mit den Rhythmen der Sterne und der Planeten. Diese Rhythmen spiegeln sich im Bewusstsein der Feen wider und versetzen sie in eine Art Ekstase, die sie auf die Mitwelt übertragen, während sie gleichzeitig allen Lebewesen die kosmische Zeituhr einprägen.

Die nächste Ebene darunter kann ich nur mit dem Gefühl eines ekstatischen Liebeserlebnisses vergleichen. Das rührt daher, dass die Raumfeen in ihrem ständigen Gleiten durch die ihnen zugeordnete Raumsphäre jedes kleinste Stück des Lebensgewebes, mit dem sie in Berührung kommen, mit dem Duft ihrer grenzenlosen Liebe umhüllen. So wird der gesamte Raum immer aufs neue in der Liebe dieser göttlichen Wesen gebadet.

Auf der nächsten Ebene besteht die Aufgabe der Feen in der Fürsorge für all die verschiedenen Lebensprozesse, die innerhalb »ihres« Raumbereichs stattfinden. Dazu gehört das Einstimmen der irdischen Lebensrhythmen auf die Rhythmen des Universums ebenso wie das Orchestrieren der verschiedenen Abläufe innerhalb der Naturreiche, so dass eine möglichst harmonische Lebensatmosphäre entsteht.

Hinzu kommt die vierte Ebene, deren Aufgabenbereich sich auf den schon erwähnten unterirdischen Raum bezieht. Hier herrscht ein Gefühl von Erdung und tiefer Verwurzelung im Wesen des Planeten Erde.

13 – Feen und der unterirdische Raum

Es ist nicht zu übersehen, dass mir hier die vierte Ebene der Feentätigkeit in der Landschaft im Verhältnis zu den drei anderen zu kurz geraten ist. Das hängt damit zusammen, dass ich mich erst während der letzten zwei Jahre tiefer mit den Innenräumen der Erde auseinandergesetzt habe. Davor war ich teilweise noch immer von der Vorstellung abhängig, die Erde sei eine dichte Kugel. Ich war lediglich dazu fähig, wie

17 Der ältere Mondkalender mit seinen 13 Monaten wurde vom Sonnenkalender mit 12 Monaten abgelöst.

im vorigen Kapitel berichtet, Bewusstseinslöcher in das Erdinnere zu bohren.

Inzwischen sehe ich das Erdinnere als einen kosmischen Raum, der nicht enger wird, je tiefer man eindringt, sondern sogar weiter. Das heißt, das Leben im Erdinnern ist nicht minder umfangreich und intensiv wie das an der Erdoberfläche und weiter draußen im Universum. Der Unterschied zwischen Innen- und Außenleben der Erde liegt darin, dass nach innen sich ausbreitend die Lebensbereiche angesiedelt sind, die vorwiegend einen geistig-seelischen Charakter zeigen. Nach außen werden Lebensbereiche ausgedehnt, die nach Verkörperung und Materialisierung streben. Nach innen werden die Grundlagen der Lebensprozesse gespeichert, nach außen jedoch ihre Verwirklichung in der Materie (vgl. dazu mein Buch »Liebeserklärung an die Erde«, AT Verlag, 2007).

Die vierte Tätigkeitsebene der Feen ist dem Austausch zwischen der Innen- und der Außenwelt der Erde gewidmet. Die Bahn ihres Kreisens gleicht einer stehenden Lemniskate (∞). Der untere Bauch der Lemniskate repräsentiert ihr Kreisen durch die archetypische Welt des Erdinneren, wobei sie im kosmischen Speicher der inneren Welten der Erde die Informationen sammeln, die für die Lebenszyklen an der Erdoberfläche wichtig sind. Der obere Bauch der Lemniskate symbolisiert den Tanz des Feenbewusstseins im Luftraum an der Oberfläche und der Ausdehnung der von den Feen getragenen Qualitäten im äußeren Kosmos.

Abschließend möchte ich betonen, dass wir uns die vier Ebenen des Feenbewusstseins nicht hierarchisch übereinandergestapelt vorstellen dürfen, vielmehr drücken sie sich in jedem Moment als vier miteinander verflochtene Schwingungsqualitäten im Tanz der Raumfeen aus.

Seitdem wir Menschen uns zunehmend des allgemeinen Lebensraums der Landschaft bemächtigen, können die Funktionen der Raumfeen nicht mehr ausschließlich auf die Naturreiche beschränkt bleiben. Ohne dass sich der Mensch dessen bewusst war, ist es in den letzten Jahrhunderten zum Zusammenprall der raumgestaltenden Bestrebungen der menschlichen Kultur auf der einen und der der Raumfeen auf der anderen Seite gekommen. Die Beziehung zwischen diesen beiden Gestaltungsbestrebungen nimmt zunehmend tragische Züge an, da wir Menschen die Funktion der Raumfeen völlig ignorieren und dem Landschaftsraum unseren egozentrischen Willen aufzwingen, ohne unsere Eingriffe in die Raumstrukturen mit der ordnungschaffenden Raumintelligenz der Feen abzustimmen. Das gilt auch für so manches gut gemeinte ökologische Projekt, auf das wir glauben stolz sein zu dürfen.

Tanz der Raumfeen über dem »Venushügel« (Insel Srakane)

14 — Übungen zur Wahrnehmung der Feenwelt

Die Feenwelt begreift man am besten durch die eigene Erfahrung ihrer Präsenz. Dazu gibt es verschiedene Übungen. Da Feen Wesenheiten des Luftelements sind, schlägt Ajra vor, mit ihnen zu atmen: Indem du einatmest, sei dir bewusst, dass du zugleich die Feenessenz einatmest, da sie überall in der Luft verteilt ist. Begrüße sie offenen Herzens, wenn du sie in dir aufgenommen hast, und grüße sie auch während des Ausatmens, um ihre Präsenz zu ehren. Nachdem du diese Art von Atmung einige Male wiederholt hast, überlasse die Atmung sich selbst und lass dich in der Erfahrung der Feenwelt in die Höhe oder Tiefe tragen.

Eine zweite Wahrnehmungsübung bezieht sich auf das traditionelle Symbol der Feenwelt, die Feenflügel. Um in Resonanz mit der Feenwelt zu kommen, kann man sich vorstellen, man trüge Flügel an den Schultern. Strecke und spreize die Flügel einige Male kräftig, so wie es Vögel tun, wenn sie baden. Durch das imaginative Strecken der Flügel beginnt man, mit dem Feenbewusstsein mitzuschwingen. In dem Moment öffnet man sich den Erfahrungen. Sei frei, dich dem Feentanz anzuschließen.

Eine dritte Übung wurde mir von einem heiligen Baum aus dem benachbarten Wald empfohlen: Stell dir vor, du legst deine beiden Hände unter deine Fußsohlen und hebst dich selbst hoch in die Luft. Dort atmest du einige Male bewusst ein und aus. Danach fühlst du dich frei, die Ausdehnungen der Feenwelt um dich herum wahrzunehmen. Zögere nicht. Sei offen für das Unbekannte und noch nie Erfahrene. Dehne deine Imagination aus. Vertraue deinem Herzen, dass seine Essenz (deine Seele) dich nie in Illusionen führen würde (es sei denn, eine solche Erfahrung wäre für dich von Wichtigkeit). Erlaube dir, die Qualität der Feenwelt zu genießen.

Volkstümliche Legenden erzählen nicht selten von Versuchen, die beiden auseinanderstrebenden Welten wieder in Einklang zu bringen. Ein interessantes Beispiel hierfür lieferte mir ein Erlebnis, das ich beim Besuch der Kirche der heiligen Anna im nordöstlichsten Winkel Sloweniens hatte. In einer von Wäldern bedeckten Hügellandschaft liegt sie auf einer Lichtung, gut zwei Kilometer von dem dazugehörenden Dorf entfernt. Diese ungewöhnliche Lage deutete auf ein Geheimnis hin. Näheres darüber sollten wir bei der Vorbereitung zu einem Erdheilungsseminar, das ich im August 1993 in Jeruzalem-Svetinje leitete (vgl. „Die Landschaft der Göttin«, S. 160–162) und das eine Besichtigung der erwähnten Kirche einschloss, erfahren.

Meine Tochter Ana hatte den Erdheilungsengel, mit dem sie kommuniziert, um Aufschluss darüber gebeten, welche Rolle die Kirche der heiligen

Anna in dieser Landschaft spielte. Der Engel bezeichnete den Ort, an dem die Kirche steht, als äußerst wichtig für die vitalenergetische Dimension der slowenischen Makrolandschaft.[18] Hier werde die vitale Kraft gespeichert, um von diesem Brennpunkt aus die verschiedensten Bereiche des Landes mit Lebenskraft zu speisen. Der Hügel, auf dem die Kirche der heiligen Anna steht, bilde mit zwei benachbarten Hügeln eine dreistufige Dreieckskomposition. Dabei stelle jeder der drei unterschiedlich hohen Hügel den Ankerpunkt eines der drei übereinandergestapelten Dreiecke dar. Die drei Hügel und die ihnen entsprechenden Dreiecke unterschieden sich voneinander durch unterschiedliche geistig-seelische Qualitäten, die sie verkörpern. Diese Qualitäten seien Liebe, Synthese und Verbundenheit.

Die drei Dreiecke wirkten als Kanäle für die Lebenskraft, die durch eine zentral in den Dreiecken gelegene Lichtsäule aus kosmischen Quellen empfangen werde. Nachdem sie durch einen der drei Dreieckskanäle geflossen sei, würde sie über Kraftlinien zu den verschiedenen Verteilungsorten in Sloweniens Landschaften geleitet. Die Funktion dieser Dreieckskomposition sei mit der Rolle des Herzens im menschlichen Körper vergleichbar.

Zur Zeit der neolithischen Kultur vor etwa 5000 Jahren muss den Menschen die Bedeutung des Orts noch bewusst gewesen sein. Sie schufen auf den drei Hügeln kreisförmige Tempelstrukturen in Form von Steinsetzungen, die sie durch regelmäßig gefeierte Rituale belebten. In dem Maß, wie die jungsteinzeitliche Kultur der Göttin durch die nach Europa eindringenden patriarchalen indoeuropäischen Stämme unterdrückt wurde, schwand das Wissen über die großflächigen Beziehungen innerhalb der Landschaft. So ging auch die Fürsorge für die drei erwähnten Hügelheiligtümer zunehmend verloren. Am Ende deutete nur noch die sehr viel später der heiligen Anna errichtete Kirche auf diesen ehemals komplexen sakralen Ort hin. Immerhin haben die christlichen Rituale, die jahrhundertelang bis zum heutigen Tag dort gefeiert werden, die Qualität des heiligen Orts bewahrt und relativ rein erhalten.

Nachdem ich verstanden hatte, welche Kostbarkeit diese Kirchenanlage darstellte, fragte ich vorsichtig den Kirchendiener von St. Anna, ob es eine Überlieferung für den Grund gebe, weshalb die Kirche zusammen mit dem Friedhof so weit vom Dorf entfernt gebaut wurde – immerhin ein Weg von wenigstens 25 Minuten durch den Wald. Er verneinte, erinnerte sich dann aber einer anderen Begebenheit: Es war zu einer Zeit – vermutlich im 18. Jahrhundert –, als man die Kirche auf einem neu ausgesuchten Bauplatz

18 In »Die Landschaft der Göttin« habe ich nur die höchste, das heißt die seelisch-geistige Ebene der Makrolandschaft Sloweniens dargestellt; hier handelt es sich aber um die näher an die materielle Ebene heranreichende vitalenergetische Ebene.

mitten im Dorf wiedererrichten wollte. Schon hatte man das benötigte Baumaterial zum ausgewählten Ort geschafft und dort gelagert, als über Nacht die Weißen Frauen – die Feenwesen – das ganze Material zum alten Ort der heiligen Anna zurücktrugen. Nachdem dieses Zeichen geschehen war, wurde beschlossen, den alten, entfernten Standort beizubehalten.

Verbinden wir die Informationen aus der Engelbotschaft, die meine Tochter erhalten hatte, mit der wundersamen Geschichte, die mir der Küster zum selben Ort erzählte, so können wir daraus Rückschlüsse über den Umfang der Fürsorge der Raumfeen für den ihnen anvertrauten Landschaftsraum ziehen. Die Raumfeen fördern und harmonisieren nicht nur die Lebensprozesse der Natur, sondern sie sind sich auch der Kraftbrennpunkte und der Bedeutung der Kraftorte in ihrem Bereich bewusst. Sie bemühen sich, solche Orte, wie beispielsweise den der heiligen Anna, vor Vernachlässigung zu schützen und die jeweils herrschende Kultur dazu zu bewegen, ihren sakralen Wert weiter zu pflegen.

Solange die Natur allein in der Landschaft waltet, wird die Potenz der Kraftbrennpunkte von den Elementarwesen des Orts gefördert. Siedelt sich aber eine menschliche Kultur in diesem Bereich an, so nimmt der Bedarf an Lebenskraft und an bestimmten kosmischen Kräften erheblich zu. Damit wird die Kultur aber auch für die Weiterentwicklung der Kraftorte und für ihre zusätzliche Versorgung verantwortlich. Es ist die stille Aufforderung damit verbunden, diese Verantwortlichkeit im Zusammenklang mit den Rhythmen der Raumfeen zu verwirklichen.

Das erste Buch der abendländischen Kultur, das die verschiedenen Arten von Elementarwesen in ein ganzheitliches System einordnet und von ihren Eigenarten erzählt, heißt »Von den Nymphen, Sylphen, Pygmäen und Salamandern und den übrigen Geistern«. Es wurde von Theophrastus Bombastus von Hohenheim, genannt Paracelsus, verfasst und erschien erst 1589, 48 Jahre nach dem Tod des berühmten Arztes, Naturforschers und Theosophs (Nachdruck und Übersetzung ins Hochdeutsche in: Höflinger, Heinz, und Lehner, Thomas, »Der Feengarten«, Freiburg i. Br. 1985)

Paracelsus' Konzept betrachtet die Elementargeister als eine dem Reich der menschlichen Seele gleichwertige Entwicklungslinie. Er spricht von zwei Urgeschlechtern, von denen das eine, die Menschen, »von Adam stammen, die andern, die Naturgeister, aber nicht«. Doch betont Paracelsus immer wieder, dass die Elementarwesen deswegen nicht als Dämonen oder als Teufelsgeschlecht anzusehen seien, da auch sie in der unvorstellbaren Vielfalt der göttlichen Schöpfung ihren Ursprung hätten.

Um die Gleichwertigkeit der Naturgeister mit den Menschen zu belegen und die Elementarwesen von den »Teufelsgeschöpfen« zu unterscheiden, beschreibt der Autor die Elementarwesen in einer stark anthropomorphi-

Element	*Name der Intelligenz nach Paracelsus*	*Grundsätzliche Ausrichtung zur:*
Kräfte des Wassers	Nymphen	Qualität des Lebens
Kräfte der Luft	Sylphen	Raumqualität
Kräfte der Erde	Pygmäen	Qualität der materiellen Verwirklichung
Kräfte des Feuers	Salamander	Qualität der Wandlung

Systematik der Elementarwesen nach Paracelsus

sierten Gestalt, die ich anhand meiner Beobachtungen nicht nachvollziehen kann, obwohl ich glaube, dass sie wirklich die Fähigkeit haben, solche Gestalt anzunehmen. Es könnte also sein, dass sie sich ihm tatsächlich so gezeigt haben, um seine Vision von den zwei parallelen Urgeschlechtern zu stützen. Paracelsus behauptet sogar, dass »sie Blut, Fleisch und Gebein haben, dass sie Kinder gebären, fruchtbar sind, dass sie reden, essen, trinken und wandern«, alles Dinge, die die als Dämonen bekannten Geistwesen nicht vermögen. Jedoch seien alle diese Eigenschaften der Naturgeister nicht in der Materie manifestiert wie beim Menschen, sondern auf einer feinstofflichen Ebene.

Ich sehe in Paracelsus' Traktat einen – angesichts der Inquisition tapferen – Versuch, die reiche Überlieferung des Mittelalters zum Thema Elementarwesen auf eine quasi wissenschaftliche Weise vor der verstandesmäßigen Verleugnung durch die Aufklärung zu bewahren. Zudem weiß ich die Systematik zu schätzen, die er mit seinem Werk begründete: Er untergliederte die Naturgeister in vier Bereiche und ordnete sie je einem der vier klassischen Elemente zu. Die Wesenheiten des Wassers nennt er die Nymphen, die der Luft die Sylphen, die Erdgeister Pygmäen (von griechisch *pygmaios* = eine Spanne hoch; Bezeichnung für ein Heinzelmännchen) und die Geister des Feuers Salamander. Auch in meinen eigenen Beobachtungen fand ich die Zugehörigkeit der einzelnen Elementarwesen zu einem der vier Elemente der Naturschöpfung bestätigt. Außerdem schreibt Paracelsus noch über die Riesen, die Melusinen und über den Venusberg, Themen, die ich ebenfalls an späterer Stelle anschneide.

15 — Umweltgeister des fünften Elements

Mit der fortschreitenden Erdwandlung, einem Prozess, den ich im neu verfassten Schlusskapitel des Buchs näher erläutern werde, wird das

Modell der vier Elemente für die Welt der Naturgeister zu eng. Während der letzten zehn Jahre traten Elementarwesen in Erscheinung , die keinem der vier Elemente zuzuordnen sind. Sie sind frei, sich zwischen den vier Elementen zu bewegen und sich in verschiedenen Situationen als zu verschiedenen Elementen zugehörig zu zeigen. Ich spreche von Umweltgeistern des fünften Elements.

Das Fünf-Elemente-System spielt eine wichtige Rolle in der östlichen Welt, nicht zuletzt auch im Feng Shui. Man übersieht dabei, dass auch das abendländische Elemente-Modell ein fünftes Element kennt, den Äther.

Das Element des Äthers ist den anderen vier übergeordnet. Wasser, Luft, Erde und Feuer repräsentieren die manifestierte Welt, das Äther-Element hingegen steht für die lebensfördernden Kräfte, die aus dem unsichtbaren Bereich wirken, um die Welt der Form überhaupt erst möglich zu machen. Man spricht von einem wässrigen, luftigen, irdischen und feurigen Äther. Somit vereinigt das fünfte Element die vier anderen als Kräfte in sich. Dies reflektiert die Charakteristik der Umweltgeister des fünften Elements, die sich frei durch die Reiche der vier Elemente bewegen können, ohne einem bestimmten davon angehören zu müssen.

Grundsätzlich sind sie erkennbar als Geister der Kommunikation, die bereit sind, zwischen den Welten der Natur und der diesen zum Feind gewordenen, sich globalisierenden Menschheit zu vermitteln. Sie dienen oft als Spiegel der Qualitäten, welche die Menschen eigentlich verkörpern sollten, von denen sie sich jedoch weit entfernt haben, zum Beispiel die Nächstenliebe. Sie spiegeln sie an uns zurück, um uns zu erinnern, wer wir im unseren Wesenskern sind. Später mehr darüber.

Aus dem erwähnten Vier-Elemente-System habe ich bislang die Elementarwesen der Erde als Gnomen und Zwerge vorgestellt, auch habe ich von den Wassergeistern erzählt und von den Feen als Vertreterinnen des Luftelements. Um nicht die so oft vernachlässigten Feuergeister zu erzürnen, will ich nun über die Elementarwesen des Feuers berichten.

Meine erste Begegnung mit diesen furchterregenden Wesen trug sich unerwartet nach einem Erdheilungsseminar in Kiel im April 1993 zu. Meine Gastgeberin Ilse, die einen Kleingarten am Stadtrand hegt, hatte mich gebeten, einem rätselhaften Ereignis nachzuspüren. Es hatte sich im vorangegangenen Winter zugetragen, als sie hoch in der Krone eines alten Apfelbaums mit dem Baumschnitt beschäftigt war. Dabei war ihr die Schere auf unerklärliche Weise aus der Hand gesprungen und hatte ihre Handoberseite so verletzt, dass die Wunde im Krankenhaus genäht werden musste. Der Arzt war jedoch verwundert, dass bei einer so stark blutenden Wunde kein wirklicher Schaden an der Hand entstanden war – kein Nerv und keine Sehne war durchschnitten.

So stieg ich also hinauf in die Krone des Apfelbaums – und was sah ich auf einem der obersten Äste? Ein Dutzend kleiner Wesen, nicht viel größer als eine Schar Krähen. Sie glichen den schauerlichen Gestalten aus den Gemälden von Hieronymus Bosch. Einige von ihnen hatten unproportioniert lange Nasen, die an Geierschnäbel erinnerten, andere hockten auf dünnen, insektenähnlichen Beinchen ... Intuitiv erkannte ich sie als Feuergeister. Die Atmosphäre um sie herum fühlte sich »unglücklich«, geradezu hoffnungslos an.

Ich fragte Ilse, was wohl geschehen sein konnte, dass die Salamander so verzweifelt in der Krone des Apfelbaums saßen. Sie überlegte lange, was es mit dem Platz, an dem der Baum stand, auf sich haben konnte. Dann fiel ihr ein, dass früher unter dem Apfelbaum die Komposthaufen gewesen waren. Im letzten Herbst hatte sie sich entschlossen, sie in den entgegengesetzten Teil des Gartens zu verlegen. Zwei junge Männer waren ihr eines Tages zu Hilfe gekommen, und rasch war der alte Kompostplatz abgetragen.

Nun konnte ich das Problem der Feuergeister gut verstehen. Als Geister der Umwandlung sind sie im Bereich des Absterbens, der Zersetzung und Regeneration tätig. In jedem Garten ist der Komposthaufen ihr geliebter Arbeitsplatz, ihr Tempel und Palast zugleich. Dort wird mit Todeskräften gearbeitet, aber auch mit den Kräften der Wiederbelebung. Und nun kamen plötzlich Menschen daher und nahmen ihnen diesen sakralen Bereich einfach weg! Wie sollten die armen Feuergeister wissen, dass es in der anderen Ecke des Gartens, der für sie so groß ist wie ein Universum, einen neuen Kompostplatz gab?

Auf der Suche nach ihrem Kompostheiligtum waren die Salamander auf den nächsten Apfelbaum gestiegen und dort schließlich auf dem höchsten Ast sitzengeblieben. Die einzige Möglichkeit, die Menschen auf ihre verzweifelte Lage aufmerksam zu machen, bestand darin, Ilse einen spürbaren Schmerz zuzufügen, als sie nichtsahnend in der Krone des Baums mit der Schere hantierte.

Wir Menschen von heute sind es gewohnt, uns bewusstseinsmäßig unentwegt auf der mentalen Ebene zu bewegen. Wir überlegen und machen einen Plan, zum Beispiel, dass wir am nächsten Morgen einen Busch verpflanzen werden, oder wir organisieren für einen bestimmten Tag eine Aktion zur Verlegung des Komposthaufens. Dabei haben wir nicht die geringste Ahnung, dass die Elementarwesen, die letztlich für das Gedeihen der Pflanzen und für die Wandlungsprozesse im Kompost verantwortlich sind, unseren Gedanken gar nicht folgen können, denn ihr Bewusstsein ist auf der Gefühlsebene angesiedelt. So wie wir fühlen, so »denken« sie. Und umgekehrt gilt: Was sich ausschließlich auf der Gedankenebene beim Menschen abspielt, bleibt ihnen wie eine Fremdsprache verschlossen.

Wenn wir also einen Beschluss fassen, der in die Verantwortungsbereiche der Elementarwesen eingreift, sollten wir uns bemühen, sie rechtzeitig davon zu unterrichten. Es genügt, wenn wir 24 Stunden zuvor an den betreffenden Bereich herantreten, den Elementarwesen innerlich unsere Absicht erklären und eine entsprechende Bitte ausdrücken. Dabei sollten wir bedenken, dass die Naturgeister unsere Wortgedanken nicht verstehen, sondern die Botschaft aus den Gefühlsschwingungen herauslesen, die die ausgesprochenen Worte begleiten.

16 – Vielschichtige Beziehungen pflegen

Man sollte sich jedoch nicht gezwungen fühlen, meinen Rat zur rechtzeitigen Benachrichtigung der elementaren Welt buchstäblich befolgen zu müssen. Es geht um die Wandlung unserer gesamten Einstellung der Erde und ihren seelischen und bewusstseinsmässigen Dimensionen gegenüber.

Eine solche Wandlung kann aufgrund einer bestimmten Disziplin vollzogen werden. Gerade habe ich eine solche Disziplin vorgeschlagen, bei der man sich vornimmt, die betreffenden Umweltgeister von einem Vorhaben im Garten oder Wald rechtzeitig zu benachrichtigen. Dabei sollte man bedenken, dass eine solche Entschlossenheit zur Kommunikation nicht einseitig bleiben wird. Da wir mit einem lebendigen Gegenüber in Kommunikation stehen, wird es früher oder später zu gewissen Rückmeldungen kommen. Es sind diese möglichen Rückmeldungen, und nicht die Disziplin selbst, die einen Wandel in unserem Leben herbeiführen können. Der Weg einer Disziplin hat freilich erst Erfolg, wenn man wenigstens über eine Zeitspanne von mehreren Monaten dabei bleibt.

Hat man auf diese Weise schließlich einen Grad der Einstimmung auf die elementare Welt erlangt, dann mögen Techniken, die man zur Hinführung gebraucht hat, nutzlos werden. Der Mensch lebt nun in natürlicher Resonanz zu und mit der elementaren Welt. Was immer man tut, zum Beispiel im Garten, wird im Einklang mit der Deva des Gartens getan. Die Deva des Gartens und ihre Elementarwesen wissen es schon in dem Moment, in dem es gedacht wird – denn in der Tat haben sie es mitgedacht.

Es gibt Menschen, die diese Art der unmittelbaren Einstimmung auf die elementare Welt einfach leben und in die Praxis umsetzen. Gut so. Und doch möchte ich die Bedeutung der bewussten Kommunikation

Die auf dem Apfelbaum verlorenen Feuergeister.

mit den Elementarwesen in dieser spezifischen Zeit betonen. Gerade jetzt, wo die Beziehung zwischen der Menschheit und der Natur so dramatisch geworden ist und ungeheure Entfremdung klafft, ist es wichtig, dass sich wenigstens einzelne Menschen um die Erneuerung des bewussten Dialogs mit der Natur bemühen.

Das heißt, der Mensch ist aufgefordert, liebevoll mit den Elementarwesen zu sprechen, dann werden sie ihn verstehen. Die mitschwingenden Gefühle der Liebe und Zuneigung bilden eine sensible Hülle um die Botschaft und vermitteln die Wortbotschaft in einer Form, die von den Gegenübern aus der Elementarwelt aufgenommen werden kann. Wir brauchen nur zuzuschauen, wie Erwachsene mit ganz kleinen Kindern reden. Sie gestikulieren, schneiden Grimassen, scherzen und lachen, weil sie intuitiv wissen, dass jedes bloß intellektuelle Reden erfolglos wäre. Verglichen mit Menschen sind Elementarwesen in gewissem Sinn wie kleine Kinder.

Um die tragische Geschichte der Salamander in Ilses Garten zu einem guten Ende zu führen, bat ich sie um einen Kristall. Sie brachte mir einen schönen Amethyst, und ich stieg wieder in die Krone des Apfelbaums, um mich zuerst bei den Feuergeistern für das Missverständnis zu entschuldigen. Dann legte ich den Kristall dicht an den Ast, auf dem sie saßen, und bat sie, ihre Energiebrennpunkte auf den Amethyst zu übertragen. Nachdem dies geschehen war, trug ich den Stein sorgfältig zu dem ersten der vier neuen Komposthaufen und bat die »Besatzung« des Steins, sich dort anzusiedeln.

Als ich einige Zeit später mit der Hand testete, ob der Kristall nun leer war, musste ich zu meiner Überraschung feststellen, dass einige Salamander noch immer darauf saßen. Parallel zu dieser Wahrnehmung verstand ich intuitiv, dass sie auf alle vier Komposthaufen verteilt werden wollten. Also trug ich den Amethyst der Reihe nach von einem Haufen zum nächsten, wobei ich jedesmal einige Zeit abwartete, bis einige der anspruchsvollen Passagiere abgestiegen waren. Schließlich war der Kristall wieder leer.

17 – Übungen zur Wahrnehmung der Feuerwesenheiten

Es ist eine ganz besondere Erfahrung, Wesenheiten des feurigen Elements wahrnehmen zu können. Dazu braucht es ein wenig Übung. Jeder Komposthaufen ist ein idealer Übungsplatz dazu.

Meine Tochter Ajra schlägt eine Übung zur Wahrnehmung der Feuerelementarwesen vor, die dem Prinzip der Resonanz folgt. Unsere Blut- oder Körperwärme steht in Resonanz mit der Welt der Feuergeister. Es handelt sich um die Wärme, die als Zeichen dafür steht, dass der Mensch lebendig ist. Man konzentriert sich dabei eine Zeitlang auf die

Blutwärme und auf den Pulsschlag des eigenen Körpers. Wenn man sich bereit fühlt, verlegt man die Aufmerksamkeit geschwind auf die Umgebung, in der man die Präsenz der Feuerwesenheiten ahnt, und sammelt Eindrücke und Einsichten.

Eine zweite Übung, die ich selber anwende, hört sich nicht schön an, kann jedoch Erfolge bringen – unter der Bedingung, dass man eine tiefe Achtung vor diesen geheimnisvollen Wesenheiten empfindet. Sie sind Wesenheiten der Wandlung und kennen den Weg vom Tod und Zerfall zur Wiedergeburt und zum Neubeginn.

In diesem Sinn verläuft die Wahrnehmungsübung so, dass man imaginativ den physischen Körper – nicht länger als für einen Augenblick – umdreht. Sämtliche Organe und Flüssigkeiten im Körper werden nach außen gestülpt. Im selben Moment sollte man das Bild schon vergessen und die Aufmerksamkeit den Wahrnehmungen zuwenden.

Bei Übungen dieser Art ist es wichtig, dem Verstand anzugewöhnen, eine Art »Stand-by«-Position einzunehmen und sich in den Wahrnehmungsprozess nicht einzumischen, solange die höhersinnliche[19] Wahrnehmung stattfindet. Danach ist er willkommen, unserer Erkenntnis durch Deutung des Wahrgenommenen zu helfen.

Seit Paracelsus über die Natur der Elementargeister nachdachte, sind fast 400 Jahre vergangen, bis der entscheidende Schritt zur praktischen Kommunikation mit diesen kuriosen Wesenheiten getan werden konnte. Anfang der sechziger Jahre des 20. Jahrhunderts ließ sich in der Nähe des Dorfes Findhorn im Norden Schottlands eine kleine Gruppe von Menschen nieder, um ein Projekt zu verwirklichen, das sie »Projekt der Zusammenarbeit zwischen drei Reichen« nannten. Damit waren drei Evolutionen gemeint, die am schöpferischen Prozess des Planeten Erde beteiligt sind: die Welt der Engel, die Welt der Menschen und die Welt der Elementarwesen (The Findhorn Community: »The Findhorn Garden«, Findhorn 1975).

Auf diese Weise entstand in den unfruchtbaren Sanddünen der Findhorn Bay, die sich zur rauhen Nordsee öffnet, ein wunderbarer Garten. Als ich mit meiner Familie im Jahr 1971 Findhorn das erste Mal besuchte,

19 Mein Lektor Johannes Heimrath schlägt vor, anstelle von »übersinnlich« den Begriff »höhersinnlich« zu verwenden. Tatsächlich muss es für die Wahrnehmung einen realen Sinn geben, denn Erscheinungen, für die wir keinen Sinn haben, können wir nicht wahrnehmen. Die fünf bekannten Sinne dienen der Wahrnehmung der physischen Welt. Durch jahrhundertelange Einübung materialistischer Haltungen haben wir lediglich verlernt, die »höheren« Sinne zur Wahrnehmung nicht-physischer Realitäten bewusst zu gebrauchen. Unbewusst nutzen wir sie jeden Augenblick, indem wir nicht-physische Qualitäten wie Liebe, Freude, Glück, Zorn oder die Anteilnahme anderer an unserem Leben »sinnlich« fühlen.

konnten wir den Garten in seiner vollen Pracht genießen. Was uns immer wieder verwunderte, waren nicht nur die angesichts des wüstenartigen Charakters der Dünen ungewöhnlich groß gewachsenen Gemüsefrüchte, sondern auch eine geradezu süße, mit Lebensfreude erfüllte Atmosphäre in den Gärten und um sie herum. Offensichtlich waren die Elementarwesen hier überall anwesend, nur war ich noch nicht reif genug, sie differenzierter wahrzunehmen.

Um einen solchen Garten verwirklichen zu können, bedurfte es außer Peter Caddy, der in der Anfangsphase die Rolle des Gärtners spielte, drei äußerst sensibler Menschen, die fähig waren, mit der Intelligenz der drei Welten zu kommunizieren. Peters Frau Eileen empfing täglich Botschaften aus einer Quelle, die sie »die Stimme Gottes« nannte. Ogilvie Crombie, genannt Roc, ein damals schon greiser Mann aus Edinburgh, war im Botanischen Garten in Edinburgh wie zufällig ins Gespräch mit einem Faun geraten und hatte darüber die Kommunikation mit den Elementarwesen des Erdreichs aufgenommen. Später bezog er oft noch eine übergeordnete Intelligenz der Naturwelt in das Gespräch ein, in der er die Gestalt des Pans erkannte. Dorothy MacLean, die dritte im Bunde, entwickelte eine ausgesprochene Begabung in der Kommunikation mit den sogenannten Devas, die ich im Bezugssystem meiner Erfahrungen als höherentwickelte Pflanzenfeen bezeichnen würde.

Der Begriff »Deva«, der ein strahlendes Wesen bezeichnet, wurde als Ausdruck für die führenden Intelligenzen in den Naturreichen aus dem hinduistischen Weltbild übernommen. Später wurde Dorothy mit einer weiteren erhabenen Wesenheit bekannt, die für ein ganzes Landschaftsgebiet verantwortlich zu sein schien und die sie den Landschaftsengel nannte. Beide Begriffe wurden gewählt, um die neu erkannten engelähnlichen Gestalten von den Engeln zu unterscheiden, wie sie die christliche Tradition auf einer rein geistigen – der Natur scheinbar übergeordneten – Ebene kennt.

So wie Dorothy den Landschaftsengel beschreibt, würde ich ihn mit der Schar der Raumfeen gleichsetzen, die ich auf dem Gipfel des Venushügels der Insel Srakane beobachtet habe.

18 — Landschaftsengel und Raumfeen

Die Erfahrungen der späteren Jahre haben gezeigt, dass man die Rolle des Landschaftsengels nicht mit denjenigen der Raumfeen verwechseln darf. Es handelt sich um zwei ähnliche, jedoch wesentlich unterschiedliche Aufgabenbereiche in der Landschaft.

Feen als Elementarwesen haben die Aufgabe, die Impulse der Erdseele und die Weisheit der irdischen Urbilder an die Erdoberfläche zu bringen und sie durch den Raum zu verteilen. Sie wirken in Zusammenarbeit mit den inneren Welten der Erde.

Landschaftsengel wirken umgekehrt. Sie tragen Inspirationen aus dem breiten Universum »nach unten«, in Richtung Erdoberfläche. Sie repräsentieren die Rolle des kosmischen Bewusstseins in den Entwicklungen auf der Erdoberfläche und tiefer im Erdinneren.

Die Erde ist ein autonomes kosmisches System. Deswegen hat Gaia das eigene Bewusstsein entwickelt, das durch Elementarwesen und Umweltgeister an die Erdoberfläche getragen wird. Gleichzeitig ist die Erde in das größere Universum unserer Galaxie eingebunden und nimmt dadurch Teil auch am kosmischen Bewusstsein. Landschaftsengel stellen einen Aspekt des kosmischen Bewusstseins dar, der für die Einbeziehung der kosmischen Dimensionen in der gegebenen Landschaft Sorge trägt. Man findet deshalb in einer Landschaft sowohl die Fokussäule einer Feenschar wie auch den Verankerungspunkt eines Landschaftsengels. Die Feen sorgen für die Abwicklung der räumlich und zeitlich bedingten Lebensprozesse in einer Landschaft. Landschaftsengel konzentrieren sich auf die Erhaltung und Weiterentwicklung der ursprünglichen Identität ihres Landschaftsbereichs.

Die Frage, wie ich das Wesen einer Deva in den Kontext meiner Wahrnehmungen einordnen sollte, blieb jedoch offen, bis ich am 13. Oktober 1993 in unserem Gemüsegarten in Šempas eine weiße Mädchengestalt wahrnahm, die mitten in einem Fenchelbeet stand und sich auf diese Weise als die Fencheldeva zu erkennen gab. Nachdem ich ihre wunderbare Anwesenheit eine Weile genossen hatte, nutzte ich die Gelegenheit, sie über ihre Funktion in Bezug auf die Pflanzenwelt zu befragen.

Sie bedeutete mir, der Aufbau der einzelnen Pflanzen sei nicht ihre Aufgabe. Dafür sorgten die Naturgeister des Erdelements, nach englischer Tradition Elfen genannt. Als sie dann begann, mir von ihrer wirklichen Aufgabe zu erzählen, erlebte ich eine störende Überlagerung mit den Deva-Vorstellungen, wie ich sie Anfang der siebziger Jahre aus Findhorn mitgebracht und im Kopf gespeichert hatte. Um die mentale Barriere zu überwinden, bat ich die Deva, mir ihre Funktion in Bildern zu beschreiben. Daraufhin prägte sie in mein Bewusstsein das Bild einer Pflanze ein, die nur gedeihen kann, wenn sie vom Regen aus den Wolken begossen und von den Strahlen der Sonne belichtet wird. Was die Regentropfen für die Pflanzen, sind die Impulse der Raumfeen für den Landschaftsraum, über den diese walten. Die Sonnenstrahlen hingegen stehen für die Verbindung mit der Deva, die auf der kosmischen Ebene das Urbild der jeweiligen Pflanzenart aufrechterhält und es in Form eines bestimmten Schwingungscodes aussendet.

Zu den Aufgaben der Devas gehöre es zum einen, die rhythmisch heranströmenden Impulse aus dieser Engelquelle zu empfangen und sie in die konkreten Muster zu übersetzen, die es den Elfen gestatten, jede einzelne Pflanze dieser Gattung in Übereinstimmung mit ihrem Urbild zu bauen. Hinzu komme eine zweite Aufgabe der Deva: Sie müsse gleichzeitig auch auf die Impulse der Raumfeen der jeweiligen Landschaft lauschen, um sie als einzigartige Qualität dieses Ortes in das urbildliche Muster hineinzuweben. Ihre Gesamtfunktion bestünde also darin, die Botschaften a) aus einer universellen Quelle und b) aus einer ortsbezogenen Quelle zusammenzuführen, um daraus ein einheitliches Kraftmuster zu weben, anhand dessen die Architekten aus dem Reich der Erdelementarwesen eine konkrete Pflanze bauen können.

Während mein Gehirn damit beschäftigt war, diese Erklärung, die ich durch innere Bilder bekommen hatte, zusammenzufügen, spürte ich, dass ich noch nach einer weiteren Beziehung der Deva fragen müsste. Sie hatte etwas mit dem Einfluss des Mondes auf das Pflanzenwachstum zu tun. Die Fencheldeva antwortete mit einem komplexen Gefühl, dem ich entnehmen konnte, dass es tatsächlich noch eine dritte Quelle gibt, aus der sie Impulse für ihren Dienst schöpft. Ähnlich wie die Auswirkungen der Mondzyklen auf das Pflanzenwachstum für das Auge weniger offenkundig sind als Sonnenschein und Regenwasser, sei diese dritte Quelle tatsächlich auf einer subtileren Ebene für ihre Tätigkeit von entscheidender Bedeutung. Ich konnte fühlen, wie die Deva dieser Quelle gegenüber eine tiefe und liebevolle Zuneigung empfand, als sie mir ihr Wesen im Bild einer Feenkönigin offenbarte. Intuitiv verstand ich, dass es sich um eine Meisterintelligenz handelt, die weit fortgeschritten auf dem Entwicklungsweg der Luftelementarwesen ihre »jüngeren« Kolleginnen lehrt, sich in unvorhersehbaren Umständen auf dem Weg ihrer Aufgabenerfüllung zurechtzufinden.

Innerlich konnte ich die Meisterfee zuerst als eine weiße, weibliche Gestalt von erhabener Schönheit sehen. Nach einiger Zeit löste sich dieses Bild, das ihre Identität darstellte, auf, und eine tiefe Stille trat ein. Dann tauchte eine zweite Wahrnehmung in meinem Bewusstsein auf, und ich verstand, dass sie mir diesmal die vitalenergetische Dimension ihrer Gestalt zeigen wollte. Sie glich einer sich nach und nach öffnenden wundersamen Lichtblüte, die in zarten Tönen von Rötlich-Orange erstrahlte. Auch dieses Bild verschwand nach einiger Zeit, und ich wartete im Dunkel, gespannt, ob sie mir noch einen weiteren Aspekt ihres Wesens zeigen würde.

Und wirklich wurde mir eine dritte Wahrnehmung der Deva-Meisterin zuteil. Anfangs sah ich ein regelmäßiges Netzwerk, dessen Knotenpunkte stark betont waren. Ich konnte mit diesem Bild nichts anfangen und bat um eine Erklärung. Da nahm ich die Deva in der Mitte des Netzwerks wahr.

Deva des Salats in unserem Garten in Šempas.

Sie zeigte mir, wie sie sich zu einzelnen Knotenpunkten hinneigte und mit einer Art Zauberstab (wie im Märchen!) die Punkte leicht anschlug, wobei ein sanfter Ton entstand. Jeder Knotenpunkt dieses »Xylophons« hatte einen anderen Klang. Der begleitenden Erklärung entnahm ich, dass die Deva-Meisterin mit jeder Deva ihres Bereichs individuell in Resonanz steht und dadurch im Sinn einer individuellen Führung auf jede einzelne gezielt einwirken kann. Das war alles, was ich über die Art und Weise, wie eine Meisterfee ihren Dienst versieht, erfahren konnte.

Betrachten wir die unterschiedlichen Beziehungen, die eine Pflanzendeva bei der Ausübung ihrer Rolle in der Schöpfung aufrechterhält, so deutet sich hier eine Verflechtung zweier Welten an, die in unserem gewohnten Weltbild weitgehend als getrennt angesehen werden – sofern wir ihre Existenz überhaupt zulassen. Die Welt der Elementarwesen wird dem Erdbereich zugeordnet, die Welt der Engel den geistigen Sphären. Hier wird nun aber über Engelwesen berichtet, die mittels der Elementarwelt für die Vorgänge in der Materie sorgen, und über Elementarwesen, die den hohen geistigen Stand einer Meisterintelligenz erreicht haben. Die gewohnte Polarität beginnt zu zerfließen.

In seinem Buch »Devas: Fairies and Angels. A Modern Approach« (Glastonbury 1986) hat William Bloom diese polare Betrachtungsweise radikal überwunden, was schon aus dem Titel dieser kurzen Abhandlung hervorgeht. Der Autor ordnet die Feen als Elementarwesen derselben Lichtwelt zu wie die Engel, einer Lichtwelt, die er die Welt der Devas nennt. Es ist nicht nur die Körperlosigkeit – im Sinn eines materiellen Körpers – ihrer Erscheinungsformen, die diese Welt als eine Einheit erkennen lässt – die Formen variieren enorm von den winzigen Lichtgestalten der Gnomen bis zu den mächtigen, mandalagestaltigen Engeln der kosmischen Sphären –, sondern insbesondere ihre gemeinsame Rolle innerhalb der Schöpfung.

Nach den Einsichten von William Bloom besteht die gemeinsame Rolle dieser Wesenheiten darin, dass sie auf den verschiedenen Ebenen des Schöpfungsprozesses eine Brücke zwischen den unsichtbaren kreativen Impulsen, Mustern und Gedanken und ihrer Verwirklichung in der Materie bilden. Er illustrierte diesen Vorgang durch ein Bild, das ich aus meinen eigenen Beobachtungen bestätigen kann: Wenn jemand pfeift, so William Bloom, produziert er eine Schallwelle, die das Trommelfell im Ohr des Menschen zum Vibrieren bringt. Wir nehmen diese Welle aber nicht nur als eine Schwingung wahr, sondern als einen gestalteten Ton und in der Aufeinanderfolge von Tönen als Musik. Bestimmte Wesenheiten der Lichtwelt, die er die Welt der Devas nennt, waren daran beteiligt, dem Chaos der Schwingungen die Form einer Musik zu verleihen.

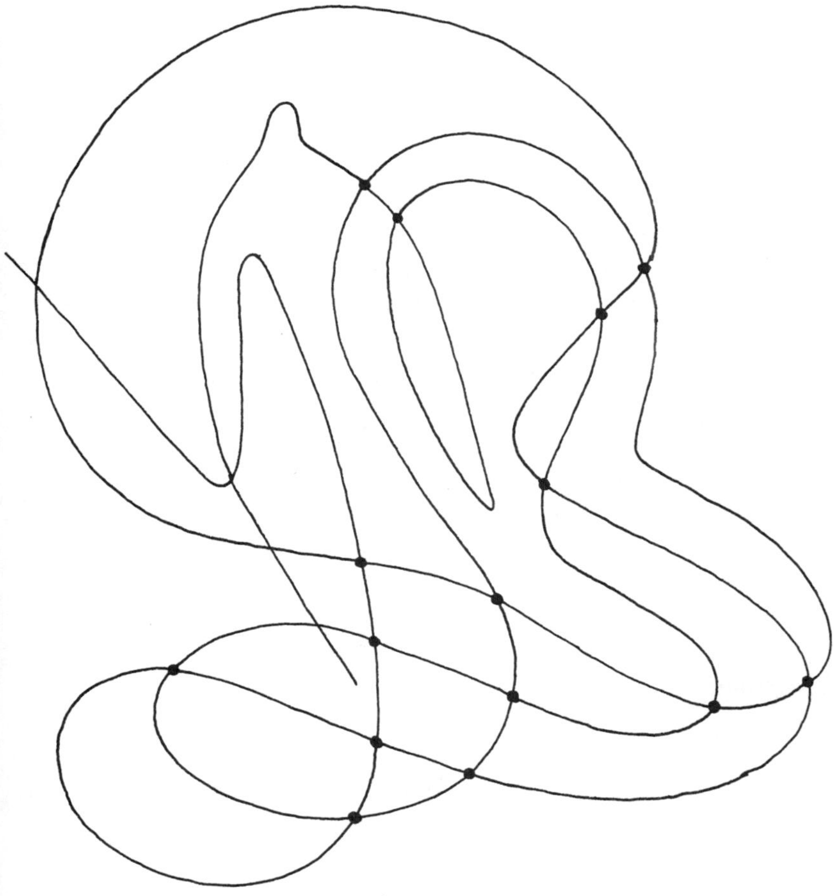

Die Deva-Meisterin und ihr »Zauberstab«, mit dem sie die Knotenpunkte ihres »Xylophons« anschlägt.

Dazu hatte ich folgendes Erlebnis: Am 23. Juli 1993 war ich anwesend, als mein Bruder, der weltbekannte Geiger Miha Pogačnik, anlässlich der Eröffnung des IDRIART-Festivals in der Kathedrale von Ljubljana ein Solokonzert gab. Auf dem Programm standen die Solosonaten von Johann Sebastian Bach.

19 – Der Verstand und die elementare Welt
Ich habe hier etwas Unmögliches versucht: einen Vorgang, der nicht der üblichen linearen Logik folgt, durch logische Sprache darzustellen. Das würde nicht gelingen, wenn ich ausschließlich eine Verstandesform der Sprache gewählt hätte. Die beschriebenen Vorgänge der Entstehung von Musik laufen gleichzeitig auf verschiedenen Ebenen der mehrdimensionalen Wirklichkeit ab. Um sie darstellen zu können, musste ich die intellektuellen Erklärungen mit märchenhaften Bildern ergänzen. Beides zusammen, meine ich, macht es uns möglich, solche Prozesse zu begreifen und auch ihre ergreifende Tiefe zu erfühlen.

Damit ist auch die Ursache genannt, warum der Verstand vor dem Thema Elementarwesen/Umweltgeister zurückschreckt. Unser Verstand wird mit einer Vieldeutigkeit konfrontiert, die sich nicht auf einen Nenner bringen lässt. Der Mensch wird aufgefordert, die logische und die intuitive Denkweise gleichrangig miteinander zu verbinden. Ich behaupte, unsere globale Gesellschaft scheut die Synergie, die dadurch zustandekommen würde. Man fürchtet den Quantensprung im Bewusstsein, der dadurch möglich wird.

Es ist leider nicht schwer, die Existenz einer Evolution und deren kostbaren Dienst für das Leben zu leugnen, da sie keine physischen Formen zeigt. Doch könnte es von größtem Nutzen für die Weiterentwicklung des Wesens Mensch sein, wenn sich unser verstandgeprägtes Bewusstsein auf die Gefühlsqualität des Umweltbewusstseins – der Elementarwesen – einlassen würde. Wir selbst, als verkörperte Menschen, sind ein Teil des Erd- und Elementarwesenbewusstseins, wir denken sozusagen mit seinem Gehirn. Als kosmische Seelen könnten wir uns in der irdischen Welt gar nicht zurechtfinden, wenn die elementare Welt nicht einen Teil ihrer selbst uns zur Verfügung stellen würde, damit wir uns bewegen können, damit wir innerhalb des materiellen Raums fühlen und denken können. Das Erkennen der elementaren Welt muss als essenzieller Teil unserer Selbsterkenntnis verstanden werden.

Es war das erste Mal, dass ich an einem Konzert teilnahm, nachdem sich meine Augen für die Welt der Elementarwesen geöffnet hatten, und daher war ich gespannt, was ich sehen würde. Kaum waren die ersten Töne erklungen, als ich am rechten Bein des in die universellen Klangmuster der Bachschen Musik vertieften Geigers ein Heinzelmännchen sitzen sah, das ihm bis zu den Knien reichte. Mit derselben Hingabe, wie der Musiker sich bemühte, seinem Instrument die richtigen Harmonien zu entlocken, war auch das Elementarwesen vollkommen auf eine eigenartige Tätigkeit konzentriert. Synchron zu den Rhythmen der Musik übte das Heinzelmännchen mit den Fingern seiner Hände ein eigenes virtuoses Spiel aus. Es erinnerte mich an die Fingersprache, mit der sich Taubstumme verständigen. Indem ich noch über die Bedeutung dieser Handgestik nachgrübelte, bemerkte ich einen dünnen Lichtfaden, der von den sich rasch bewegenden Händen des unsichtbaren »Mitspielers« vertikal nach oben führte. Neugierig folgte ich dem Faden mit meinem Bewusstsein. Er führte zu einem Brennpunkt hoch über der Kathedrale, wo ich eine geometrisch geordnete Schar tanzender Feenwesen wahrnahm, die ich als Musen der Musik bezeichne. Ihr Tanz war fein abgestimmt auf die Handbewegungen des Heinzelmännchens und auf die Rhythmen der Musik. Offensichtlich war mir ein Einblick in die unsichtbaren Hintergründe der Entstehung von Musik gewährt worden, bei der die Elementarwesen eine vermittelnde Rolle spielen.

Zunächst deutete ich ihre Wirkungsweise als eine Art Übersetzungstätigkeit. Einige Monate später hatte ich jedoch Gelegenheit, mich bei einem alten Weisen aus dem Reich der Elementarwesen über die geschilderte Wahrnehmung zu erkundigen. Wie üblich erhielt ich die Antwort in Form einer eher rätselhaften Mischung aus Bildprojektionen und Gedankeneingebungen, die ich in dem horchend-meditativen Zustand, in dem ich mich befand, gleichzeitig zu deuten versuchte.

Das entscheidende Bild zeigte mir den Vorgang des Spinnens, bei dem aus einem chaotischen Knäuel von Wollmaterial ein geordneter Faden entsteht. Die unverständlichen Handbewegungen des Heinzelmännchens waren denen einer Spinnerin vergleichbar. Statt des Wollknäuels hätten wir uns einen unsichtbaren Wirbel von Schwingungen vorzustellen, der aus dem Resonanzkörper des Instruments hervorquillt. Ich verstand, dass das Beispiel des Spinnens nicht zu wörtlich zu nehmen sei, denn der Lichtfaden, den ich gesehen hatte, war nicht das Ergebnis der spinnenden Handbewegungen des Elementarwesens, sondern die Kraftzufuhr der kosmischen Urmuster, die der gerade erklingenden Musik entsprachen. Diese Urmuster und kosmischen Harmonien, die auch Sphärenmusik genannt werden, wurden bei meiner Vision durch die Tanzmuster der Musenschar[20] über der Kathedrale bildhaft dargestellt.

20 Über die Musen als hochentwickelte Elementarwesen des Feuerelements, die im Bereich der Kunst tätig sind, erzähle ich mehr auf S. 154ff.

Aufgabe des am Fuß des Musikers sitzenden Heinzelmännchens war es, das Knäuel der aus dem Musikinstrument quellenden Schwingungen mit den über den Lichtfaden herangeführten geistigen Urmustern der betreffenden Musik zu verbinden. Dadurch wird eine Brücke gebaut, die ein mehrdimensionales Musikerlebnis ermöglicht. Dabei entsteht eine Musik, die nicht nur zum Zweck des Kunstkonsums dahinklingt, sondern die schöpferisch, reinigend und harmonisierend auf Körper, Geist und Seele des Zuhörers und seiner Umgebung, ja auf die Weltganzheit wirkt. Ich bin allerdings überzeugt, dass ein derart zwischen den verschiedenen Welten gesponnenes, ganzheitliches Kunstwerk nur möglich ist, wenn die Künstlerin oder der Künstler eine mehr oder weniger bewusste Beziehung zu den erwähnten unsichtbaren Welten pflegt und wenn die Person die Musik unmittelbar handwerklich selbst erzeugt.[21]

Von der Bedeutung dieser Beziehung zwischen dem schöpferisch tätigen Menschen und den dabei mitwirkenden Elementarwesen erzählt auch die bekannte Sage von den Heinzelmännchen zu Köln: Die Handwerker im mittelalterlichen Köln konnten, der Sage zufolge, bei Tage unbekümmert das Leben genießen, weil die Elementarwesen, die Heinzelmännchen, des Nachts das ganze Werk vollbrachten. In dieser Rollenaufteilung auf das Tag- und Nachtwerk sehe ich eine symbolische Darstellung der ursprünglich wahrgenommenen Zweischichtigkeit jeder handwerklichen Tätigkeit. Dabei bearbeitete der Mensch in der sichtbaren Tagwelt die Materie, während die Elementarwesen in der unsichtbaren Nachtwelt synchron dazu das menschliche Werk in die Urmuster der Weltganzheit einbetteten. Die Lebensfreude, die die Handwerker von Köln zu jener Zeit Tag für Tag als ein ununterbrochenes Fest erlebten, war Ausdruck der inneren Erfüllung, die ein Mensch erfährt, wenn sein Werk oder ein Werkzeug, das er täglich gebraucht, durch die Mitwirkung der Elementargeister beseelt wird.

20 — Der Einbruch der Technologie in die elementare Welt

Die Sprache der Kölner Heinzelmännchen-Sage ist so märchenhaft, dass man kaum erkennt, dass es sich dabei um die Problematik der modernen Technologie, letztendlich auch der Konsumgesellschaft handelt.

Wie könnte man das dem Verstand erklären? Alles, was sich bewegt, sei es ein Rasierapparat, ein Flugzeug oder ein Fußgelenk, wird von einer inneren Kraft getrieben. Wohl zeigt diese lebendige Kraft (Lebens-

21 Es scheint bezeichnend zu sein, dass ich diese Beobachtung bei einem Musiker machen konnte, der bewusst auf dem persönlichen Vortrag seiner Musik besteht und grundsätzlich keine Vervielfältigung durch elektronische Medien zulässt. Beobachtungen ähnlicher Art, die ich bei anderen Musikern machen konnte, waren weniger klar oder sogar verzerrt.

Das spinnende Heinzelmännchen am Fuß des Geigers.

kraft) eine materialisierte Form, wenn es um mechanische Bewegung auf der physischen Ebene geht. Das jedoch, was die Bewegung hervorbringt, liegt jenseits der Materie. Die Bewegung, die das Bewegliche bewegt, entspringt dem Schoß der elementaren Welt.

Da unsere Zivilisation keinen Zugang mehr zur Quelle der Quelle hat, sind wir Opfer zweier gefährlicher Entwicklungsstränge geworden. Einerseits müssen wir immer schneller produzieren und genau so schnell konsumieren, um den Raubbau an den Lebensgrundlagen bei unserer technischen oder landwirtschaftlichen Produktion zu verdecken. Andererseits versuchen wir durch eine aggressive wissenschaftliche Forschung, durch Nutzung der Atomenergie, künstliche Intelligenz, genetische Manipulation, Klonung und Nanotechnologie in die Lebens- und Bewusstseinsbereiche einzubrechen, die für das Wirken der Elementarwesen reserviert sind. Dabei sind die fünf erwähnten Bereiche nicht grundsätzlich aus unserer Forschung auszuschließen. Weil aber unsere Forscher die leitende Elementar-Intelligenz dieser Wissensbereiche von vornherein als nicht-existent von sich weisen, können die Resultate der daraus entwickelten Technologien so unvorstellbar destruktiv werden, wie wir es zum Beispiel im Fall Tschernobyl erlebt haben.

Eine gesunde Alternative wäre, sich für die Möglichkeit der Existenz einer Naturintelligenz zu öffnen, die fähig ist, mit Atomkraft, dem genetischen Code und mit dem kosmischen Gedächtnis auf harmonische, mit den Absichten der Erdseele übereinstimmende Weise umzugehen. Unsere Wissenschaftler könnten entsprechende Technologien von ihr lernen und sie im Dialog mit der elementaren Welt weiterentwickeln.

Die Sage von den Kölner Heinzelmännchen erklärt auch, wie es durch die Einmischung des menschlichen Verstands zum Zusammenbruch dieser wunderbaren Einheit kam: Eine Schneidersfrau, die von Neugier getrieben war, wollte die heimlichen Helfer ihres Mannes mit eigenen Augen sehen. Nun drängt sich die zerstörerische Macht des aufklärerischen Verstands hinein: Die Frau streute Erbsen auf die Treppe, so dass die Heinzelmännchen darauf ausrutschten und hinunterpurzelten. Im Schein ihrer Lampe – ihres Verstands – konnte die Frau sie für einen winzigen Augenblick sehen. Doch im Handumdrehen waren sie verschwunden – weil sie auf der mentalen Ebene nicht existieren können – und sind darauf nie wiedergekehrt. Im Schweiße ihres Angesichts mussten die Handwerker ihre Arbeiten nun selbst vollenden.

Obwohl es sich hier meiner Meinung nach um eine Verdrehung handelt, wenn die Frau für jenen Bruch beschuldigt wird, der tatsächlich durch patriarchales Machtstreben verursacht wurde, so stellt diese Sage doch genau die Tragödie des Menschen dar, der sich der Welt der Elementarwesen entfremdet hat. Wohl sind wir nun imstande, alles zu erzeugen, was der menschliche Geist ersinnt, doch haben unsere Werke seitdem nicht mehr die Tiefe, die uns in jedem Augenblick mit dem Frieden des Universums und unserer Seele verbinden würde. Die extreme gefühlsmäßige Kälte unserer ausschließlich mit dem Verstand geplanten Produktion, gekoppelt mit der völligen Verleugnung der elementaren Intelligenz der Natur, bewirkt, dass die Elementarwesen unserem Schaffen nicht mehr folgen und es somit auch nicht beseelen können. Was auf diese Weise entsteht, ist im Grunde genommen tot und kann sich leicht gegen den Menschen und die Natur zurückwenden.

21 – Übung mit den Antennen des Solarplexus

Um Elementarwesen und Umweltgeister in ihrer ursprünglichen Lebensqualität wahrzunehmen, sollte man sich ihnen auf der Gefühlsebene nähern. So erarbeitet man sich durch unmittelbare Wahrnehmung nicht nur ein Verständnis für die Art ihres Dienens, sondern auch das Gefühl für die einzigartige Qualität ihres Daseins. Dabei ist die emotionale Ebene der Wahrnehmung entscheidend.

Die beste Übung, die ich dazu vorschlagen kann, nimmt das Solarplexus-Chakra zum Ausgangspunkt. Dabei steht jener Aspekt des Solarplexus im Fokus, der mit der Steuerung unserer emotionalen Felder zu tun hat. Ich betone nochmals, dass das Bewusstsein der Elementarwesen auf der emotionalen Ebene operiert.

Spürt man an einem Platz die Präsenz eines Elementarwesens, kann man die feinstofflichen Fühler des Solarplexus ausstrecken und mit ihnen das Wesen »abtasten«. Aus den Informationen, die dadurch unserem Bewusstsein zuströmen, kann dieses in unserer Imagination ein Bild des betreffenden Wesens schaffen oder seine Präsenz durch Körpergefühle kundtun. Dabei kann man sich die Fühler wie die Tastantennen bei gewissen Insekten vorstellen, die am Rücken hinter dem Solarplexus (also auf Höhe des Magens) befestigt sind und durch das Sonnengeflecht tastend in den Raum vor uns ragen.

Während des »Abtastens« des unsichtbaren Phänomens sollte man die Veränderung der gewohnten Gefühle registrieren und gleichzeitig darauf achten, dass der Verstand am Rande des Geschehens still in die Ferne schaut. Er darf sich solange nicht einmischen, bis die Wahrnehmungen zur Deutung bereit stehen.

Wie fatal sich die Entfremdung des Menschen von den Elementarwesen auswirkt, möchte ich noch einmal an einem Musikerlebnis verdeutlichen, das ich im August 1993 während meines Landschaftsheilungsseminars in Svetinje bei Jeruzalem in Slowenien hatte. Für einen Abend hatten wir zwei junge Männer aus Maribor, die in Indien klassische Musik studiert hatten, eingeladen, ein Konzert im Freien zu geben. Sie kamen mit wunderschönen alten Instrumenten. Da sie aber befürchteten, der subtile Klang der Instrumente könnte sich verlieren, hatten sie zusätzlich ein digitales Verstärkersystem mitgebracht. So gesellte sich zum eigentlichen Klang der Instrumente der Schall der Verstärkeranlage. Dieser Umstand brachte das »diensttuende« Elementarwesen in größte Verwirrung. Ich nahm wahr, wie es blitzschnell zwischen dem Resonanzkörper der Instrumente und der Schallquelle der Lautsprecher hin und her gerissen wurde. Intuitiv begriff ich, dass diese Verwirrung durch die Digitalisierung hervorgerufen wurde, bei der die Töne rein verstandesmäßig in Plus und Minussegmente aufgespalten werden, so dass der ursprüngliche Klang der Töne verlorengeht. Dieser Verlust wird vom Menschen vermutlich mental überbrückt, bleibt jedoch für die Elementarwesen unbeherrschbar.

Neben mir saß eine Studentin, die hellsichtig ist. Da sie eine ähnliche Erfahrung machte wie ich, bat ich sie, in der Pause zu den Musikern zu gehen und ihnen unsere Beunruhigung zu erläutern. Tatsächlich waren sie bereit, im zweiten Teil des Konzerts die Elektronik abzuschalten, und wir konnten beobachten, wie sich der Gnom in wunderbarer Ruhe und Erleichterung zur Erfüllung seiner Aufgabe an den Instrumenten niederließ.

Trotz aller Not, die wir Menschen den Elementarwesen bereiten, muss ich sagen, dass ich in der Kommunikation mit ihnen immer wieder das Gefühl bekam, dass sie die Menschen lieben, dass sie unseren Weg des Lernens respektieren und versuchen – sobald ihnen eine winzige Gelegenheit dazu geboten wird –, unserer Art von schöpferischer Tätigkeit zu folgen. Die einfachen Gnomen zum Beispiel, die die Steinschichten beseelen – ich sehe sie als regelmäßig im Gestein verteilte sternartige Lichtfunken – entwickeln sich auf ihrem Weg des Dienens zu den sogenannten Bergzwergen, die an der Entstehung von Erzadern beteiligt sind. Durch die Schmelz- und Schmiedevorgänge haben sie sich in Gestalt der schon erwähnten Heinzelmännchen zum Dienst in den Handwerken entwickelt. Als der Mensch dann die Bearbeitung der Metalle in Industriehallen verlegte, hat sich jene Linie der Elementargeister sogar bemüht, auch diesem schwierigen Weg zu folgen. In meinem Auto zum Beispiel kann ich sie zwar nicht in dem mental ungeheuer komplizierten Motorbereich wahrnehmen, aber doch in dem relativ einfach überschaubaren Räderwerk. Sie haben mir ihre Schwingungsform den Formen der Gelenke und Achsen angepasst gezeigt.

Die Bekanntschaft eines anderen Elementarwesens sollte ich Ende Oktober 1993 in Döllach im Kärntner Mölltal machen, wo ich ein Großglocknerseminar vorbereiten wollte. Ich kam abends an. Im Speiseraum des Gasthauses »Zum Schlosswirt«, in dem ich logierte, loderte ein offenes Kaminfeuer; der Raum war auf eine angenehm altertümliche Art eingerichtet. Nach alter Überlieferung musste es in einem solchen Raum ein Erdelementarwesen geben, das im deutschen Sprachraum als Kobold bekannt ist (von mhd. *kobe* – Gemach, Verschlag, Haus und altnordisch *bald* – Verwalter, Herrscher. Der Kobold ist das im Haus waltende Elementarwesen.) Als ich mich aufmerksam umsah, nahm ich tatsächlich ein solches Kerlchen wahr; es saß mit überkreuzten Beinen am Feuerplatz vor der Nische, in der das Brennholz gestapelt wird. Es hatte die Gestalt »mit über die Schultern hängender Zipfelmütze« eingenommen, als ob es gerade einem Märchenbuch entstiegen wäre. Ich dachte, die Sache sei nicht ernsthaft genug, um mich im Rahmen meiner Studien über die Elementarwesen damit zu befassen, und ging zu Bett.

Als ich am anderen Morgen im gleichen Raum mein Frühstück einnehmen wollte – das Feuer war frisch angezündet worden und loderte schon im Kamin – konnte ich nicht umhin, den Kobold wieder wahrzunehmen. Diesmal bemerkte ich, dass er ununterbrochen mit den Fingern etwas spann, ähnlich wie der musikalische Zwerg am Fuß des Geigers.[22] Diese Parallele machte mich neugierig, und während ich an meiner Semmel kaute, begrüßte ich ihn telepathisch und fragte ihn, was er hier mit seinem Spinnen bewirke.

Ohne sich in seiner Arbeit stören zu lassen, schickte mir der Kobold eine Gedankenwolke zurück, der ich vielerlei Informationen entnehmen konnte. Die erste Botschaft war, dass wir Menschen fälschlicherweise der Meinung seien, die materielle Welt, in der wir leben und lernen, sei eine selbstverständliche Gegebenheit, die unbegrenzt genutzt und nach unseren egozentrischen Wünschen beliebig verändert werden könne. Um solche Veränderungen zu bewirken, müsse eine riesige Schar unterschiedlichster Elementarwesenheiten tätig werden und jeden Bruchteil einer Sekunde dafür sorgen, dass unsere Welt ihre dynamischen Formen gemäß den kosmischen Urbildern erhält. Ihm komme dabei die Aufgabe zu, innerhalb der Wohnräume der Menschen die Qualität eines lebendigen Raums zu spinnen.

Auf meine nächste Frage, wie es überhaupt zugegangen sei, dass die Elementarwesen der Erde die menschlichen Räume betreten hätten, antwortete er stolz, sein Geschlecht habe die Menschwerdung seit den Zeiten, da wir noch in Höhlen wohnten, begleitet. Immerhin hätten wir ja einen

22 Interessanterweise werden Menschen, die sich zu sehr für die unsichtbaren Dimensionen des Lebens interessieren, als »Spinner« bezeichnet.

guten Teil unserer Geschichte in Wohnhöhlen, das heißt mitten im Reich der Zwerge, zugebracht.

Auch der Speiseraum des Gasthauses, in dem wir uns gerade befänden, sei so etwas wie ein verselbständigter Höhlenraum. Deswegen sei es den Felszwergen nicht schwergefallen, der Entwicklung, die zur Urbanisierung führte, zu folgen. Sie würden auch unter den gewandelten Umständen versuchen, ihre Aufgabe weiter zu erfüllen.

Allerdings muss ich an dieser Stelle anmerken, dass ich in hochtechnisierten Wohnräumen, in denen keine natürlichen Baumaterialien verwendet wurden und in denen eine rein mentale, unterkühlte Ordnung herrscht, noch nie ein Elementarwesen angetroffen habe. Offensichtlich hat auch die Fähigkeit der Naturintelligenz, dem Eigenwillen der Menschen zu folgen, ihre Grenzen. Jenseits dieser Grenzen entstehen öde, allen elementaren Lebens beraubte Gebiete, die keinen Raum für die Lebenserfahrung der Seele bieten, sondern eher eine gespenstische Scheinwelt erzeugen. Ist ein Mensch gezwungen, in einer solchen Umgebung zu leben, kann er nur durch bewusste Anstrengung – etwa durch Arrangieren von Steinen oder Wurzeln – eine Atmosphäre schaffen, in der sich die Elementarwesen wieder ansiedeln können. Im Fall eines überzüchteten Gartens bestünde die Lösung darin, ein Fleckchen Wildnis zuzulassen. In einer zugepflasterten Stadt ist es das sogenannte Unkraut, das die Hoffnung in sich trägt.

Der Optimismus, der dem Verhalten der Elementarwesen und ihren Aussagen zu entnehmen ist, lässt darauf schließen, dass sie mit Hilfe der hochentwickelten Lehrer aus ihrer Mitte instinktiv verstehen, warum die in egozentrische Illusionen verwickelte Menschheit die Natur auf so schreckliche Weise misshandelt, und dass sie unseren Lernprozess auch weiterhin nach Kräften unterstützen wollen. Wenn auch völlig anders beschaffen und organisiert, stellt die Welt der Elementarwesen genauso wie die Menschheit eine Evolution dar, die nach Weiterentwicklung und Vervollkommnung strebt. Die oft grausamen Hürden, die Menschen den Elementarwesen in den Weg legen, haben letztlich auch einen Sinn (wenn auch keine Rechtfertigung daraus erwächst!): Sie fordern die mutigen Elementarwesen heraus, sich mit bislang unbekannten Schwierigkeiten auseinanderzusetzen und ihr Wachstum sogar zu beschleunigen. Letztlich sind sie trotz entgegengesetzter menschlicher Strömungen fähig, ihre Grundschwingung aufrechtzuerhalten, eine Grundschwingung der liebenden Freude.

Nie habe ich die immerwährende Glückseligkeit, die in den Welten der Elementarwesen waltet, so klar wahrgenommen wie im Sommer 1993, als ich wieder einmal den Schlosspark in Türnich bei Köln besuchte. An einem sonnigen Mittag befand ich mich auf einer ovalen Lichtung, die durch einen liegenden Felsen bezeichnet ist, den ich wegen seiner Zugehörigkeit

Kobold am Feuerplatz des Gasthauses »Zum Schlosswirt« in Döllach, Kärnten.

zum Bereich der Wandlungskräfte »Schwarze Madonna« genannt habe. Ich ließ meinen Blick unbefangen über die Wildnis der noch ungemähten Wiese schweifen, als ich plötzlich eine unüberschaubare Zahl winziger Elementarwesen wahrnahm, die an den einzelnen Grashalmen wirkten und die ich als Elfen bezeichnen würde. Um mich herum vibrierte eine irrwitzige Mischung aus Tanz, Dienst und Gesang, die mich in ständig neues Staunen versetzte. Plötzlich musste ich an die drei tanzenden und musizierenden Schweinchen von Walt Disney denken. Die Freude, die ich spürte, war unbeschreiblich.

Auf der Suche nach dem Ursprung dieser inspirierenden Wahrnehmung merkte ich, dass ich die Wiese unbewusst auf der Ebene meines Sonnengeflechts (Solarplexus) betrachtet hatte und nicht wie üblich auf der Ebene des mit dem Herzzentrum gekoppelten »dritten Auges«. Um die neuentdeckte Wahrnehmungsebene zu überprüfen, stellte ich mich an einen benachbarten Baum, so wie ich es zu tun gewohnt war, wenn ich mit einem Faun kommunizieren wollte. Dabei trete ich ganz nah an den Baumstamm heran und lehne mich mit beiden Händen an den Stamm, bis meine Nase fast die Baumrinde berührt.

Diesmal konzentrierte ich nun meine Wahrnehmung bewusst auf der Höhe des Bauches und wurde von der ungeheuren Lebensfreude, die der Faun ausstrahlte, fast umgestoßen. Das sprühende Lachen, das wie ständiger Donner hin und her rollte, konnte ich nur eine kurze Zeitlang ertragen. Als ich daraufhin einige andere Bäume in derselben Weise erfühlte, traf ich bei den vier Eichen, die das sogenannte Eichentor zwischen zwei großen Wiesen bilden, sogar auf einen Faun, der nach Art der italienischen Operntenöre ununterbrochen mit mächtiger Stimme sang.

Diese Wahrnehmungen warfen für mich wieder die Frage auf, welche Form den Elementarwesen als passendste Form anstünde. Denn meiner Meinung nach ist es nicht angemessen, die Welt der Zwerge, Nixen und Feen in Erscheinungsformen zu pressen, die unserer physischen Wirklichkeit entnommen sind. Viele Menschen glauben, es bedürfe nur einer Verfeinerung des Sehvermögens, um jenseits der physischen Formen auch die feinstofflichen Gebilde der Elementarwelt zu sehen. Die normale Sicht müsse nur durch Hellsichtigkeit vertieft werden. Leider gibt es aber nicht viele hellsichtige Menschen, so dass es nur einer Handvoll Auserwählter vorbehalten bliebe, mit dem Elementarreich zu kommunizieren. In solchen Vorstellungen spiegeln sich meiner Erfahrung nach unbegründete Vorurteile, die darauf beruhen, dass die menschliche Anschauungsweise zum absoluten Maß der Dinge erhoben wird, ohne die wesentliche Andersartigkeit der elementaren Welt zu berücksichtigen. Wir Menschen sind so beschaffen, dass wir eine bis ins kleinste Detail definierte Form nach außen zeigen, die aber nur einen geringen Teil dessen zum Ausdruck bringt, was sich in Form von Gedanken und Gefühlen in uns abspielt. Die Elementarwesen hingegen sind frei von jeglicher vorgegebenen Form. Anders als der Mensch können sie ihre Erscheinungsformen dazu benutzen, um zu zeigen, was innerlich in ihnen vorgeht. Die jeweilige Form, in der wir sie wahrnehmen, ist entweder ein Spiegelbild der Vorstellungen über ihr Wesen, das der betrachtende Mensch in seiner urbildlichen Erinnerung gespeichert hat, oder ein Ausdruck der Bildersprache, die die Elementarwesen selbst benutzen, um eine gewisse Botschaft dem menschlichen Bewusstsein nahezubringen. Sie selbst sind bar jeder Form, solange wir Menschen nicht vermeintlich wahrgenommene Formen aus Missverstand auf sie zurückprojizieren. Ein Zwerg mit roter Zipfelmütze, langem weißem Bart und Lederhosen ist eine solche aufgezwungene Behelfsform, die »Naturliebhaber« dem Wesen der Erdgeister überstülpen und die dann, in der Rückkoppelung, von Hellsehern gern als scheinbar verbindliche Wahrheit wahrgenommen wird.

22 – Umweltgeister im Kontext anderer Kontinente und Kulturen

Die Erfahrungen über die elementare Welt, die ich ursprünglich in den Jahren 1992/93 gesammelt habe, machte ich mit Ausnahme derjenigen von den Kanarischen Inseln alle auf europäischem Boden. In den Jahren seither habe ich auch auf anderen Kontinenten geomantisch und erdheilerisch gewirkt, wo heimische Kulturen spezifische Vorstellungen von Naturgeistern und Elementarwesen entwickelt haben. Die Erfahrungen anderer kultureller Kontexte zeigen zwei Aspekte. Einerseits staunte ich über die eigenartigen Sprachen, welche die elementare Welt in anderen Weltteilen verwendet, um mit den Menschen zu kommunizieren. Andererseits konnte ich leicht die Gemeinsamkeiten erkennen, welche die elementare Welt als ein globales System erscheinen lassen.

Die Elementarwesen auf den anderen Kontinenten, die ich besucht habe, machten sich regelrecht die Sprache der dortigen Kultur zunutze, um sich mir zu zeigen. Ich erkannte in der Grammatik der Sprache, in deren Formen sich die Naturgeister kleideten, die charakteristischen Kunstformen der jeweiligen Kultur. Die Gnomen in Südamerika zum Beispiel zeigten sich mir in Gestalten, die den Schriftzeichen der Maya- oder Inka-Kultur ähnelten. Meine Intuition vermittelte mir den Eindruck, sie nutzten die Sprache der letzten Kultur, die mit ihnen noch kommuniziert hat, um mit mir in Kontakt zu kommen. Die Spanier oder Portugiesen, die das Land eroberten, waren sicher nicht am Dialog mit den südamerikanischen Gnomen interessiert gewesen. Folglich konnten die Elementarwesen der eroberten Länder die mittelalterliche

Sprache, in der seinerzeit in Europa noch hie und da mit Naturgeistern kommuniziert wurde, nicht erlernen.

Nachdem der Kontakt mit mir zustandegekommen war, verblasste die traditionelle Form der Präsentation rasch. Ich konnte nun die Elementarwesen des fremden Landes in das mir zugängliche Schema der elementaren Welt einordnen. Dabei orientierte ich mich nach ihren Funktionen in der jeweiligen Landschaft, und diese sind weltweit ähnlich oder sogar gleich.

Aufgrund dieser Erfahrungen habe ich aufgehört, die Elementarwesen mit antiken Namen wie »Faun« oder »Pan« zu bezeichnen. Ich empfinde diese Klassifizierung inzwischen zu sehr an die Überlieferung der westlichen Kultur gebunden. Solange wir nicht imstande sind, neue Namen zu erfinden, schlage ich vor, einzelne Arten der Elementarwesen und Umweltgeister nach ihren Funktionen zu benennen, und die sind weltweit dieselben. Es sind schlicht Funktionen, ohne die das Lebensgewebe der irdischen Ökosphäre nicht überlebensfähig ist.

Die Verwirrung, die um die Frage der Wahrnehmung herrscht, spiegelte sich auch in gewissen Abenteuern, die ich selbst erlebte, bis ich schließlich eine ungewöhnliche Art von Feenwesen kennenlernte. In der Anfangsphase meiner Kommunikation mit den Elementarwesen, als ich ihre Gegenwart erstmals durch meine Körpergefühle orten konnte, war ich im Wald nahe unserem Haus in Šempas auf ein mir bis dahin unbekanntes Schwingungsmuster gestoßen. Bei dem Platz handelte es sich um einen steinernen Hügel, auf dem vier Eichen ein Quadrat bilden. Es war derselbe Hügel, in dessen Unterweltsbereich ich mit dem Bewusstsein einzusteigen pflegte, um mein Herz zu besuchen (vgl. Kapitel I). Genau in der Mitte des Quadrats war die unbekannte Gegenwart zu spüren.

Bei einem Besuchm bat ich Erika, eine Mitarbeiterin, die von Kindheit an hellsichtig ist, sich in das Phänomen zu vertiefen. Sie kehrte nach einiger Zeit zurück und erzählte, sie habe an dem Platz eine wunderbare Fee mit einem weißen Pferd an der Seite gesehen. Der weiße Zauberschimmel der Fee ist bekanntlich ein Motiv, das wir aus den Märchen kennen. Als ich noch einmal an den Platz zurückging, konnte ich tatsächlich mit Hilfe der Sensibilität meiner Hände eine zweifache Schwingung bestätigen, die dem Paar Fee – Schimmel entsprach. Auf der einen Seite bewegte sich meine Hand in Form einer horizontalen Lemniskate (∞), wie ich es von anderen Feenpunkten kenne, auf der anderen Seite, wo das Pferd stehen sollte, verlief die Handbewegung vertikal in spiralig auf- und absteigenden Drehungen. Doch konnte ich allein aus dieser Wahrnehmungsinformation die reale Bedeutung der rätselhaften Feenvariante nicht erfassen.

Folglich bat ich meine unsichtbaren Lehrer um Erläuterung durch einen Traum. Es folgte ein Traumbild, in dem mich ein weißbärtiger Weltenschöpfer durch seine Werkstatt führte. Da waren unzählige Figuren zu sehen, wie in einem Bildhaueratelier. Mein Auge blieb an einem aus reinem Silber gefertigten Figürchen hängen, das sich in einer Pose befand, als würde es sich gegen einen Windstoß stemmen, wodurch der Eindruck einer ungeheuren Dynamik entstand. Als ich erwachte, wusste ich sofort, dass es sich um die Gestalt der unbekannten Fee handelte. Das weiße Pferd war also ein Ausdruck ihrer charakteristischen Dynamik. Mehr konnte ich aus dem Traum noch nicht verstehen. Doch weise ich seither bei meinen Schilderungen über das Feenreich immer darauf hin, dass es neben den Raumfeen noch eine andere Feenart gibt, die ich als Yang-Feen bezeichne.

Kurze Zeit später kam es zu einem tragikomischen Versuch der Yang-Fee, in ihrer wahren Gestalt in mein Bewusstsein einzudringen. Als ich mit Erwin, einem Freund, ein Seminar über die Stadtlandschaft von Graz vorbereitete, besuchten wir auch den Park, der zur Landesklinik für Psychiatrie gehört. Als wir kurz danach zu Erwins Haus zurückkehrten, stellte ich zu meinem Entsetzen fest, dass mein Sehvermögen schwer gestört war. Ich glaubte, übermüdet zu sein, und legte mich für eine halbe Stunde schlafen. Als ich zum Mittagessen gerufen wurde, ging es mir noch schlechter. Ich dachte, ich würde verrückt. Ich war nur zur Hälfte anwesend, die andere Hälfte war wie überschattet. Ich musste das Essen stehenlassen und begab mich zur Meditation. Als ich mich auf die Ursache der Störung konzentrierte, kam mir plötzlich die Eingebung, ein Elementarwesen könnte sich an meine Aura geklammert haben und nun mein Wesen teilweise überschatten. Als mir meine Hand die bereits erwähnten spiralförmigen Vertikaldrehungen anzeigte, war ich sicher, dass es sich um die noch nicht ganz verstandene Yang-Fee handelte. Statt nun die Gelegenheit zu ergreifen, durch die ungewöhnliche Nähe mehr über das Wesen dieser besonderen Feenart zu erfahren, war ich aus Ängstlichkeit – ich hatte noch keine Erfahrung mit der humorvollen Seite der Elementarwesen – nur darauf bedacht, sie so schnell wie möglich wieder loszuwerden. Mit Zustimmung meiner Gastgeber suchte ich eine wilde Ecke des Gartens auf und bat die Fee inständig, sich dort anzusiedeln. Sie erfüllte meinen Wunsch ohne weiteres, und augenblicklich fühlte ich mich wieder heil und klar. Nur über die Funktion dieser rätselhaften Fee hatte ich nichts Neues erfahren.

Eine Wende sollte erst im Herbst 1993 eintreten, als ich ein Seminar im Schlosspark von Türnich abhielt. Dort befindet sich ein Kranz von sieben Linden, die vor etwa 120 Jahren um ein energetisches Zentrum gepflanzt wurden, aus dem acht Akupunkturmeridiane der Erde (= Ley-Linien) entspringen. Diese Ley-Linien-Quelle in der Mitte des Kranzes wird durch eine vertikale Lichtsäule aus einer kosmischen Quelle gespeist. Am 2. Oktober führte ich die Teilnehmer des Seminars an diesen Platz, um ihnen Gelegenheit zu geben, die reichen Schwingungen im Bereich der sieben Linden zu erspüren. Auch wollte ich die Gruppe auf die Anwesenheit der Feen aufmerksam machen, die ich hier selbst erst entdeckt hatte, nachdem ich für die elementare Schwingungsebene der Landschaft sensibel geworden war. Als sichtbares Zeichen ihres Waltens im Raum zeigte ich den Besuchern ein Astkreuz, das der Faun der letzten der drei zweistämmigen Linden in ihrer Krone gestaltet hat. Die zusammengewachsenen Äste bilden ein Kosmogramm, das einer Lemniskate ähnelt. Ich finde solche, die Form des Unendlichkeitszeichens variierende Astkreuze häufig an Bäumen, in deren unmittelbarer Nähe sich ein Feenbrennpunkt befindet.

Um die Teilnehmer auf die Schwingungen des Feentanzes vorzubereiten, erzählte ich ihnen von meiner Beobachtung der Raumfeen auf dem Venushügel der Insel Srakane. Danach verweilten wir eine Zeitlang in der Stille, um die verschiedenen Dimensionen des Siebenlindenkranzes wahrzunehmen. Kaum hatte ich meine Augen geschlossen, als ich ein übergroßes Frauenantlitz gewahrte, das mich aus der Richtung des Feenkosmogramms anblickte. Diesem Blick, der mich unendlich liebevoll anstrahlte, war auch eine Spur von Schalkhaftigkeit beigemischt, die mir sagen wollte, es handle sich gar nicht um eine Feenschar, sondern um eine einzelne Feengestalt, die ich noch nicht kannte.

Angeregt von dieser freundlichen Kritik eilte ich am Abend nach Beendigung des Seminars wieder zum Lindenkranz, um festzustellen, ob ich mich hier bei meinen früheren Untersuchungen der elementaren Ebene wirklich geirrt hatte. Dabei tastete ich den betreffenden Bereich innerlich noch genauer ab. An der Seite der mittleren Linde, die rechts von der erwähnten Kosmogrammlinde steht, entdeckte ich mit meiner Hand dicht am Stamm vertikal verlaufende Schwingungen, die ich mit der sogenannten Yang-Fee assoziiere. Der Faun des Baums hat diese besondere Stelle durch einen keulenförmigen Auswuchs am Stamm gekennzeichnet. Ich hatte diese Formation zwar schon früher bemerkt, konnte sie aber nie sinnvoll deuten. Wieder war ich auf eine Fee mit Zauberschimmel gestoßen!

Leider blieb nicht genügend Zeit, mehr über ihr Wesen herauszufinden, denn ich musste schon am nächsten Morgen nach Slowenien abreisen. Zu Hause angekommen, suchte ich als Erstes den steinernen Hügel auf, in dessen Unterwelt ich zu steigen pflege, um mich bei den Elementarwesen dafür zu bedanken, dass sie unser Heim in der Zeit meiner Abwesenheit so tadellos gehütet haben. Kaum war ich in die Stille eingetaucht, als mich aus dem Bereich der »Fee mit dem Schimmel« ein riesiges Frauengesicht anstrahlte, das ich nun schon vom Siebenlindenkranz her kannte. Diesmal

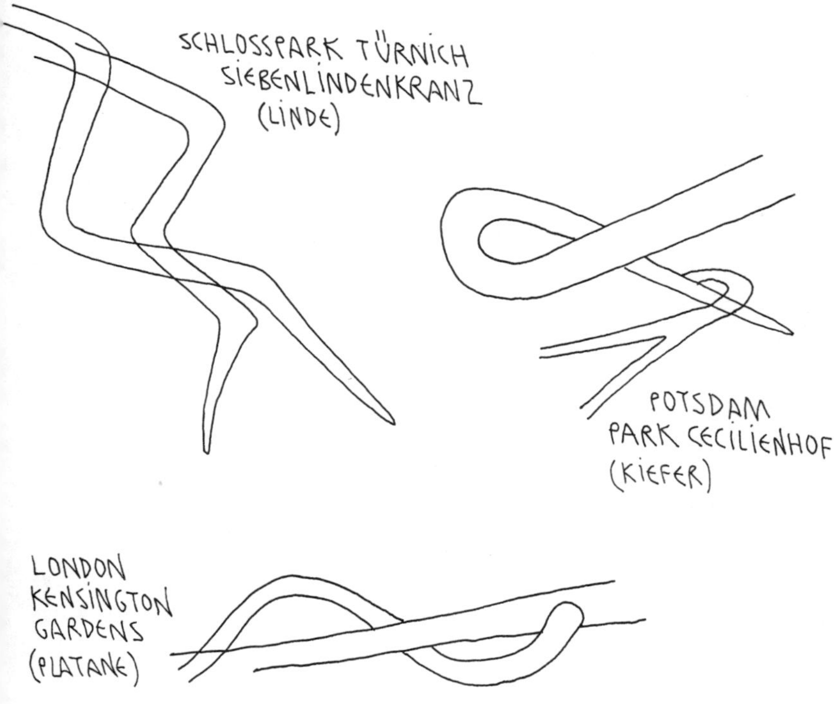

Feenkosmogramme in den Ästen einiger Bäume.

nahm ich gern ihre Einladung an, auf den Hügel zu steigen und der rätselhaften Fee mein Bewusstsein anders als bisher zu öffnen.

Zuerst spürte ich einen unangenehm starken Druck auf mein Kronen-Chakra, als wolle sich eine Botschaft den Weg in mein Bewusstsein bahnen. Daraufhin visualisierte ich die violette Farbe der Wandlung, um zunächst meine fixen Vorstellungen zu überwinden. Erst dann konnte ich an dem Platz eine Frauengestalt wahrnehmen; sie erschien mir so vollständig und mit einem Hauch von Wirklichkeit umgeben, dass ich augenblicklich an die Berichte von Paracelsus denken musste, in denen die Elementarwesen als menschenähnliche Wesen geschildert werden, die sich in der Art der Gestalt kaum von uns unterscheiden.

Im selben Moment erregte sich ein Vögelchen trotz der absoluten Stille, die im Wald herrschte, so sehr, dass es blitzartig und mit lautem Gezwitscher vorbeiflog. Und plötzlich wusste ich, jenseits jedes Zweifels, dass diese Fee als Waldfee etwas mit der Führung der Tiere zu tun hat. Um ihre Rolle zu erläutern, hatte sie das Bild der Göttin Diana benutzt, die durch die Wälder schweifend den wilden Tieren nachjagt. Dieses spätantike Bild bedurfte aber der Umkehrung. Die Fee bedeutete mir nämlich ausdrücklich, dass sie die Tierarten eines bestimmten Landschaftsbereiches durch ihre Kraftimpulse steuert, um in dem betreffenden Gebiet ein harmonisches Bewegungsmuster zu erschaffen. Dass sie angeblich den Tieren nachjage, stelle eine Passivierung ihrer wahren kreativen Rolle im Wald dar.

Die Pflanzen, so lehrte sie mich, keimten aus der Erde empor und seien fest im Erdreich verwurzelt. Es sei daher logisch, dass bei ihrer Manifestation auf der materiellen Ebene die Wesenheiten des Erdelements tätig sind. Die Tiere hingegen seien frei von der Umklammerung durch den Boden. Da ihnen die Qualität der Beweglichkeit zu eigen sei, würden sie auf ihren Lebensbahnen von den Elementarwesen des Luftelements begleitet. Der Schimmel sei ein Symbol für die Beweglichkeit des Tierreiches, für das ihre Feenart zu sorgen pflege. Sie wollte als eine Waldfee bezeichnet werden, um sich in ihrer Einzelgestalt deutlich von den Raumfeen zu unterscheiden, die jeweils als Gruppe erscheinen.

Die Zahl der unterschiedlichen Bilder, Eingebungen und Erfahrungen, die nötig waren, um mich mit dem unverfälschten Wesen eines Elementarwesens bekanntzumachen, zeigt, wie anspruchsvoll die Aufgabe des Wiedererkennens des Reichs der Elementarwesen ist. Es genügt nicht, dass wir hellsichtige Menschen vorschicken und aus ihren Berichten »objektive« Bilder über einzelne Vertreter dieses Evolutionsstroms gewinnen, der parallel zu unserer menschlichen Evolution verläuft. Bei den Elementarwesen handelt es sich um eine Verflechtung gewisser Kraft- und Intelligenzqualitäten, die sich nicht durch die Form ausdrückt, sondern durch die Aufgabe,

Die Waldfee zeigte sich mir in der Form eines übergroßen Frauengesichts.

die diese Wesenheiten innerhalb der Ganzheit der kosmisch-irdischen Schöpfung erfüllen.

Ein Mensch, der in einem Garten oder an einer Landschaftsgestaltung in dem Bewusstsein arbeitet, dass die Elementarwesen überall um ihn herum eifrig tätig sind, braucht nicht auf solche Bilder zu warten. Um die Wesen der Elementarbereiche in unser Schaffen einzubeziehen, genügt es, bei konkreten Handlungen auf innere Impulse und Zeichen zu lauschen, die auf den Wogen unserer Liebe und Anerkennung als Rückmeldung aus der Parallelwelt zu uns zurückkommen. Das Spektrum solcher Rückmeldungen reicht von hochgeistigen Intuitionen bis zu physischen Erfahrungen, die wir bisweilen als »Wunder« bezeichnen. Dieses Spektrum entspricht dem Tätigkeitsbereich der Elementarwesen, das von den urbildlichen Dimensionen der geistigen Welt bis zu den konkreten Formen der physischen Raum-Zeit-Dimension reicht.

Nachdem der Prozess meiner Annäherung an das Reich der Elementarwesen durch die geschilderte Offenbarung im Februar 1993 bereits in sichere Bahnen geleitet war, sollte noch im selben Frühjahr ein weiterer Entdeckungsprozess in meinem Bewusstsein beginnen: Schritt für Schritt wurde ich der entscheidenden Rolle der Elementarwesen bei der Erhaltung und Belebung der uralten Landschaftstempel gewahr. Mit dem Begriff Landschaftstempel bezeichne ich das unsichtbare Kraftgewebe, das eine Landschaft als Ausdruck ihres göttlichen Wesens durchzieht. Es handelt sich dabei um die geistig-seelische Dimension der Landschaft, die ich erst verstanden habe, nachdem ich bewegt durch die Göttinerfahrung in den Jahren 1991/92 den weiblichen Aspekt der Schöpfung in meiner Weltvorstellung zuließ (vgl. dazu mein Buch »Die Landschaft der Göttin«).

In den Jahren von 1981 bis 1988 hatte ich mich bemüht, ein einheitliches Modell zum Verständnis der unsichtbaren Dimensionen der Landschaft aufzubauen. Mein Buch »Die Erde heilen« entwickelte ein Betrachtungssystem zum Überblick über die vitalenergetischen Aspekte der geologischen Landschaft. In dieses Modells lassen sich all jene Kraftphänomene systematisch einordnen, die wir radiästhetisch in einem Gelände feststellen können. Damit konnte ich eine Landschaft mit ihren Bergen und Tälern, Flüssen und Städten in Bezug auf ihre Kraftzentren und die Kraftlinien, die sie beleben, relativ gut erklären. Heute weiß ich, dass dies nur eine Seinsebene der Landschaft neben anderen ist. Es ist die der materiellen Ebene am dichtesten angelagerte Dimension, die vitalenergetische Dimension.

Die erwähnte geistig-seelische Dimension mit ihren Landschaftstempeln ist der vitalenergetischen Dimension übergeordnet, ähnlich wie die Kraftstruktur der Seele beim Menschen dem System der Akupunkturmeridiane (Kraftlinien) und Chakren (Kraftzentren) übergeordnet ist. Die Kraftlinien und -zentren des menschlichen Körpers haben die Aufgabe, den Körperorganen die belebenden und lenkenden Impulse der Seele zu vermitteln. Eine analoge Funktion dürften auch die Energielinien und -zentren der Landschaft haben.[23] Sie führen dem vielfältigen Lebensgewebe der physi-

23 Ich werde häufig gefragt, wie die radiästhetisch wahrnehmbaren orthogonalen Netzsysteme (Hartmann, Currynetz usw.) oder die sogenannten Reizstreifen in dieses Vorstellungssystem einzuordnen seien. Meiner Meinung nach handelt es sich dabei um eine Projektion der realen Kraftphänomene der Landschaft in ein vorgegebenes Koordinatensystem, das seine Entstehung der mentalen Entwicklung des Abendlandes in den letzten Jahrtausenden verdankt. So betrachtet, wären die genannten Systeme Illusionen. Als künstlich geschaffene Sprache können sie dennoch gut dabei helfen, die realen Kraftphänomene in der Landschaft zu lokalisieren und tendenziell in ihrer Qualität zu bestimmen.

schen Landschaft die Impulse der kosmischen Lebenskraft und die geistig-seelischen Entwicklungsimpulse zu. Diese Impulse haben ihre Quelle in den Landschaftstempeln, die Ausdruck der geistig-seelischen Gestalt eines bestimmten Landschaftsbereichs sind.

Um die geometrische Struktur eines Landschaftstempels zu verstehen, müssen wir uns zunächst von der Vorstellung lösen, dass es sich bei der menschlichen Seele um ein verschwommenes geistiges Gebilde handele, das irgendwo über dem Körper schwebt. Vielmehr nehme ich die Seele als ein hochsensibles Kraftsystem wahr, das, zusammengesetzt aus Kraftwirbeln und Feldern der höchsten Potenz, das individuelle Ich des Menschen innerhalb der kosmischen Ganzheit manifestiert. Auch der Landschaftstempel als die Seele eines Landes offenbart sich in der Gestalt einer Kraftstruktur, die jenseits des radiästhetisch wahrnehmbaren Bereichs schwingt. Meine Untersuchungen haben erwiesen, dass sie jeweils eine geometrische Dreiteilung aufweist, die sich auf die drei Aspekte der Göttin bezieht, die ich als den Ganzheitsaspekt, den kreativen Aspekt und den Wandlungsaspekt bezeichnet habe. Die Achse einer solchen Dreiecksgestalt des Landschaftstempels bildet noch ein System der Ein- und Ausatmung, das die seelische Struktur der Landschaft mit kosmischer Kraft nährt.

In meinem Buch »Die Landschaft der Göttin« habe ich das Modell des Landschaftstempels an mehreren Beispielen demonstriert, so an Venedig, am Schlosspark zu Türnich, am Grenzgebiet von Derry–Donegal im Norden Irlands und an der Makrolandschaft Sloweniens. Parallel dazu habe ich den Patriarchalisierungsprozess unserer Zivilisation in den letzten fünf Jahrtausenden herangezogen, um zu zeigen, wie die Schlüsselrolle der Landschaftstempel stufenweise bis hin zum völligen Vergessen verschattet wurde. Mit der Unterdrückung des weiblichen Aspekts des Göttlichen wurde auch die Erinnerung an die Landschaftstempel als Ausdruck der konkreten Offenbarung der Göttin in der Landschaft gelöscht. Das Wissen um die Bedeutung einzelner Orte ist zwar lange erhalten geblieben und schimmert noch durch die Standorte der mittelalterlichen Kirchen und Schlösser, aber das Bewusstsein von den ganzheitlichen Zusammenhängen innerhalb der Landschaftstempel ist verloren. Die letzte Kultur, die in unseren Breiten dieses Bewusstsein pflegte, war die megalithische Kultur der Göttin.

23 – Wer ist eigentlich die Göttin?

Um nicht in einer mythischen Distanz zur Göttin hängenzubleiben, will ich an dieser Stelle genauer erläutern, was ich mit dem Ausdruck »die Göttin« benenne. Es fällt mir nicht schwer, den Begriff von Gott zu akzeptieren, wie die christliche Kultur ihn definiert hat. Der menschenliebende und mitfühlende Gott beinhaltet sowohl den männlichen wie den weiblichen Aspekt des Ganzen. Sie sind beide in seinem allumfassenden Wesen vereint.

Mit dem Begriff der Göttin wird keine Konkurrenz zu diesem Gottesbegriff geschaffen. Er bedeutet vielmehr, dass es einen Aspekt des Göttlichen gibt, der durch eine weibliche Bezeichnung in seiner wahren Präsenz gewürdigt werden soll. In der Gestalt der Göttin kommt das Allumfassend-Göttliche erst nahe an die Erde heran, an die Natur und an den verkörperten Menschen. Die Präsenz der Göttin ist eng mit der Beseelung des unendlichen Universums verbunden, mit der Beseelung jedes einzelnen Aspekts, jeder einzelnen Wesenheit der Schöpfung.

In diesem Sinn wird der Begriff der Göttin mit der Erdseele gleichgesetzt, indem sie als Mutter des ganzen Spektrums der irdischen Schöpfung erkannt wird. In der griechischen Mythologie wurde sie Gäa oder Gaia genannt; so nennen wir heute die Erdseele. Nach Hesiod wurde Gaia nicht nur als Erdmutter geehrt, sondern zugleich auch als Mutter aller Göttinnen und Götter des griechischen Pantheons.

Zu Recht wird gelegentlich darauf hingewiesen, dass man die Göttin nicht nur eng mit der Erde verknüpfen dürfe, sondern auch ihren kosmischen Aspekt würdigen müsse. Dieser wird in der biblischen Tradition mit dem Namen Sophia, »die Weisheit vom Urbeginn«, bezeichnet. In der Theologie der Hildegard von Bingen wird sie als weibliches Komplement mit Christus gleichgesetzt.

Die Präsenz der Göttin in der Landschaft drückt sich in Gestalt der Landschaftstempel aus. Auch unsere individuelle Seele als ein Atom der Schöpfung stellt einen Ausdruck ihrer Weisheit, ihrer Liebe und ihrer geistigen Widmung dar. Bei den Tieren ist sie als Gruppenseele der einzelnen Tierarten anwesend.

Zu Ostern 1993 war ich eingeladen, im Rahmen eines mehrtägigen Seminars mit der Landschaft des Hannoverschen Wendlands zu arbeiten. Für den Ablauf des Seminars hatte ich vorgesehen, dass sich die Gruppe zu Beginn zunächst mit einigen Kraftplätzen in der Landschaft und deren spezifischen Problemen vertraut machen sollte; danach würde sich im Lauf der Vertiefung in die Probleme der ausgewählten Orte auch deren jeweilige Funktion im Rahmen des wendländischen Landschaftstempels herauskristallisieren. Auf diese Weise sollte die Arbeit auf der vitalenergetischen Ebene fließend in die Erkundungen der seelisch-geistigen Ebene übergehen.

Das Wendland war bis in jüngste Zeit eine stark vom Wasser geprägte Landschaft, angeschlossen an die Überflutungsrhythmen der Elbe und ihrer Zuflüsse. Nur einzelne Anhöhen pflegten in Zeiten der Überflutung herauszuragen. Diese Anhöhen aber haben sich zu ungewöhnlich starken, yang-polarisierten Kraftorten entwickelt, die fähig waren, die ungeheure Menge an wässriger Yin-Kraft im Gleichgewicht zu halten. Ich glaube, es hat sich dabei nicht nur um eine natürliche, zum Gleichgewicht strebende Entwicklung gehandelt, sondern die alten Kulturen haben bewusst daran mitgewirkt, indem sie diese Orte durch Steinsetzungen und Rituale stärkten. Eine ähnlich starke Struktur von Yang-Punkten in der Landschaft habe ich bislang nur auf den Inseln in der Lagune von Venedig angetroffen.[24]

In der Mitte des 20. Jahrhunderts führten Maßnahmen der Flurbereinigung und der künstlichen Trockenlegung leider dazu, dass der wässrige Charakter dieser einmaligen Landschaft verlorenging. Durch die Trockenlegung wurde nun – in Umkehrung des früheren Zustands – das Yang zur vorherrschenden Energie, ohne dass jemand daran gedacht hätte, die bereits stark ausgeprägten Yang-Kraftpunkte in ihrer Intensität entsprechend zu dämpfen. In diesem unausgeglichenen Zustand haben die ursprünglichen Yang-Kraftorte massive Blockaden aufgebaut und wurden das Opfer verschiedenster Arten von Verkrüppelung. Hinzu kam der Umstand, dass eines der Täler der Großlandschaft mit Salzwedel und dem Arendsee durch den Eisernen Vorhang vom Restgebiet abgetrennt wurde. Die Grenze war während der deutsch-deutschen Konfrontation offensichtlich mit solcher Verbissenheit gezogen worden, dass wir hier die in Ost-West-Richtung verlaufenden Kraftlinien am ehemaligen Grenzstreifen zerrissen und außer Kraft gesetzt vorfanden. Die Landschaft war vitalenergetisch in zwei Teile auseinandergebrochen.

Ausgangspunkt unseres Seminars war das Tagungshaus Königshorst bei Wustrow. Im 19. Jahrhundert war das Gebäude der Verwaltungssitz einer Domäne des hannoverschen Königs gewesen. 1843 war diesem Teil der Domäne durch die königlich hannoversche Domänenverwaltung der ungewöhnlich ehrenhafte Name Königshorst verliehen worden. Eine solch hohe Auszeichnung müsste eigentlich überraschen, gäbe es nicht die geheimnisvollen Hintergründe, die sich mir in den wenigen Tagen meiner Anwesenheit in Königshorst offenbaren sollten.

Meine Untersuchungen des wendländischen Landschaftstempels ergaben, dass Wustrow zusammen mit Königshorst eines der drei Hauptzentren des Landschaftstempels darstellte, und zwar handelte es sich um den kreativen Aspekt der Göttin, der in den alten Kulturen im Ritual der Heiligen Hochzeit gefeiert wurde. Demnach kam Königshorst die Rolle des Zentrums für die sakrale Vereinigung von Yin und Yang zu, aus der, unter

24 Die Namensverwandtschaft zwischen »Wendland« und »Venedig« ist kein Zufall. Beide Gebiete sind vermutlich durch dasselbe Volk, die antiken Veneten, höchstwahrscheinlich ein urslawisches Volk, besiedelt worden.

Kraftaspekten betrachtet, die ganze Schöpfung hervorgeht. Auf verblüffende Weise war mit der Verleihung des Namens Königshorst (= königliches Adlernest) eine Verbindung zur längst vergessenen sakralen Rolle des Orts geknüpft worden.

Mein Erstaunen über die geheimnisvollen Beziehungen der hannoverschen Königsfamilie zum Landschaftstempel des Wendlands wuchs, als ich einen Bericht durchblätterte, der von einem feierlichen Zug des blinden Königs Georg V. mit seinem einundzwanzigjährigen Sohn, dem Kronprinzen Ernst August, durch das Wendland im Jahr 1865 handelte. Der Festzug wurde seinerzeit auch fotografisch dokumentiert und zeigt, dass die Bevölkerung ihrem König und seiner Begleitung in allen Städten und Dörfern einen in seiner Pracht und Gefühlsentfaltung überschwenglichen Empfang bereitet hat. Ich kann die ungewöhnliche Intensität der Gefühle der Menschen nur so verstehen, dass der »Triumphzug« des Königs und des Kronprinzen mit dem uralten Pilgerpfad in Resonanz geriet, auf dem die Bevölkerung des Wendlands zur Zeit der Göttinkultur alljährlich den Landschaftstempel ihres Landes in feierlichem Zug abschritt, um die sakrale Beziehung zum Land zu erneuern und die den Landschaftstempel nährenden Kräfte anzuziehen.

Eine dem Bericht beigefügte geografische Karte, in die der königliche Festzug von 1865 eingezeichnet ist, bestätigt, dass König Georg V. und Prinz Ernst August am fünften, sechsten und siebten Tag genau den Weg genommen hatten, der die drei Hauptzentren des Landschaftstempels miteinander verbindet: Hitzacker als Zentrum der Jungfraugöttin (= ganzheitlicher Aspekt), Königshorst/Wustrow als Sitz der Muttergöttin (= kreativer Aspekt) und Gorleben–Höhbeck–Schnackenburg als Bereich der Schwarzen Göttin (= Wandlungsaspekt).

So weit waren wir mit der Entzifferung des Geheimnisses um die hannoverschen Könige gekommen, als wir am 13. April zum Höhbeck in den Bereich der Wandlungsgöttin fuhren. Dort besuchten wir eine altertümliche Wallanlage, die irreführend als Schwedenschanze bezeichnet wird. Meiner Wahrnehmung nach wurde die spiralförmig angelegte Wallanlage des ursprünglichen Heiligtums erst viel später für Verteidigungszwecke umgebaut. Sie befindet sich auf einem imposanten Hügel, der an einer Seite steil zur majestätisch dahinfließenden Elbe abfällt.

Da dieser Teil der Elbe nach dem Zweiten Weltkrieg zum Grenzfluss zwischen der Ost- und der Westzone Deutschlands bestimmt worden war, blieb ihr ungewollt das Schicksal der anderen Flüsse im Wendland erspart: Statt begradigt zu werden, fließt sie noch immer frei durch die Landschaft. Ich dachte mir, dies sei eine gute Gelegenheit, das ungestörte Leben der Nixen zu beobachten, und begab mich den Hang hinunter zum Fluss. Um mich bei den Wasserelementarwesen als ein in ihre Welt eingeweihter Besucher auszuweisen, trug ich in der Hand ein Steinchen vor mir her, auf das eine kleine Fee in Slowenien ihren Brennpunkt verlegt hatte, bevor ich zu meiner Reise nach Deutschland aufgebrochen war. Sie war mir wie eine Gesandte ihres Reichs mit auf den Weg gegeben worden, um mir bei meinen Lernprozessen zu helfen.

24 — Phantasie und spielerische Kreativität

Ein »vernünftiger« Mensch mag sich durchaus fragen, wie ich zu derlei Ideen komme, wie zum Beispiel eine winzige Fee auf der Reise umherzutragen. Werden hier Phantasiegeschichten erzählt?

Erstens ist Phantasie nichts Minderwertiges. Im Gegenteil: Als Kultur produzieren wir ununterbrochen Phantasiegeschichten in Form von Romanen, traumhaft designten Fahrzeugen oder wild-modern ausgestalteten Opernhäusern. Phantasie ist ein schöpferisches Werkzeug, das wir dauernd nutzen, ob wir dessen bewusst sind oder nicht. Für die Kommunikation mit der unsichtbaren Welt der Elementarwesen ist die Weisheit der Phantasie unentbehrlich, um die fast unvorstellbar fremdartigen Erscheinungen jener Welt unserem logischen Bewusstsein zugänglich zu machen.

Zweitens ist das Werkzeug der Phantasie ein Spielzeug unseres eigenen »inneren Kindes«. Ohne dieses Spielzeug wäre sein Leben innerhalb unserer Psyche unerträglich.

Mit dem Begriff des inneren Kindes wird in der Psychologie derjenige Aspekt unseres Wesens benannt, der nicht der zwingenden Ordnung der linearen Zeit unterliegt. Mag der Mensch noch so alt erscheinen, so trägt er doch in seinem inneren Wesen einen Teil der Ewigkeit, der vom Prozess des Alterns nicht betroffen ist. Es handelt sich nicht nur um den sogenannten Funken der göttlichen Präsenz im unseren Herzen. Es geht auch um unsere Fähigkeit, das holografische Teilstück der Ewigkeit in uns zu beleben und es am täglichen Leben teilhaben zu lassen.

Als erwachsene Menschen sind wir zu sehr in unsere zeitbedingten gesellschaftlich-psychologischen Rollen eingebunden, um der Unendlichkeit in uns Lebensraum bieten zu können. Daher tendieren wir dazu, die konstante Präsenz der Ewigkeit in uns zu vergessen.

Die Imagination des inneren Kindes knüpft an das Bild des Narren im Tarot an und ermuntert dazu, in jedem Moment die ganze Last der verrinnenden Zeit von den Schultern abzuschütteln und mit der Ewigkeit zu tanzen. Meist ist nur eine einfache Bewusstseinswendung nötig, um Wege zu finden, das innere Kind in die alltägliche Praxis zu integrieren. Dabei kann die Phantasie ein hilfreiches Werkzeug sein.

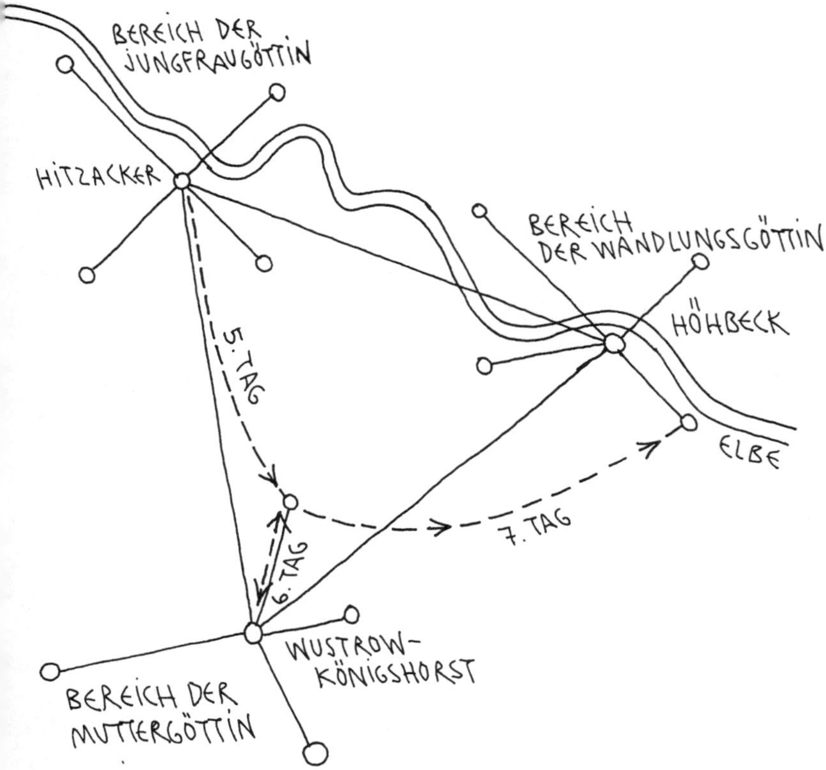

Der wendländische Landschaftstempel und die Route des königlichen Festzugs durch das Land am 5., 6. und 7. Tag.

Mein Trick war erfolgreich. Als ich bei einem Seitenarm des Flusses ankam, wimmelte es dort von Wasserwesen, die meine Fee anstarrten. Nun kam aus ihrer Mitte eine hochgewachsene, mit königlichen Insignien ausgestattete Nymphe auf mich zu. Zu meiner Überraschung bot sie mir ganz unbefangen an, einen Wunsch zu äußern. Die Lage war so märchenhaft, dass mir unwillkürlich als Erstes der Gedanke kam, ich könnte mir einen Klumpen Gold wünschen. Doch schon fiel mir ein, dass in den Märchen Habgier stets Unglück nach sich zieht. Also entschloss ich mich rasch für einen anderen Wunsch. Ich bat darum, zu erfahren, was zwischen dem Kronprinzen Ernst August und der jungen Frau des Domänenverwalters vorgefallen war, als – den noch heute umlaufenden Gerüchten zufolge – der Prinz mit seinem blinden Vater am sechsten Tag des Festzuges durch das Wendland in Königshorst übernachtet hatte.

Verglichen mit einem Klumpen Gold mochte mein Wunsch unbedeutend erscheinen, doch war ich so in die Frage der Wiederbelebung des wendländischen Landschaftstempels vertieft, dass ich in der Entschlüsselung dieser Gerüchte eine Möglichkeit sah, mehr über die Ursache der Blockaden zu erfahren, die das kreative Zentrum des Wendlands lähmten. Leider konnte mir die königliche Nymphe meine Frage nicht beantworten, sie sagte aber, ich könne mehr darüber von den Zwergen erfahren. Ich müsse den steilen Hang wieder hinaufsteigen, und genau auf der Hälfte des Wegs befände sich eine Zwergeiche. Unter dieser Eiche sei der Eingang in die Unterwelt. Ich bedankte mich bei ihr und stieg den Weg wieder hinauf. An der beschriebenen Stelle stieß ich tatsächlich auf die Zwergeiche und fand auch das kleine, bogenförmige Tor. Unter der Eiche kniend folgte ich in meinem Bewusstsein dem unterirdischen Gang.

Der Gang mündete bald in einen riesigen Saal, den ich kaum zu überblicken vermochte. Der ganze heilige Berg war ausgehöhlt. Die Wände des höhlenartigen Raums waren mit ungeschliffenem Rubin bedeckt. Durch die dunkelrote Färbung entstand das Gefühl, sich buchstäblich im Mutterleib der Erde zu befinden. Eine große Schar von Bergleuten belebte den Raum. Ich wurde nun schnurgerade durch die Menge zu einem dem Eingang gegenüberliegenden Platz geführt, wo der Zwergenkönig und die Zwergenkönigin auf einem erhabenen Thron saßen. Als ich mich aber dem Thron näherte, musste ich zu meinem Erstaunen feststellen, dass die Gestalt der Königin meiner Schau entschwand. Obwohl sie anwesend war, nahm ich sie als abwesend wahr.

Vor dem Thron angelangt, spürte ich eine ungeheure Traurigkeit, die den König erfüllte. Als ich mich in seine von tiefem Kummer gezeichneten Augen vertiefte, vergaß ich augenblicklich, warum ich gekommen war. Ich fragte ihn nach dem Grund seiner Trauer. Er bedeutete mir, die Zwergenkönigin sei »krank«, seitdem die Menschen auf der Erde die Göttin aus ihrer Welt vertrieben hätten. Die Krankheit manifestiere sich darin, dass die Zwergenkönigin hier unten – analog zur Göttin in der oberen Welt – nur noch durch Abwesenheit vertreten sei. Erst diese Anspielung auf das Verschwinden der Landschaftstempel der Göttin erinnerte mich an den eigentlichen Grund meines Hierseins. Wieder stellte ich meine ursprüngliche Frage: Hat der Kronprinz seinerzeit mit seinem Vater, König Georg V., in Königshorst übernachtet, und wenn ja, was hat sich zwischen dem jungen Prinzen und der Frau des Domänenverwalters zugetragen?

Der Zwergenkönig nickte mit dem Kopf und gab mir zu verstehen, ich solle seine Weisen befragen, die zu seiner Linken saßen. So begab ich mich zu den Weisen und stellte noch einmal meine Frage. Und diesmal erhielt ich die Antwort: Die Zwerge, so die Weisen, hätten alles versucht, um ihre Königin zu heilen. Sie hätten ungeheure Anstrengungen unternommen, um den vernachlässigten Landschaftstempel des Wendlands wiederzubeleben. Als Erstes hätten sie den alten König Ernst August inspiriert, im Jahr 1843 das Herz-Chakra des Landschaftstempels (= Königshorst) richtig zu benennen. Als Nächstes hätten sie den blinden König Georg V. dazu bewogen, im Jahr 1865 mit seinem Sohn das Wendland zu besuchen. Um den feierlichen Zug mit der uralten Pilgertradition in Resonanz zu bringen, hätten sie die mit der Planung beauftragten königlichen Beamten dazu inspiriert, die Route genau so zu wählen, dass am fünften, sechsten und siebten Tag die drei Zentren des Landschaftstempels besucht wurden.

Um aber zu erreichen, dass sich die Göttin und folglich auch die Zwergenkönigin im Verlauf der geheimen Neubelebung des Landschaftstempels wieder manifestieren konnten, musste es im kreativen Zentrum, in Königshorst, zum Ritual der Heiligen Hochzeit kommen. Daher hatten die Zwerge sich alle Mühe gegeben, im Herzen des Kronprinzen und der jungen Frau des Domänenverwalters die Liebe zu entzünden. Unglücklicherweise aber ging dieser Plan nicht auf, denn die junge Frau blieb standhaft. Sie wollte die Grenze, die sie von ihrem zukünftigen König trennte, nicht überschreiten und unterdrückte ihre Liebesgefühle in Leid und Kummer, anstatt sich dem geheim geplanten Ritual hinzugeben. So blieb die Zwergenkönigin abwesend, und der Landschaftstempel wartet bis auf den heutigen Tag auf seine Wiederbelebung.

25 – Rituale als kreative Werkzeuge

In unserer menschlichen Welt hat Arbeit einen hohen Stellenwert. Wir schaffen durch Arbeiten. Wir nutzen dazu unsere Hände, Werkzeuge, die wir durch unsere Hände bewegen, ja Automaten und sogar Roboter. Durch Arbeit werden wir schöpferisch. Menschen arbeiten sogar mit dem Kopf oder mit dem Computer.

Die elementare Welt kennt keine Arbeit in diesem Sinn. Aus unserem Blickwinkel gesehen, werden Elementarwesen schöpferisch dadurch, dass sie faulenzen. Unsere Phantasie nimmt ihr »Arbeiten« so wahr, dass sie andauernd lachen, tanzen und singen. Das ist in gewisser Weise zwar richtig, hat aber mit Faulenzen nichts zu tun. Sie haben eine andere Rolle in der Schöpfung zu erfüllen, und deswegen sieht ihr Schaffen anders aus als unseres. Um schöpferisch zu sein, führen sie bestimmte Rituale aus.

Rituell tätig zu sein, heißt nicht, Materie zu bearbeiten, sondern Kräfte zu lenken, sie umzuwandeln, zu fokussieren usw. Rituale kann man als Imaginationen verstehen, durch die Kräfte bewegt werden, welche hinter den Kulissen der physischen Welt walten.

Man kann die Kräfte, von denen die Lebendigkeit und Qualität unseres Alltags abhängt, nicht mit Händen oder anderen Werkzeugen greifen und in Bewegung bringen. Man kann jedoch Rituale ausüben, durch die sie auf natürliche Weise in Fluss gebracht werden. Das ist es, was die Elementarwesen tun, wenn sie lachen, tanzen, singen und ähnlichen Tätigkeiten nachgehen. Die Früchte ihrer Rituale nehmen wir um uns herum als Wunder des Lebens wahr.

Die Menschen der ursprünglichen Kulturen haben von den Naturgeistern die Kunst der schöpferischen Rituale gelernt und praktizierten sie, um co-kreativ an der Schöpfung teilzunehmen. Die Qualität des Ritus wurde ihnen zum unentbehrlichen Teil ihres Lebens. Ohne rituelle Elemente, eingewoben in ihre Heilungen, Einweihungen, landwirtschaftliche und handwerkliche Arbeit, geriet das Leben aus der Bahn.

Für den modernen Menschen sind Rituale nichts weiter als formelle Traditionen, die weitergeführt werden, um die bunte Mischung der Feiertagsereignisse und des touristischen Angebots zu steigern.

Oh weh! Durch die Entwertung der Rituale haben wir unseren Anteil an der universellen Schöpfung verspielt. Unser heutiges Tun bewegt sich nur noch in den engen Kreisen der manifestierten Welt, es kennt keine kosmischen Auswirkungen mehr.

Bevor ich die beschriebenen Erfahrungen im Wendland machen durfte, waren mir ausschließlich die Beziehungen der Elementarwelt zur vitalenergetischen Dimension der Landschaft und die Rolle der verschiedenen Elementarwesen für die Aufrechterhaltung der physisch erfahrbaren Wirklichkeit bewusst. Die Botschaft aus dem Wendland, obwohl teilweise in äußerst märchenhafte Formen verhüllt, deutete hingegen auf eine tief-

Der Zwergenkönig vom Höhbeck mit der schwindenden Königin.

greifende Beziehung der Elementarwelt zur »höheren«, seelisch-geistigen Ebene der Landschaft hin. Zumindest war mir zunächst die Schattenseite dieser Beziehung vor Augen geführt worden. Ich hatte erfahren, wie sich die erbarmungslose Zerstörung einer zusammengehörenden Landschaft und die Unterdrückung der Landschaftstempelstruktur leidbringend auf die Welt der Elementarwesen auswirkten. Wenn ihre Beziehung zum geistigen Gewebe der Landschaftstempel gestört wird, geht offensichtlich die Ganzheit ihrer Evolution verloren, und sie können nicht mehr ungehindert als Mittler zwischen den seelischen, energetischen und physischen Ebenen der Landschaft dienen.

Den hoffnungsvollen Aspekt der Beziehung der Elementarwelt zur seelisch-geistigen Ebene sollte ich bereits wenige Tage später erfahren, als ich nach Nordfriesland reiste, um in Bohmstedt in der Nähe von Husum ein weiteres Erdheilungsseminar zu leiten. Um ein möglichst reichhaltiges Untersuchungsgebiet für die Gruppenarbeit zu haben, besuchten wir gemeinsam mit der Gastgeberin Elke am 29. April den Heidenberg bei Enge. Der Hügel ist mit seinen 45 Metern Höhe der höchste Berg in der Landschaft und wurde dementsprechend in der Vergangenheit zur Machtausübung missbraucht. Auf seinem Gipfel wurde ein Grabhügel aufgeschichtet, der als archäologisches Denkmal geschützt wird, obwohl er meinem Gefühl nach nur eine relativ späte Anlage darstellt, durch die die wahre Funktion des Hügels innerhalb des Landschaftstempels von Nordfriesland verdeckt wurde. Als wir uns dem Heidenberg näherten, blieben wir am Fuß des Hügels staunend vor einem Eichenpaar stehen, das in seiner komplementären Gestalt eine Liebesszene verkörpert: Die Eiche mit dem weiblich polarisierten Faun wächst vollkommen gerade zum Himmel empor, was bei einer Eiche selten vorkommt. Ihre Nachbarin hingegen ist reich gegabelt, und ihr Stamm ist bewegt wie der Leib einer Tänzerin. Ihr Faun hat männlichen Charakter, obwohl sie auf der Formebene die weibliche Seite des Liebespaares darstellt. Auch die erste Eiche weist dieselbe Umkehrung zwischen der energetischen und der physischen Ebene auf. Eine so systematische Aufteilung der Rollen und eine so auffällig in der Gestaltung komplementär polarisierte Baumskulptur konnte nicht zufällig sein.

Um mich bewusst der Irreführung durch den Grabhügel zu entziehen, bat ich die Elementarwesen des Orts, mich auf die geeignete Weise an den Hügel heranzuführen, durch die ich seine wahre Bedeutung erleben könnte. Daraufhin wurde ich – anstatt dem üblichen Touristenpfad zu folgen – durch den Wald links um den Gipfel herum zu einem Platz an der Seite des Grabhügels in ein dichtes Gebüsch geführt. Dort wurde mir ein Flieder gezeigt, der sich mit einem Ast bis zum Erdboden neigte. Wieder ein Eingang in die Unterwelt, dachte ich. Doch als ich durch den vermeintlichen

Eingang in die Tiefe schlüpfen wollte, wurde ich durch einen unmissverständlichen Impuls gestoppt. So kam ich mit einem Alten Weisen aus dem Zwergengeschlecht ins Gespräch, der am Eingang hockte und mich von der Unterweltreise abgehalten hatte.

Stolz erklärte er mir, die Elementarwesen hätten sich jahrhundertelang bemüht, Zeichen zu setzen, durch die wir Menschen den wahren sakralen Wert dieses Ortes erkennen sollten. Als Beispiel dafür erinnerte er mich an den Tanz der beiden Eichen. Er bedeutete mir, auch hinter mich zu schauen und die kaum noch wahrnehmbare Wallanlage in Form einer Vulva zu betrachten. Der Ort war ursprünglich der Jungfraugöttin geweiht. Die Qualität der Liebe zu verkörpern, war eine der Hauptfunktionen der Jungfraugöttin, die an diesem Ort schwingungsmäßig verankert war. Deswegen habe sein Geschlecht durch die gezielte Mitarbeit der beiden Eichenfaune die »Skulptur« der zwei in ein Liebesspiel verwobenen Eichen als Hauptkennzeichen beziehungsweise als Kosmogramm des Hügels aufgebaut.

26 — Die Sprache der Kosmogramme

Das Faszinierende an den Kosmogrammen ist, dass sie sichtbare Zeichen sind, die mit den unsichtbaren Ebenen der Wirklichkeit kommunizieren. Ich habe die Sprache der Kosmogramme in den frühen achtziger Jahren des vorigen Jahrhunderts entdeckt, als ich nach einem Mittel suchte, durch welches ich der Intelligenz eines bestimmten Orts meine Absichten bei einer geplanten Umweltheilung vermitteln konnte.

Ich wurde von Städten eingeladen, Lithopunkturprojekte zu realisieren, durch die blockierende Muster aufgelöst werden sollten, die das freie Fließen der Lebenskraft in den Orten behinderten. Ich weiß, das ich den Ort nicht von mir aus heilen kann; das kann niemand. Außerdem darf man sich nicht einfach in eine autonome Welt einmischen. Es ist aber zulässig, die selbstheilenden Potenziale eines Orts zu aktivieren. Dies ist jedoch nicht möglich, wenn man mit den Elementarwesen nicht kommunizieren kann, die das Kraftpotenzial des Orts verwalten.

Als Antwort auf meine Suche stieß ich immer wieder auf bestimmte Symbole, Zeichen oder Muster, die sich mir durch ein leichtes Leuchten hervorgehoben zeigten. Sie wirkten offenbar nicht nur in der physischen Ebene, sondern auch im unsichtbaren Bereich und konnten somit nicht nur von den Menschen, sondern auch von den Umweltgeistern wahrgenommen werden. Ich begann sie »Kosmogramme« zu nennen.

Kosmogramme sind mehrdimensionale Zeichen. Man kann sie nicht auf rein logischem Weg gestalten. Dazu ist die Mitarbeit des Elementarwesens des gegebenen Orts erforderlich und ebenso die Mitwirkung der kosmischen Intelligenz der betreffenden Qualität, die gemeinsam mit den Kräften der eigenen Seele schaffen. Zum rituellen Prozess der Gestaltung, der Klarheit der inneren Widmung und der ethisch fundierten Absicht tritt noch das handwerkliche Können als Voraussetzung. Das Ergebnis ist eine bildhafte Zeichensprache, die der Märchensprache verwandt ist. Wir haben schon gehört, warum diese fähig ist, Elementarwesen und anderen unsichtbaren Wesenheiten komplexe Botschaften verständlich zu übermitteln.

Um die verborgene Rolle der Elementarwelt bei der Erhaltung der Landschaftstempelstrukturen besser begreifen zu lernen, empfahl mir der Alte Weise vom Heidenberg, das Märchen von Schneewittchen im Licht seiner Andeutungen neu zu lesen. Schneewittchen, das in den drei Farben der Göttin, Weiß, Rot und Schwarz, geboren wurde, stelle die Göttin dar, die durch die Aggression der patriarchalen Kultur aus dem Bewusstsein der Menschheit verbannt wurde. Wo sonst als bei den sieben Zwergen könnte sie einen sicheren Zufluchtsort gefunden haben? Praktisch bedeute dies, dass seit der Vertreibung der Göttin aus dem Bewusstsein und der Verdrängung ihrer Tempelstrukturen von der Erdoberfläche die Elementarwesen für die einzelnen Orte der Landschaftstempel sorgten. Auf der Ebene der Kultur sei es tatsächlich zu einem Verschwinden der Göttin gekommen, nicht aber auf der Ebene der Naturintelligenz. Die Zwerge und ihre Verbündeten hätten es seither übernommen, die Werke zu errichten, für die eigentlich der Mensch verantwortlich sei. Durch Baum- und Astgestaltung würden die Elementarwesen beispielsweise geeignete Kosmogramme schaffen, um die sakrale Qualität bestimmter Kraftzentren aufrechtzuerhalten, und sie sorgten auch dafür, dass die ursprünglichen Rituale weitergeführt würden.

Ich war tief beschämt über das Versagen des Menschengeschlechts und empfand eine unendliche Dankbarkeit gegenüber den tapferen Zwergen, Nixen und Feen und allen Wesenheiten der Elementarwelt, die so liebevoll bewahrt haben, was wir Menschen in unserem Eigensinn zu zerstören trachteten. Auch in der irischen Volksüberlieferung heißt es vom alten Volk der Göttin Danu, den Tuatha dé Danann, das die Landschaftstempel Irlands durch Steinsetzungen gekennzeichnet hatte, dass es nach der keltischen Eroberung, verwandelt in ein Feenvolk, an den Kraftorten des Landes weiterlebt und noch immer für die heiligen Orte sorgt und die vergessenen Rituale dort ausführt. Die Umwandlung des neolithischen Volks in ein Elementarwesengeschlecht lässt sich, was die Betreuung der Landschaftstempel angeht, auch als Funktionsübernahme durch die Naturintelligenzen verstehen, von der der Alte Weise am Heidenberg erzählte.

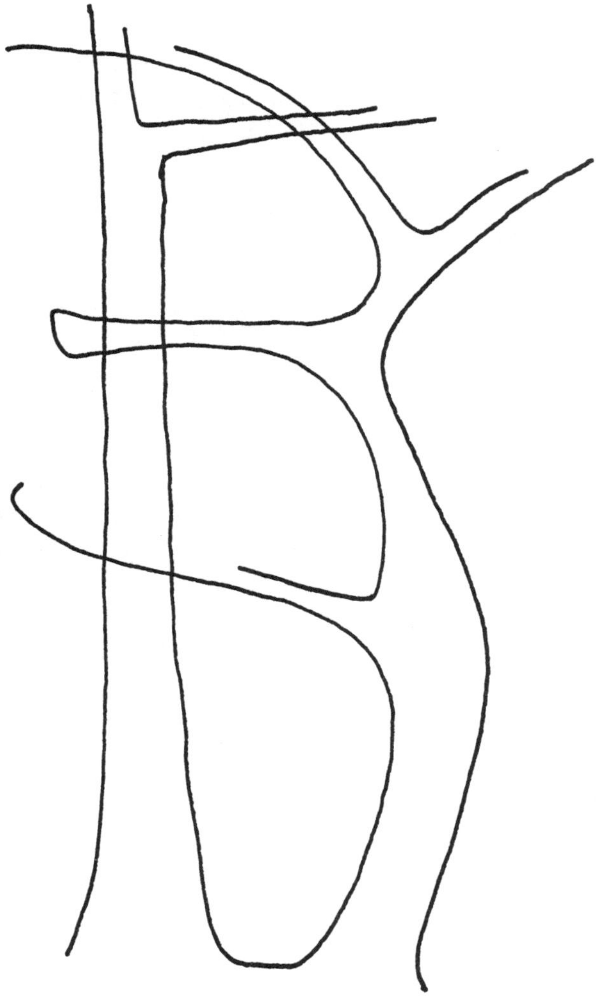

Liebesszene, verkörpert durch ein Eichenpaar
am Fuß des Heidenbergs bei Enge (Nordfriesland).

27 – Das Herz des Monte Verità

Im Oktober 2006 erlebte ich eine bewegende Situation, bei der offenbar wurde, dass die Elementarwesen nicht nur die sakrale Ebene der Landschaft hüten, sondern auch für das Wohlbefinden ihrer vitalen Funktionen sorgen.

Schauplatz war ein heiliger Ort im Tessin, der bekannte Monte Verità bei Ascona, der »Berg der Wahrheit«. Ich gab dort ein Seminar mit dem Thema »Innere Wandlung und die Sprache der Landschaft«. Es ging nicht um Fragen der Heilung an diesem Ort, sondern darum, den Teilnehmenden die Wandlungspotenziale des Orts erfahrbar zu machen.

Als ich frühmorgens während meiner Vorbereitungen zum Seminar nach Plätzen suchte, an denen Wandlungserfahrungen möglich werden sollten, stieß ich auf einen grob behauenen Stein, der offenbar gezielt auf einer Stelle, an der die Präsenz der Erdelementarwesen stark zu spüren war, platziert worden war. Lange lehnte ich an dem Stein, vertieft in sein Geheimnis, ohne bei meiner Entzifferung wesentlich weiterzukommen.

Das Seminar entwickelte sich den ganzen Tag über sehr intensiv. Am Abend hielt ich noch einen ziemlich komplizierten Vortrag, und als ich spät ins Bett kam, konnte ich nicht einschlafen. Ich bekam starke Herzbeschwerden. Keine Übung zur Selbsthilfe half mir. Ich warf mir vor, dass ich mich aus Ehrgeiz überanstrengt hatte. Gegen Morgen fürchtete ich, den zweiten Seminartag absagen und ärztliche Hilfe herbeirufen zu müssen.

Der Morgenaufschwung brachte jedoch ein wenig Erleichterung, und ich beschloss, Mut zu fassen und das Seminar zu Ende zu führen, auch wenn ich sterben müsste. Meine Herzbeschwerden waren erträglich, so dass ich bis zur Vormittagspause durchhielt. Während der Pause ging ich zu jenem Stein, um meine Freunde, die Elementargeister, um Hilfe zu bitten.

Kaum hatte ich mich an den Stein gelehnt, als ich schon ein Heinzelmännchen an mich herantreten sah. Es griff nach meinem Herzmuskel und zog einen dicken Dorn heraus. Dann ließ es den Dorn unbekümmert in die ätherische Tiefe des Bergs fallen. Ich folgte dem Dorn mit meinem inneren Auge und nahm im Bergesinneren einen riesigen, gefrorenen Herzmuskel wahr. Es schien, als sei das Herzzentrum der Gegend seit Jahrhunderten in Schlaf versunken. Zugleich verstand ich, dass die Zwerge den Dorn absichtlich in mein Herz gebohrt hatten, als ich mich am Tag zuvor in meiner Vertiefung an den Stein gelehnt hatte. Sie wollten meine Aufmerksamkeit auf das vergessene Herzzentrum im Inneren des Monte Verità lenken und mich für eine Erdheilungsaktion gewinnen, die ich gar nicht geplant hatte. Offenbar war die Zeit gekommen, das Herzzentrum aus seinem schlafstarren Zustand aufzuwecken und wieder seiner fürsorgenden Aufgabe für die Landschaft zuzuführen.

Die Pause war inzwischen vorbei, und ich kehrte im letzten Moment zur Seminargruppe zurück. Ich teilte den Teilnehmenden meine nächtlichen Beschwerden und die Botschaft der Zwerge mit, worauf alle sofort entschieden, den Verlauf des Seminars zu ändern und sich dem Erwecken des Herzzentrums zu widmen. Damit dies in Gang gebracht werden konnte, musste somit nicht nur der Zeitpunkt stimmen, sondern es bedurfte auch einer drastischen Maßnahme, mit der mich die Umweltgeister auf den Missstand aufmerksam machten.

In die Zeit zwischen den beiden Seminaren fiel auch ein Besuch in Türnich. In Köln musste ich eine Stunde auf meinen Anschlusszug warten. Da der Hauptbahnhof gleich neben dem Dom liegt, nutzte ich die Gelegenheit, das gotische Meisterwerk zu bewundern. Im selben Augenblick, als ich den erhabenen Kirchenraum betrat, kam mir die Eingebung, nach der möglichen Anwesenheit von Elementarwesen im Dom zu fragen. Als Antwort fühlte ich eine Wegweisung zum Bereich zwischen dem dritten und vierten Pfeiler auf der linken Seite des Hauptschiffs. Dort konnte ich zu meinem Erstaunen mit Hilfe der Sensibilität meiner Hände die Gegenwart der verschiedenen Arten von Elementarwesen erspüren. Relativ dicht beieinander lagen dort die Brennpunkte von Zwergen, Feen, Feuergeistern usw. Für mehr reichte die Zeit diesmal nicht. Ich musste zurück zum Bahnhof.

Drei Monate später befand ich mich wieder in Köln, am südlichen Rand des Domplatzes, als ich bemerkte, dass ich meine Bahnverbindung nach Türnich soeben verpasst hatte. Um die verbleibende Stunde sinnvoll zu nutzen, beschloss ich, mir im nächsten Schuhgeschäft ein Paar Sandalen zu kaufen. Der Weg zum Geschäft führte genau an einem Brunnen vorbei, der den Heinzelmännchen von Köln gewidmet ist, die ich an früherer Stelle bereits erwähnt habe. Da sich die passenden Sandalen rasch gefunden hatten, kehrte ich zu dem Brunnen zurück und vertrieb mir die Zeit damit, die einzelnen Heinzelmännchenreliefs mit meiner Hand abzutasten, ob sie vielleicht durch Elementarwesen belebt wären.

Und tatsächlich wurde ich ihrer Anwesenheit bei der letzten Darstellung ganz rechts gewahr. Hier sind Heinzelmännchen bei der Schneiderarbeit in den Stein gemeißelt. Wie von einem Magneten wurde ich zu einer Zwergengestalt, deren Gesicht im Profil zu sehen ist, genauer gesagt, zu ihrer winzigen Ohröffnung hingezogen. Zu meiner Überraschung konnte ich mit dem Bewusstsein in die Öffnung hineinschlüpfen, und schon befand ich mich in einer anderen Dimension »hinter« dem Zwergenkopf. Ich hatte noch kaum Zeit gehabt, mich zurechtzufinden, als ich einen sitzenden Kobold wahrnahm, der in ein Renaissance-Kostüm von rubinroter Farbe gekleidet war. Übersetzt in unsere Maßverhältnisse würde ich die Gestalt auf 60 Zentimeter Größe schätzen.

28 – Schneewittchen und die Beziehung zur elementaren Welt

Ich komme nochmals auf das Thema »Die Göttin und die sieben Zwerge« zurück. Das Märchen vom Schneewittchen, das dieses Thema abhandelt, hat eine tiefe Bedeutung für das Verständnis der elementaren Welt. Es geht um deren seelisch-geistige Hintergründe und ihre Beziehung zum Menschen, nicht nur um die Erhaltung der sakralen Qualitäten der Landschaft. Es ist kein Zufall, dass Schneewittchen gerade bei den Zwergen seine neue Heimat gefunden hat.

Im dem berühmten Märchen, das die Gebrüder Grimm für uns, ihre Nachfahren, aus der Volkstradition übersetzt haben, symbolisiert Schneewittchen die menschliche Seele. Die drei Farben Weiß, Rot und Schwarz sind Zeichen ihrer Abstammung aus dem Schoß der Göttin. Die Stiefmutter hingegen repräsentiert die entfremdete, egozentrische und vom kalten Verstand dominierte Welt, in welche die menschliche Seele hineingeboren wird. Die Stiefmutter kann die natürliche Schönheit und Integrität der ihr innewohnenden Seele nicht ertragen. Um die Stimme der Seele endgültig zu unterdrücken, befiehlt das Ego dem Jäger, das Mädchen in den Wald zu führen und dort zu töten. Der dunkle Wald symbolisiert die Verdrängung ins Unterbewusstsein.

Der Jäger jedoch fühlt Erbarmen und lässt Schneewittchen in den Wald verschwinden. Da findet sie Zuflucht im Häuschen der sieben Zwerge – die unterdrückte Seele verbindet sich mit den elementaren Grundlagen der Schöpfung. Im Gegenzug werden die Elementarwesen zu den Hütern der geistig-seelischen Dimensionen der Erde, der Landschaft und des Menschen, für die unsere verstandesorientierte Zivilisation kein Interesse zeigt, ja mehr als das: Die Stiefmutter steigt dreimal hinunter in die elementare Welt, um Schneewittchen zu vergiften! Ich setze ihre mörderischen Versuche mit den Einbrüchen der modernen Technologien in die atomare Welt und in die Welt des genetischen Codes gleich. Es geht um Welten, die in der Obhut der Elementarwesen liegen, um die urbildlichen Kräfte, mit denen nur die Elementarwesen naturgemäß umzugehen wissen.

Immerhin endet das Märchen optimistisch: Die Seele kehrt zurück und vermählt sich mit dem liebenden Partner, dem erwachten menschlichen Selbst.

Die Begegnung kam völlig unerwartet, so dass ich im ersten Augenblick nicht imstande war, den Kobold irgend etwas zu fragen. Ich wusste aber, dass ich mich in einem Offenbarungsprozess befand und dass es wichtig war, die Gelegenheiten, die mir von seiten der Elementarwelt als Lernmöglichkeiten angeboten wurden, nicht zu verpassen. So fragte ich ihn aufs Geratewohl, wo ich in Köln den kreativen Aspekt der Göttin verankert finden könne.

Zum Hintergrund meiner Frage: Während meiner Arbeiten an den Heilungsprojekten im Schlosspark zu Türnich bei Köln und im Schlosspark zu Cappenberg bei Dortmund war ich stufenweise eines ausgedehnten Landschaftstempels gewahr geworden, der sich auf die Makroebene des ganzen westlichen Teils von Deutschland bezieht. Dieser Landschaftstempel hat seine drei Hauptzentren in den Regionen Köln und Cappenberg sowie den Externsteinen, wobei er seinen Atem aus der Region München bezieht. Da aber jedes dieser drei Hauptzentren alle drei Aspekte umschließt, musste es – analog dem Prinzip von der Puppe in der Puppe in der Puppe ... – auch für Köln eine eigene vollständige Landschaftstempelstruktur geben (vgl. hierzu die ausführliche Darstellung in »Die Landschaft der Göttin«).

Durch meine jahrelange Tätigkeit im Schlosspark Türnich wusste ich, dass der ganzheitliche Aspekt für den Bereich Köln dort verankert ist. Der zugehörige kreative Aspekt musste irgendwo in der Großstadt seinen Brennpunkt haben, und ich hatte schon lange über der Frage gerätselt, ob er angesichts der Eigendynamik der Stadtentwicklung überhaupt noch irgendwo als Kraft lebendig war. Daher meine Frage an den Zwerg. Ohne mit der Wimper zu zucken, antwortete er mir, nein, das könne er nicht sagen. Ich ließ mich aber nicht abschütteln, sondern fragte zurück, ob er mir vielleicht den Ort zeigen könnte. Seine Antwort war ein eindeutiges Ja. Da nahm ich einen schönen Stein aus der Tasche und hielt ihn so an die kleine Öffnung im Ohr des Reliefs, dass der Kobold seinen Brennpunkt darauf übertragen konnte. Dann trug ich den Stein in der rechten Hand vor mir her, während ich die linke dazu benutzte, die lenkenden Impulse zu empfangen.

Zuerst leitete er mich zur Hohen Straße und dann auf dieser Einkaufsstraße in Richtung Hauptbahnhof. Als wir die verlängerte Achse des Doms kreuzten, bekam ich die Anweisung, der Achse folgend in den Dom zu gehen, und so wurde ich schließlich zu der Stelle zwischen dem dritten und dem vierten Pfeiler auf der linken Seite des Hauptschiffs geführt, wo ich schon früher die mir unerklärliche Dichte von Elementarwesen wahrgenommen hatte. Nun wurde mir bedeutet, ich solle von diesem Platz zwischen den beiden Pfeilern mein Gesicht dem wunderschönen Renaissancefenster an der Nordwand des Doms zuwenden.

Und plötzlich fiel es mir wie Schuppen von den Augen. Eingekleidet in die vertraute christliche Formensprache, erkannte ich die verborgene Gestalt der dreigliedrigen Göttin. Ihren kreativen Aspekt fand ich verkörpert in einer Darstellung der Anbetung der Heiligen Drei Könige, kombiniert mit einer Szene, die den Besuch der Königin von Saba bei König Salomon zeigt, wobei die Königin von Saba von zwei königlich ausgestatteten Frauen begleitet wird. In dem Wechselspiel der drei Könige und der »drei Königinnen«, die in dem Glasfenster nebeneinander abgebildet erscheinen, spiegelt sich die sakrale weiblich-männliche Polarisierung und Interaktion, wie wir sie zum Beispiel aus den uralten Ritualen der Inthronisierung des Einjahreskönigs durch die Priesterinnen der Göttinkulturen oder aus dem Ritual der Heiligen Hochzeit kennen. Diese Darstellungen werden im darunterliegenden Teil des Fensters ergänzt durch Darstellungen der Jungfraugöttin in Gestalt der Jungfrau Maria mit einer Lilienblüte in der Hand und der Göttin der Wandlung in Gestalt der heiligen Elisabeth mit einer Krone auf dem Haupt, einer zweiten Krone in Höhe des Herz-Chakras und einer goldenen Schale, die in Höhe ihres Schoßes gehalten wird.

29 – Raum- und Zeitlöcher

Die Geschichte mit dem »Ohrsprung« hatte nach zwölf Jahren ein interessantes Nachspiel. Wiederholte Erfahrungen nährten meine Erkenntnis, dass nicht nur der galaktische Raum, sondern auch der Erdraum »schwarze Löcher« kennt. Es scheinen interdimensionale Portale zu sein, also »Löcher«, die in andere Dimensionen des Seins führen.

Jene Ohröffnung, von der ich magisch angezogen worden war, erwies sich als mikro-interdimensionales Portal. Als ich das »schwarze Loch« auf den Flügeln meiner Imagination passiert hatte, landete ich in einer anderen Raumdimension. Dies ist für mich die fünfte Dimension, die jenseits von Raum und Zeit pulsiert. Sie existiert gleichzeitig mit unserer tagtäglichen Wirklichkeit und doch jenseits von deren vier Dimensionen (drei Raumdimensionen plus die Zeit).

In dem fraglichen Moment schaltete mein Bewusstsein selbständig von der logischen in eine bildhafte Sprache um, um sich in der neuen Dimension zurechtzufinden. Von nächsten Augenblick an existierte ich auf zwei Ebenen zugleich. Ich stand einerseits da und verhielt mich so, wie jeder Betrachter der steinernen Heinzelmännchen sich verhalten würde, und gleichzeitig war ich »drinnen« in einer anderen Dimension, durch die ich mich problemlos bewegen konnte.

In den Jahren 2005/06 entdeckte ich interdimensionale Portale in der Landschaft, an denen ich früher wie jeder andere Mensch vorbeigegangen wäre, ohne sie zu bemerken. Man kann sagen, dass es Landschaf-

Das Heinzelmännchenprofil mit dem einladenden Ohrloch und dem dahinter sitzenden Kobold am Heinzelmännchenbrunnen in Köln.

ten und Orte gibt, welche die Fähigkeit besitzen, einen Menschen oder sogar ganze Kulturen in die fünfte Dimension zu überführen, Grund genug, sie als heilige Orte oder Landschaften zu ehren. Ich denke an Hallstatt in Österreich, an Genf, an Manhattan ... Überraschend viele Orte und Landschaften sind mit einem bestimmten geomantischen System ausgestattet, welches ein Übersetzen in die fünfte Dimension ermöglicht – ohne dass man sich vom materiellen Körper verabschieden müsste, wie das sonst im Moment des Todes geschieht.

Wie das Beispiel des winzigen Ohrlochs demonstriert, bieten die interdimensionalen Portale die Möglichkeit, uns aus der engen, rechteckigen Verstandesstruktur herauszuheben und uns in die Freiheit der mehrdimensionalen Welt einzuweihen. Deswegen dürften sie in der nahen Zukunft eine wichtige Rolle spielen.

Während ich mich so in die Betrachtung der verborgenen Göttinsymbolik des Nordfensters vertiefte, erhielt ich ein Gefühl davon, wie die fleißigen Elementarwesen dafür gesorgt hatten, dass die Künstler bei der Gestaltung der Glasfenster entsprechend inspiriert wurden. Nun hätte ich aber auch noch gern gewusst, warum ausgerechnet an dieser Stelle – mitten in einer ganz anderen Inhalten gewidmeten Kathedrale – ein Göttintempelbezirk entstehen musste. Als Antwort darauf wurde ich zur vierten Säule geführt und aufgefordert, in sie hineinzuschauen. Ich sah einen dunklen, senkrechten Schacht, der tief in die Erde unter dem Dom führte. Um sicher zu sein, dass ich mich nicht irrte, ging ich zu einigen anderen Säulen. Sie stießen mich energetisch ab und ließen keinerlei Einblick in ihr Inneres zu.

Plötzlich verstand ich. Der Dom war bekanntlich auf einem ehemals heiligen Hügel erbaut worden, auf dem bereits die Kelten und Germanen ihre Heiligtümer errichtet hatten und vermutlich auch schon die noch frühere Göttinkultur des alten, vorindogermanischen Europas. Auf demselben Platz wurde zur Zeit der Römerherrschaft ein Jupitertempel errichtet. Auf den Trümmern des später in eine frühchristliche Basilika verwandelten Tempels wurde ein merowingischer und später ein karolingischer Dom gebaut, darüber die größte romanische Kirche des Abendlandes und auf deren Trümmern der heutige Dom. Um den ursprünglichen Kraftort der Göttin immer weiter zu schützen, sind die Elementarwesen diesen Aufschichtungen folgend höher und höher gestiegen – der heutige Dom steht etliche Meter höher als der ursprüngliche Hügel – und haben sich letztlich in den ihnen sicher recht fremd erscheinenden Hallen der gotischen Kathedrale angesiedelt, wo ich sie vorgefunden habe. Durch den Schacht, den ich im Inneren der vierten Säule gesehen hatte, wurde wie durch eine Nabelschnur die kraftmäßige Verbindung mit dem heiligen Hügel der Göttin aufrechterhalten. So sind also allen widrigen Umständen zum Trotz die Naturintelligenzen des mehrfach überbauten heiligen Hügels der Göttin noch immer da und erfüllen glücklich ihre Aufgaben.

Inzwischen war die Wartezeit auf meine Bahnverbindung fast vorbei. Ich hatte gerade noch die Zeit, mich zu bedanken und meinen freundlichen Wegführer zu seinem Ohrloch am Heinzelmännchenbrunnen zurückzubringen.

Durch die Erlebnisse am Heidenberg und im Kölner Dom habe ich einiges darüber erfahren, wie die Elementarwesen seit der Ausblendung der seelisch-geistigen Dimensionen der Landschaft aus dem Bewusstsein der Menschen für die Brennpunkte der Landschaftstempel gesorgt haben. Soweit die Orte naturbelassen geblieben sind, haben sie durch entsprechende Formengestaltung von Bäumen oder Felsformationen Kosmogramme geschaffen,[25] um sicherzustellen, dass die ursprünglichen Kraftpotenziale dort weiter verankert und wirksam blieben. An Orten, die inzwischen überbaut oder urbanisiert wurden, haben sie die Gestalter, Handwerker und Künstler dazu inspiriert, entsprechende Kosmogrammzeichen oder Symbole in ihre Kunstwerke einzuweben. Auf diese Weise wurde das Wissen um die wahre Essenz solcher Kraftorte unterschwellig durch alle Zeiten hindurch weitergereicht. Doch handelt es sich bei all diesen Aktivitäten der Elementarwesen um Aufgaben, die erst mit der zunehmenden Verschattung des ganzheitlichen Bewusstseins notwendig wurden. Welche Funktion aber könnten die Naturintelligenzen ursprünglich im Rahmen der Landschaftstempel innegehabt haben?

Ich musste einen weiteren Monat warten, bis mir während eines Erdheilungsseminars in Svetinje/Jeruzalem die Gelegenheit geschenkt wurde, eine Schar von Tempelkobolden bei ihrem ursprünglichen Dienst zu beobachten. Dieses Geschenk war jedoch erst möglich geworden, nachdem ich schon über einen Zeitraum von zwei Jahren an dem Ort periodisch Heilungs- und Harmonisierungsarbeiten ausgeführt hatte. Die Wallfahrtskirche von Jeruzalem im Osten Sloweniens wurde als quadratisches Bauwerk im 13. Jahrhundert von den Rittern des Templerordens errichtet. In der Mitte des Kirchenraums befand sich eine außergewöhnliche Ikonendarstellung der Schwarzen Madonna, die die Templer aus Jerusalem im Heiligen Land mitgebracht hatten (siehe ausführlich in »Die Landschaft der Göttin«, S. 160ff.). Heute existiert davon nur noch eine gute barocke Kopie, die allerdings nicht mehr am ursprünglichen Platz angebracht ist. Durch die Versetzung der Ikone über den heutigen Altar hat die vertikale

25 Dazu zählen nach meinen Erkenntnissen auch manche Kosmogrammzeichen in den Kornfeldern, die in den letzten Jahren in England und andernorts aufgetreten sind.

Kraftsäule, die sich früher durch die Ikone im Zentrum des quadratischen Raums hinabließ und den Raum mit den kosmischen Kräften speiste, ihren Fokus verloren.

Zuerst arbeitete ich mit der Seminargruppe daran, die Heiligkeit des Raums dadurch wiederherzustellen, dass wir die ursprüngliche Kraftsäule durch harmonischen Gesang in der Mitte der Kapelle stärkten und wieder zentrierten. Während einer der folgenden Meditationen in der Kapelle im Juni 1993 konnte ich sehen, wie der sich vom Himmel herablassende Kraftstrom endlich wieder die Erde berührte. Es fehlte jedoch jegliche Gegenströmung, durch die das irdische Zentrum an diesem Platz die kosmischen Anregungen erwidert hätte. Erst dann konnte es zum kräftemäßigen Dialog zwischen Erde und Himmel kommen und der Ort seinen sakralen Wert zurückerhalten.

Die einseitige Anbindung des Raums an die Himmelssphäre lässt sich damit erklären, dass auch die Templer als christlicher Orden vorwiegend an der kosmischen Beziehung interessiert waren und deren Gegenpol, das Irdische, als minderwertig betrachteten. Mit anderen Worten, das unglückselige christliche Schema der Aufteilung in Gut und Böse war hier mit im Spiel. Erst während einer Meditation in der Kapelle im August 1993 konnte ich beobachten, wie ein sich süß anfühlender Schwingungswirbel der Göttinpräsenz aus dem Zentralpunkt aufstieg. Plötzlich barst vor meinem inneren Auge der Fußboden auseinander, und ein mächtiger Kraftstrom begann wie ein schmutziger Wasserwirbel aus der Erde emporzuquellen. Er wurde immer klarer und ruhiger und verband sich mehr und mehr mit der sich herablassenden Kraftsäule, so als würde er an ihr hochklettern.

30 – Umweltheilung

Der moderne Begriff der Erdheilung geht von der Voraussetzung aus, dass die Erde und ihre Orte grundsätzlich gesund sind. Sie brauchen keine Erdheiler, um für ihr Wohl zu sorgen. Das heisst jedoch nicht, dass wir als Menschen keine Verantwortung für das Heilwesen der Erde und ihrer Landschaften tragen. Die Erde hat uns ihre Oberfläche samt Pflanzen, Tieren und Elementarwesen zur Verfügung gestellt, damit wir uns als Evolution und als Einzelmenschen entwickeln können.

Zur Entwicklung des Menschen als Wesen mit freiem Willen gehört, dass wir Fehler machen dürfen, um daraus das Richtige zu lernen. Wesenheiten der Parallelevolutionen leiden jedoch oft unter dem Druck unserer fehlerhaften Entscheidungen. Sie leiden in großer Zahl als Opfer unserer Misshandlung. Das gilt auch für Orte und Landschaften.

An diesem Punkt setzt die zeitgenössische Umweltheilungspraxis an. Um unserer karmischen Verantwortung gerecht zu werden, müssen wir

Methoden entwickeln, durch die falsche menschliche Handlungen ausgeglichen werden können. Es geht dabei keineswegs um irgendwelche Eingriffe in das Heilwesen der Landschaft, sondern darum, Blockaden zu entfernen, die verhindern, dass die Erde als ein heiler Organismus atmen und sich entwickeln kann. Vor allem geht es darum, die Selbstheilungskräfte der Erde an den beschädigten Orten zu wecken und zu unterstützen, damit sich die natürlichen Heilungsprozesse entfalten können.

Ich vermutete, dass nun die über Jahrhunderte blockierte Beziehung zwischen der Kapelle und dem ursprünglich an dem Platz befindlichen Tempel der Göttin wieder ins Fließen gekommen war. Um eine räumliche Vorstellung von dieser Beziehung zu bekommen, bat ich meine Tochter Ana, ihren Engellehrer zu fragen, welche Form die längst verschwundene Tempelstruktur an jenem Ort einst hatte. Er zeigte das Bild einer rechtsdrehenden Spirale auf dem Gipfel des Hügels. Die Spirale war ein alter Ritualweg, dem die Pilger jener fernen Göttinkultur von Station zu Station folgten, wobei sie eine innere Reinigung, Wandlung und Erneuerung erfuhren. Der Kraftplatz, auf dem die Templerkapelle – heute das Presbyterium der Wallfahrtskirche – steht, entsprach der zweiten Station auf dem Spiralweg. An dieser Stelle befand sich ursprünglich eine in die Erde gegrabene Vertiefung mit einem Steinkreis in der Mitte. In diese Vertiefung pflegten sich die Pilger hinabzubegeben, um die Nähe der Erdgöttin zu erfahren.

Während einer späteren Meditation in der nun auf diesem Platz stehenden Kapelle betrachtete ich den aus der Erde aufsteigenden Kraftwirbel im Spiegel dieser Botschaft genauer. Ich sah ihn in Form einer leicht geöffneten Rosenknospe, gestaltet aus dünnen Silberfäden. Verwundert nahm ich wahr, wie sich die Kraftknospe, während sie sich langsam öffnete, gleichmäßig um die eigene Achse drehte. Ich versuchte nun, tiefer in die Erde zu schauen, um den Ursprung dieser Drehung zu ergründen. Dadurch gelangte ich in eine unterirdische Dimension unter der Kapelle und sah zu meiner Freude eine ganze Schar von Tempelkobolden, die in die Tätigkeit vertieft waren, das Räderwerk einer imaginären Plattform, auf der die Kraftblüte angebracht war, im Uhrzeigersinn um die vertikale Achse zu drehen.

Ich war verblüfft, mit welcher Konzentration sie bemüht waren, die Plattform ganz langsam und präzise zu drehen. Den Grund für diese Präzisionsarbeit verstand ich erst, als es bei einer ganz bestimmten Ausrichtung der Kraftblüte zu einer Resonanz mit der Kraft der Muttergöttin kam. Sofort hielt das Zwergenvolk in seinem Schieben inne, und in der eintretenden Stille sah ich, wie sich eine strahlende Göttinnengestalt entlang der Kraftsäule in der Mitte des Raums hinabließ. Ihre Schwingung segnete den Raum. Im selben Augenblick nahmen die Kobolde ihre Arbeit wieder auf und fuhren fort, die Plattform anzuschieben. Nach einigen Umdrehungen der Plattform mit der Blüte manifestierte sich blaue Farbe im Raum. Nach einer kurzen Pause, die offensichtlich dazu bestimmt war, das Blau ausklingen zu lassen, wurde die Plattform weitergedreht, bis sich die dunkle Gestalt der Schwarzen Göttin der Wandlung manifestierte. Während der darauffolgenden Phase füllte sich der Raum mit goldgelber Farbe.

Als die Plattform in die nächste Position gedreht wurde, trat erwartungsgemäß die weiße Gestalt der Jungfraugöttin in Erscheinung. Nun war ich gespannt, welche Farbe als nächste käme. Es kam aber keine. Der wunderbare Reigen schien in eine Blockade geraten zu sein. Auch fiel mir auf, dass die Randstrukturen der weißen Göttinnengestalt wie verdunkelt waren. In dieser Phase der ursprünglichen Funktion des Tempels gab es offensichtlich noch ein Hemmnis. Ich begann laut zu singen, in der Hoffnung, mit Hilfe der schon so oft erprobten Methode der Harmonisierung durch Töne die Blockade aufzulösen. Die Gruppe schloss sich sofort an, und schöne Harmonien begannen den Raum zu erfüllen. Nach einiger Zeit verschwanden die Schatten an den Rändern der Jungfraugestalt, und das Drehen der Plattform konnte weitergehen. Als letzte Phase erschien die Farbe Violett, dann kehrte die Gestalt der Muttergöttin wieder. Der Reigen konnte aufs neue beginnen.

Hinter den recht märchenhaft erscheinenden Formen, in denen sich die rituelle Tätigkeit der Elementarwesen unter der Kapelle ausdrückte, lässt sich meiner Beobachtung nach rekonstruieren, welche Rolle die Tempelkobolde ursprünglich bei den Wallfahrten an diesem Ort spielten. Der unterirdische Raum, in dem sie wirkten, ließ sich wohl gleichsetzen mit der Vertiefung an dem Platz, über den der Engel zu Ana gesprochen hatte. Der Steinkreis würde dann die physische Entsprechung der Plattform darstellen, die von den Kobolden gedreht wurde, um durch ihre unterschiedlichen Ausrichtungen die verschiedenen Lebenskräfte – die Farben – und göttlichen Qualitäten heranzuziehen. Wir können uns gut vorstellen, wie die Pilger in Stille in dem Steinkreis hockten, um die verschiedenen Schwingungen zu empfangen, die durch den geistigen Reigen, den die Elementarwesen antrieben, angezogen wurden.

31 — Die paradiesische Unterwelt von Sarajewo

Gewisse heilige Orte haben das Glück, ihre ursprünglichen sakralen Räume in ihrem Unterbewusstsein vollständig erhalten zu können. Ein weiteres solches Beispiel erlebte ich in Sarajewo in Bosnien. Auch in diesem Fall war die unermüdliche Hilfe der Elementarwesen von entscheidender Bedeutung.

Die Tempelkobolde von Jeruzalem (Slowenien) drehen eine imaginäre Plattform und bringen eine Kraftknospe zum Erblühen. Aus dieser manifestiert sich periodisch die Göttin in ihren drei Gestalten.

Während der Stadtheilungsworkshops, die ich nach dem Krieg in Bosnien einige Male in Sarajewo leitete, entdeckte ich, dass das alte Stadtzentrum am Platz eines ehemaligen heiligen Hains der Nixen erbaut wurde. Dieser befand sich auf dem wässrigen Auengelände dort, wo heute der Fluss Miljacka aus seiner Schlucht hervorkriecht und sich einst über das Flachland ergoss. Die Auen wurden von den osmanischen Türken aufgeschüttet, um dort Sarajewo zu errichten.

Durch die Aufschüttung wurde das Reich der Wasserwesenheiten in das Unterbewusstsein des Orts verdrängt. Nachdem ich auf dem gegenüberliegenden Ufer der Miljacka den ätherischen Eingang in die Unterwelt der Nixen ausfindig gemacht hatte, konnte ich mich im Geist unterhalb der Altstadt bewegen und die silbrig-wässrige Schönheit des untergegangenen heiligen Hains genießen.

Diese Erfahrungen im Jahr 2004 müdeten in die Feststellung, dass die menschliche Stadt oben und die feenartige Welt unten auf traurige Weise keinerlei Beziehung zueinander hatten.

Zwei Jahre später war ich im Rahmen einer Balkanreise mit einer geomantisch interessierten Gruppe erneut in Sarajewo. Zu meiner Überraschung nahm ich diesmal einen zwar noch zögerlichen, aber doch lebendigen Austausch zwischen der »unteren« und der »oberen« Welt wahr. Ich sah mit meinem inneren Blick die Gaben der Nixen als ätherische Edelsteintropfen zur oberen Stadt der Menschen aufsteigen. Im Gegenzug sanken gewisse Kräfte der menschlichen Welt zur Umwandlung und Regeneration nach unten. Vielleicht hatte mein Beitrag zu dieser positiven Veränderung schlicht darin bestanden, dass ich nach meiner ersten Erfahrung in meinem Vortrag die Trennung zwischen den zwei Welten entlang der Miljacka erwähnt hatte und es nun einige wenige Menschen gab, denen die beiden parallelen Realitäten bewusst geworden waren.

Die folgenden Erlebnisse, die ich am Ort der heutigen Wallfahrtskirche Heiligenblut am Fuß des Großglockners hatte, sollten die geschilderten Erkenntnisse noch erweitern, denn diesmal waren verschiedene Arten von Elementarwesen beteiligt.

Das majestätische Felsmassiv des Großglockners – mit 3798 Metern Höhe der höchste Berg Österreichs – bildet den Abschluss des Mölltals. Als ich den schneebedeckten Berg zum ersten Mal von der Großglockner-Hochalpenstraße her erblickte, fiel mir sofort auf, dass seine Gestalt einem Vogel mit ausgebreiteten Flügeln ähnelt, der mit seinem Schnabel senkrecht nach oben zum Kosmos zeigt. Unwillkürlich sah ich darin die Gestalt der neolithischen Vogelgöttin, die den ganzheitlichen Aspekt der Jungfraugöttin verkörpert. Die symbolische Bedeutung der Vogelgöttin lässt sich so verstehen, dass ein Vogel durch seinen Flug den irdischen Bereich mit der kosmischen Sphäre verbindet. Er stellt also die ursprüngliche Einheit von Himmel und Erde her, eine Einheit, die durch die Göttin in ihrem jungfräulichen Aspekt verkörpert wird.

Aus zahlreichen Beispielen wissen wir, dass die heiligen Plätze, die zur rituellen Kontaktaufnahme mit hohen Bergen beziehungsweise den Kräften, die von ihnen ausgehen, dienten, nicht auf dem Gipfel, sondern vielfach am Fuß des Bergs lagen, und zwar an bestimmten Punkten, die mit dem Kraftbrennpunkt auf dem Gipfel in Resonanz stehen. Der steile Hügel, auf dem heute die berühmte gotische Wallfahrtskirche Heiligenblut steht, stellt einen solchen Bezugspunkt zum Großglockner dar. Aus der Stiftungslegende der Kirche erfahren wir im einzelnen, welche Beziehung dieser alte sakrale Ort zu dem Berg und zur frühen Göttinkultur einst hatte:[26]

Der Legende zufolge erhielt der heilige Briccius vom byzantinischen Kaiser in Konstantinopel eine Ampulle mit dem Blut Christi zum Geschenk. Einige Zeit später verlangte der Kaiser das kostbare Geschenk zurück, Briccius aber floh damit quer über den Balkan, bis er schließlich zum Fuß des Großglockners gelangte, wo er von einer Schneelawine verschüttet wurde. Nun hatte er aber zuvor das heilige Blut in seinen Unterschenkel eingenäht, um es vor Entdeckung zu schützen. Als eines Tages drei Ähren aus dem Schnee wuchsen, wurden sein Körper und das Blutfläschchen gefunden. An dem Ort, an dem der Esel mit dem Leichnam des heiligen Briccius stehenblieb, errichtete man eine Wallfahrtskirche. Die Ampulle mit dem Blut und die drei zusammengebundenen Ähren sind noch heute im Reliquienschrein der Kirche zu betrachten.

Das lebensspendende Blut, dem eine solche Kraft innewohnt, dass es die drei Kornähren aus dem toten Schnee sprießen ließ, kann meiner Meinung nach nichts anderes symbolisieren als das Menstruationsblut der Göttin, das von den alten Kulturen als Verheißung des immerwährenden zyklischen Prozesses der Lebenserneuerung verstanden wurde. In den Eleusinischen Mysterien wurde alljährlich die lebenserneuernde Kraft des weiblichen Zyklus gefeiert. Es war ein Kult, der zweieinhalb Jahrtausende lang bis ins 5. nachchristliche Jahrhundert im gesamten Mittelmeerraum von größter gesellschaftlicher und politischer Bedeutung war. Das zentrale Symbol dieser Mysterien sind die drei Kornähren, die genau in derselben Weise gebunden waren wie die drei Ähren, die im Reliquienschrein von Heiligenblut zu sehen sind. Hinzu kommt, dass die Kirche an einem Ort er-

26 Zur sakralen Bedeutung des Großglockners vgl. Jakob Lorber: »Der Großglockner – ein Evangelium der Berge«, Bietigheim 1923.

richtet wurde, der durch einen Esel offenbart wurde. Nach meiner Kenntnis ist der Esel, symbolisch betrachtet, mit den antiken Satyrn gleichzusetzen, die einmal das waren, was für unsere heutige Epoche die Zwerge sind. Das würde bedeuten, dass die Gegenwart der Elementarwesen für die Entscheidung, wo die Wallfahrtskirche erbaut werden sollte, maßgeblich war.

Eines hatte ich in der Legende nicht verstanden, nämlich warum die Ampulle mit dem Blut ausgerechnet im Gewebe des Beins verborgen worden war. Hinzu kam, dass ich beim Betreten der Kirche unwiderstehlich zu der gotischen Madonna rechts vom Hauptaltar hingezogen wurde. Maria hält ihren göttlichen Sohn wie üblich an der Hand. Erstaunlicherweise berührt er aber mit seiner Linken die Sohle seines rechten Fußes. Diese Geste erscheint so widernatürlich, dass Maria das balancierende Jesuskindlein fest am Hinterteil packen muss, damit es ihr nicht aus der Hand rutscht. Wieder dieser Fuß!

Um mehr über dieses Geheimnis zu erfahren, stieg ich in die Krypta hinunter, da ich in diesem erdverbundenen Raum die Nähe der Elementarwesen vermutete. Und wirklich sah ich in der Mitte des Raums eine unsichtbare Öffnung, die in die Unterwelt führte, und eine große Zahl von Gnomen, die dort unten hin und her liefen. Gestützt auf ähnliche Erfahrungen, ließ ich mein Bewusstsein hinabsteigen und stellte laut meine Frage nach der Bedeutung des Fußes. Niemand fand Zeit, mir zuzuhören. Ich hätte ein Zeichen meiner Verbindung zur Elementarwelt bei mir tragen sollen wie am Höhbeck im Wendland.

So suchte ich in der Krypta nach einer weiteren Informationsquelle und nahm einen Alten Weisen aus dem Geschlecht der Zwerge wahr, der auf der Stiege saß, die zum Sarkophag des heiligen Briccius führt. Auf meine wiederholte Frage nach der Bedeutung des Fußes fragte er zurück: »Befindest du dich nicht am Fuße des Berges?« Nun ging mir ein Licht auf. All diese Zeichen deuteten auf die Gesetzmäßigkeit hin, wonach bestimmte Orte am Fuß des Bergs durch Resonanz unmittelbar an den Kräften des Großglockners teilhaben. Den ersten dieser sakralen Orte am Fuß des Bergs markiert die Kirche Heiligenblut. Jakob Lorber sagt in seiner Großglockneroffenbarung, dass solche Orte sich sogar in einem so großen Umkreis finden, dass selbst der Schlossberg zu Graz dazugehört. So wie die Akupunkturpunkte an der Fußsohle mit allen Organen des Körpers in Verbindung stehen, sind auch die Kraftorte am Fuß dieses heiligen Bergs mit verschiedenen Kraftbrennpunkten und -quellen des Großglockners verbunden. Das ist der Grund, warum ein Ort wie Heiligenblut durch die verschiedensten Kulturen hindurch als heiliger Wallfahrtsort verehrt wurde. Die ununterbrochene Kette der Verehrung reicht, wie die Legende anzudeuten scheint, bis in die Göttinkultur der Jungsteinzeit zurück.

Großglockner mit der Wallfahrtskirche Heiligenblut am Fuß des Bergs.

Ein weiteres Elementarwesen bemerkte ich auf der Ebene des Kirchenraums, als ich von der Krypta wieder hinaufstieg und in Richtung Hauptaltar schaute. Ich nahm eine verkohlte Wesenheit wahr, die wie ausgebrannt wirkte. Es war nur der obere Teil einer etwa acht Meter hohen Gestalt zu sehen. Also stieg ich wieder in die Krypta hinab, um zu sehen, ob sich die Figur nach unten fortsetzte. Und wirklich wurde ich einer Devagestalt gewahr, die schon seit Jahrtausenden am gleichen Platz ihren Brennpunkt betreut. Als höchste Instanz des sakralen Orts ist sie für das Zusammenspiel aller Kräfte, die diesen Ort zu einem Kraftplatz machen, verantwortlich. Eine solche Deva nenne ich Deva des Ortes.[27]

Im Fall der Heiligenblut-Kirche waren die Stufen, die in die Krypta führten, so angelegt, dass sie die Pilger genau zum Fokus der Deva des Ortes hinführten, wo sie den höchsten Segen dieses Kraftorts empfangen konnten. Leider muss es in der Geschichte der Wallfahrtskirche eine spätere Epoche gegeben haben, in der die unsichtbare Gegenwart der Deva nicht mehr toleriert wurde. Jemand muss zumindest sensibel genug gewesen sein, um zu spüren, dass es irgend etwas stark Strahlendes im Bereich vor dem Altar gab, das mit dem Licht des Messerituals konkurrierte. Die Kirche ist nämlich, gemessen an der hohen Devagestalt, so unproportioniert gebaut, dass die Deva mit dem oberen Teil ihres Kraftkörpers über den Bereich der Krypta hinaus in die Zone vor dem Hauptaltar ragt.

Ich vermute, dass durch Exorzismusrituale versucht wurde, diese Kraft zu bannen, was dazu führte, dass der in den Kirchenraum hineinragende Teil des Kraftgewebes der Deva so schmerzhaft verdunkelt wurde, wie ich ihn vorgefunden habe. Doch ist es nie gelungen, die Deva vollständig zu vertreiben, weil ihr Brennpunkt unten in der Krypta unberührt am ursprünglichen Platz weiterpulsierte. Die Deva musste von ihrer Qual erlöst werden, um wieder zum Segen für den Ort und seine Besucher zu werden.

32 – Hilferuf der Elementarwesen

Nicht nur aus vergangenen Zeiten rühren Ortsprobleme her, die der Heilung bedürfen. Das zeigt meine Erfahrung mit dem Straßenbau in Slowenien, und zwar beim Ausbau des Streckenabschnitts der Autobahn von Barcelona nach Kiew, der durch unser Vipava-Tal verläuft.

Vor einigen Jahren wurde ich vom Bürgermeister der Gemeinde Vipava gebeten, die vorgesehene Autobahntrasse in Hinblick auf geomantische Hürden zu untersuchen. Ich fand nur eine Stelle am Ende ei-

27 Mit dem Begriff »Deva des Ortes« möchte ich den gebräuchlichen Ausdruck «Geist des Ortes« (lat. genius loci) auflösen, weil er meines Erachtens auf patriarchalen Vorstellungen beruht.

nes tiefen Taleinschnitts problematisch. Dort hatte ich eine Gruppe von erhabenen Elementarwesen entdeckt, die mir etwas Wichtiges sagen wollten. Ich hatte jedoch damals nicht genügend Zeit, um mich damit zu beschäftigen. Da absehbar war, dass der Beginn der Straßenbauarbeiten noch Jahre auf sich warten lassen würde, bat ich darum, mich rechtzeitig vor Baubeginn zu benachrichtigen, damit ich das Problem erörtern könnte.

Leider haben wir es alle vergessen. Eines Tages, als ich in der Nähe des betreffenden Orts vorbeifuhr, bemerkte ich zu meinem Schrecken, dass an dem kritischen Platz schon Kräne standen und ringsumher gearbeitet wurde. Doch abermals hatte ich keine Zeit, um hinzugehen und zu hören, was die Elementargeister mir zu sagen hatten.

Ein paar Tage später fuhr ich mit meiner Frau erneut an jenem Platz vorbei, und wiederum in Eile. Diesmal geschah Folgendes: Ein junger Mann wollte einen Lastwagen überholen, gerade als wir selber bereits am Überholen waren. Es gab einen leichten Zusammenstoß. Am Straßenrand warteten wir eine Stunde lang auf die Polizei. Aber schon nach einer halben Stunde hatte ich es verstanden: Der Unfall war exakt an dem Punkt passiert, wo die Straße zu dem erwähnten Bauplatz abzweigte!

Nach diesem Notruf nahm ich mir Zeit, um herauszufinden, warum ich so dringend zur Baustelle gerufen wurde. Man hatte begonnen, einen Pfeiler der Autobahnbrücke an einem hochsensiblen Punkt zu errichten, und zwar an der ätherischen Öffnung eines interdimensionalen Portals, durch das die Urkräfte der Erde frei fließen können sollten. Sie sind für die Aufrechterhaltung der Kraftzentren im Tal von großer Bedeutung.

Das Unverständnis, ja die panische Abwehr der christlichen Religion gegenüber den hochentwickelten Elementarwesen, die die Kultplätze betreuten, welche die Kirche sich im Zug der Kulturentwicklung angeeignet hat, ist oft himmelschreiend. Das traurigste Beispiel dafür fand ich auf dem Hügel Gradisča bei Črnotiči im slowenischen Karst (Kras), als ich im August 1993 mit Hanna Moog, der damaligen Lektorin meiner Bücher, und meiner Frau Marika diesen sakralen Ort besuchte. Im letzten Kapitel meines Buchs »Die Landschaft der Göttin« habe ich beschrieben, wie die steinernen Wallanlagen im Bereich des Karst-Landschaftstempels dafür sorgten, dass sich die Yin-Kraft auf der wasserlosen Oberfläche des Karsts manifestieren konnte. Von heutigen Archäologen wird häufig behauptet, es handle sich dabei ursprünglich um Verteidigungswälle. Doch gerade an diesem Beispiel lässt sich nachweisen, dass es sich um eine ausschließlich sakrale Anlage handelte, die für Verteidigungszwecke völlig unbrauchbar gewesen wäre, da sie hufeisenförmig nur eine Seite des Hügels einfasst.

Der hochaufgeschichtete Steinwall verläuft von einer Felsengruppe im Westen, die einen Brennpunkt der kosmischen Kräfte darstellt, um den nördlichen Rand des Hügels bis zu einer Anlage von drei länglichen, in die Erde eingegrabenen Kammern im Osten. In der Mitte der Gesamtanlage gab es einen weiteren durch einen Rundwall eingefassten Sakralbereich, in dem heute die Wallfahrtskirche »Maria-im-Schnee« steht. Die drei Erdkammern im Osten zogen mich schon beim ersten Besuch dieses Orts besonders an, da sie meinem Gefühl nach die Überreste von drei unterirdischen Initiationsräumen darstellen, von denen jeder einen anderen Energiefokus besitzt. In der ersten Kammer nahm ich einen Brennpunkt solarer Kraft wahr, in der zweiten die Einstrahlung des Planeten Venus und in der dritten einen Engelkraftfokus. Ich vermute, dass hier einst eine stufenweise Einweihung in der Reihenfolge dieser drei Kräfte stattgefunden hat.

Als wir diesmal Gradisča besuchten, wurde ich von einer mächtigen Kiefer angezogen, die ihre Äste über die erste der drei Kammern ausstreckt. Ein Kosmogramm in Form einer Lemniskate, eingewoben in ihre Äste, ließ darauf schließen, dass sie ein Feenbaum ist. Während ich dicht am Stamm stehend eine liebevolle Beziehung zum Faun des Baums aufbaute, wurde mir unerwartet von seiner Seite ein höchst unangenehmes Bild entgegengeschickt. Ich sah ein pechschwarzes Wesen, das in Flammen aufging und sich dann schmerzerfüllt am Boden wälzte, um auf diese Weise das Feuer zu löschen. Doch kaum hatte die schwarze Wesenheit sich aufzurichten versucht, als die Flammen erneut an ihrem Körper aufloderten. Wieder wälzte sie sich in ihrer Qual am Boden, um den Brand zu löschen, und wieder flammte das Feuer auf, sobald sie sich erhob. Dieser Vorgang schien sich endlos zu wiederholen. Die schrecklichen Qualen der Wesenheit nahmen kein Ende.

Erschüttert von diesem Anblick bat ich den Faun, mich in die Richtung zu lenken, die mir Aufschluss über die Ursache dieses Geschehens geben würde. Ich vermutete, dass es sich um eine Erinnerung an eine Schandtat handelte, die der Baumgeist in seinem Gedächtnis gespeichert hatte und die er an den ersten Menschen weitergeben wollte, der liebevoll an ihn herantrat. So wurde ich zum Rand eines Gebüschs geführt, das sich einige Schritte außerhalb des von der Kiefer überkronten Bereichs befindet. Dies zeigt, dass ein Faun mit seinem Bewusstsein durchaus über den unmittelbar durch die Baumkrone überdachten Raum hinausgehen kann. An dem betreffenden Platz konnte ich erneut das tragische Geschehen wahrnehmen. Es erinnerte an eine aus der Zeit der Hexenverfolgung bekannte Folterpraxis, bei der das Opfer geteert und gefedert in Brand gesteckt wurde.

Die Ritualdeva von Gradišca in ihrer endlosen Qual.

Ich rief meine beiden Begleiterinnen herbei, um gemeinsam durch Visualisierung und Gesang zu versuchen, den Platz zu reinigen und das arme Wesen aus seiner Qual zu erlösen. Eine geraume Zeitlang wurden unsere Anstrengungen von der Dunkelheit der Gestalt aufgesogen und blieben ohne Erfolg. Dann aber sah ich, wie sich ein heller, weißer Schleier wie eine unendliche Gnade über den Schauplatz herabsenkte und die Verwandlung in Gang setzte. Aus dem zunächst noch nebligen Kraftmuster heraus entwickelte sich eine Feengestalt, die als Zeichen ihres höchsten Rangs in der Evolutionskette der Elementarwesen eine Krone auf ihrem unbeschreiblich schönen Haupt trug. Ansonsten sah sie einer menschlichen Gestalt verblüffend ähnlich.

In dem Zwiegespräch, das sich auf einer intuitiven Ebene zwischen uns entwickelte, erklärte sie diese Ähnlichkeit damit, dass sie jahrhundertelang zusammen mit den Priesterinnen des Heiligtums von Gradisča bei den Ritualen zur Einweihung in die Geheimnisse des Lebens auf der Erde gedient habe. Sie selbst gehöre dem Geschlecht der Feen an, habe aber durch eine sich über große Zeiträume erstreckende Entwicklung den höchsten Grad der Entfaltung innerhalb ihres Geschlechts erreicht. Daher durfte sie als Ritualdeva Hand in Hand mit den menschlichen Priesterinnen dienen. Ihre Aufgabe bestand darin, die Menschen, die zu diesem Heiligtum kamen, für die Kräfte und Wesenheiten der Natur empfindsam zu machen. Ihr Platz war damals im Zentrum der ersten der drei erwähnten Erdkammern.

Die Ritualdeva war noch eng mit der letzten Priesterin verbunden, die vermutlich zu Beginn der Neuzeit insgeheim noch für den Kultplatz gesorgt hatte. Als diese Priesterin als »Hexe« auf die beschriebene Weise an Ort und Stelle zu Tode gefoltert wurde, hat die Ritualdeva das ungeheure Leiden der Frau unwillkürlich an sich gezogen und ihre Qualen bis zum heutigen Tag weiter ertragen, da sie als Elementarwesen – anders als wir Menschen – keinen Tod kennt, der sie daraus erlöst hätte.

Als Nächstes bat ich sie, mir zu zeigen, wo sie sich nun, nach ihrer Befreiung, ansiedeln wollte. Entgegen meiner Erwartung äußerte sie den Wunsch, zu ihrem ursprünglichen Platz zurückgetragen zu werden, an dem sie einst ihren Dienst getan hatte, obwohl heute nur noch ein Erdgraben an das alte Heiligtum erinnert. Ich spürte in ihrer Entschlossenheit ein großes Vertrauen, dass die Menschheit sich einer grundlegenden Veränderung unterziehen und sich bald wieder ihrer Dienste entsinnen würde.

33 – Die Ouspensky-Kathedrale in Helsinki

An der Schwelle vom zweiten in das dritte Jahrtausend leitete ich einen Workshop in Helsinki. Vor dem Rückflug nach Ljubljana hatte ich noch etwas Zeit, und ich beschloss, die berühmte russisch-orthodoxe

Ouspensky-Kathedrale zu besuchen. Kaum trat ich über die Schwelle des Heiligtums, als mir schon die Augen meiner Seele aufgingen! Ich sah eine Unzahl winziger Elementarwesen, die alle eifrig damit beschäftigt waren, einzelne Steine und Bauelemente des riesigen Gebäudes an ihren zugewiesenen Plätzen zu halten.

Für uns Menschen ist es die natürlichste Sache der Welt, dass Bausteine an ihrem Platz im Kuppelgewölbe bleiben, wenn die Statik stimmt und kein Erdbeben tobt. Nun hatte ich Gelegenheit, hinter die Kulissen zu blicken. Ich sah, wie die Steine andauernd am Abrutschen waren, wie sie im letzten Moment auf ihren zugewiesenen Platz zurückgeschoben wurden ... Ich sah ein Millionenvolk in eifrigster Tätigkeit.

Gleichzeitig war mein Bewusstsein schon dabei, die Vision in logische Zusammenhänge zu übersetzen. Ich verstand sie als eine bildhafte Darstellung der Rolle, welche die einfachen Elementarwesen des Erdelements bei der Aufrechthaltung der Formenwelt spielen. Was der Verstand als langweilig-statische Form ansieht, muss in jedem Augenblick mit dem urbildlichen Plan der gegebenen Form in Übereinstimmung gebracht werden. Das ganze Universum bewegt sich nämlich ständig, Elektronen kreisen wie wild entlang ihrer chaotischen Bahnen. Es ist nur unser Verstandesauge, das zu träge ist, den ständigen Fluss der Erneuerung wahrzunehmen.

Das Millionenvolk der Gnomen ist jedoch bei seinen Bemühungen nicht sich selbst überlassen. Ich sah einen ganz feinen Lichtschleier, der sich durch die Kuppel- und Bogenstrukturen der Kathedrale herabsenkte. Ich interpretierte ihn als Präsenz eines erhabenen Luftwesens, einer Deva der Kathedrale. Ich konnte spüren, dass dieser Lichtschleier von den Elementarwesen ständig ehrfurchtsvoll berührt wurde, als ob darin der Plan codiert wäre, aus dem sie die Anweisungen für ihre jeweilige Tätigkeit herauslasen.

Die letzte geschichtliche Epoche, in deren Weltbild die Elementarwesen noch einen Platz hatten, war das Mittelalter. Ich denke zum Beispiel an die sogenannten Blattmasken oder andere, oft groteske Gestalten, die in gotischen Kirchen die Gewölberippen tragen. Besonders bezeichnend finde ich darunter ein in unzähligen Varianten vorkommendes Antlitz, dem Pflanzenblätter aus dem Mund quellen. Verstehen wir den Mund symbolisch als den Ort des schöpferischen Wortes, so würde dies bedeuten, dass es sich um ein Geistwesen handelt, dessen Aufgabe es ist, dem Pflanzenwachstum in der physischen Welt zur Offenbarung zu verhelfen, ein Elementarwesen also, das der Entfaltung der Natur dient. Diese Naturwesenheiten teilen ihren Platz in den Gewölberippen der Kirchen wie selbstverständlich mit anderen Gestalten der unsichtbaren Welt, die wir als Engel kennen. Diese inspirierende Einheit von Natur und geistiger Welt, die in der künstlerischen und volkstümlichen Vorstellung fest verwurzelt war, nicht aber in der herrschenden theologischen Lehre – darüber sollten wir uns keine Illusionen machen –, brach mit der Epoche der Aufklärung endgültig auseinander. Mit den sogenannten Hexenverfolgungen, die durch die päpstliche Bulle von Innozenz VIII. im Jahr 1487 entfesselt wurden und die nächsten drei Jahrhunderte mit einer beispiellosen Welle der Gewalt überzogen, wurde die Scheidung der unsichtbaren Welt in einen dämonischen und einen lichten Pol in die Tat umgesetzt. Dabei fanden sich die Elementarwesen gemeinsam mit den hellsichtigen, den Naturkräften verbundenen Menschen als Opfer der Verfolgung auf der dämonisierten Seite des christlich-dualistischen Weltbilds wieder.

Systematische Bestrebungen zur Wiedereingliederung der Welt der Elementarwesen in eine integrale Weltordnung sollten erst an der Wende zum 20. Jahrhundert durch die theosophische Bewegung und die sich daraus entfaltende Anthroposophie Rudolf Steiners stattfinden. In seinen zehn Vorträgen über »die geistigen Wesenheiten in den Himmelskörpern und Naturreichen«,[28] die Steiner im Jahr 1912 in Helsinki hielt, stellte er ein siebenstufiges, hierarchisch gegliedertes Modell vor, in dem die Naturgeister ebenso wie die Engelwesen ihren Platz haben. Die verschiedenen Wesenheiten, die ich bislang als Elementarwesen beschrieben habe, finden in diesem Modell – je nach Entfaltungsgrad – ihren Platz auf den unteren drei Hierarchieebenen. Die oberen vier Ebenen sind den Engelwesen vorbehalten.

28 Rudolf Steiner, »Die geistigen Wesenheiten in den Himmelskörpern und Naturreichen«, Verlag der Rudolf-Steiner-Nachlassverwaltung, Dornach 1960.

Der Eichengeist als Konsole in der Elisabethkirche zu Marburg an der Lahn (14. Jahrhundert).

Die erste und unterste Hierarchieebene umfasst nach Steiner die Naturgeister, die als Baumeister unmittelbar in den festen, flüssigen und gasförmigen Bereichen der Natur dienen. Darüber stehen auf der zweiten Ebene der Hierarchie die Geister der Umlaufzeiten, »die anordnen und dirigieren, was in den Naturreichen in rhythmischer Folge und Wiederholung geschieht«. Der von mir beschriebene Faun eines Baums würde nach diesem Modell auf der ersten Ebene angesiedelt, da sein Dienst der Entfaltung eines individuellen Baums gewidmet ist. Die Feenschar, die ich auf dem Venushügel der Insel Srakane beobachtet habe, würde hingegen der zweiten Ebene der Hierarchie angehören, weil sie für die Koordination aller Entfaltungsprozesse sorgt, die sich in einem bestimmten Raum abspielen.

Von den Wesenheiten der dritten und höchsten Ebene in den Naturreichen habe ich die Meisterin der Fencheldeva erwähnt, die sie mir im Bild einer Feenkönigin zeigte und damit als der höchstmöglichen Entwicklungsstufe eines Luftelementarwesens angehörig vorstellte. Die Rolle der Wesenheiten der dritten Hierarchieebene besteht nach Steiner darin, die Naturwelten mit dem Sinn ihres Seins zu erfüllen. Der Aufstieg in die vierte Hierarchieebene würde sie bereits unter die Engel einreihen, die sogenannten Geister des Willens, die in der esoterischen Tradition als Throne bekannt sind.

Das Modell der drei Hierarchieebenen für die Naturgeister entspricht exakt meiner eigenen Erfahrung, doch ziehe ich es vor, von drei Entfaltungsebenen der Elementarwesen zu sprechen, da in diesem Begriff der dynamische Aspekt des Übergreifens von einer Ebene zur anderen stärker zum Ausdruck kommt als bei dem Begriff der Hierarchie, der mehr an eine statische Anordnung denken lässt. Um die dreistufige Entfaltung im Reich der Elementarwesen anschaulich zu machen, habe ich meine bereits geschilderten Wahrnehmungen von Wesenheiten des Erdelements in folgendes Schema eingeordnet:

Im ersten und zweiten Kapitel habe ich ausschließlich über die erste Entfaltungsebene der Erdelementarwesen gesprochen. So habe ich in der Sage von dem schlafenden König Mathias die Gnomen erwähnt, die den einfachsten Aspekt der Erdgeister verkörpern und mit ihrer statischen Anwesenheit in der Erdkruste die planetare Materie beleben. Bei der Schilderung der Kulturlandschaft und der polarisierten Hecken kamen die Zwerge ins Spiel, deren Aufgabe es ist, die Fruchtbarkeit der Erde aufrechtzuerhalten. Sie stellen eine Weiterentwicklung der Gnomen dar. Danach verzweigt sich die weitere Entfaltung der Erdelementarwesen in zwei Richtungen. Eine Richtung führt zur Arbeit mit den Pflanzen, die andere zur Unterstützung der Menschen.

Die Wesenheiten, die für einzelne Pflanzen sorgen, habe ich im Schlosspark von Türnich angetroffen. Es sind die Elfen, die mich spontan an die »tanzenden und musizierenden Schweinchen« von Walt Disney erinnert haben (vgl. Kapitel 2) Eine höhere Entwicklung dieser Linie sind die Faune, die die Intelligenz einzelner Bäume darstellen. Sie wurden im ersten Kapitel ausführlich beschrieben.

Die zweite Linie führt zur Gestaltung der Formen in der Natur und von da weiter zur Begleitung des Menschen während seiner Inkarnation, denn jede Form ist ein Ausdruck des Elements Erde. Ich habe von der musikalischen Formgestaltungsarbeit des Heinzelmännchens an der Seite des Geigenspielers erzählt und von der Gestaltungsfunktion des Kobolds im Gastzimmer eines Wirtshauses im Mölltal (vgl. Kapitel 2) Die Funktion der Erdelementarwesen für die Aufrechterhaltung der Körperform beim Menschen habe ich im ersten Kapitel angedeutet. Dazu mehr in Kapitel 7. Die zweite Entfaltungsebene der Erdelementarwesen wurde erst im dritten Kapitel im Zusammenhang mit dem Thema »Landschaftstempel« angesprochen. Ich habe von meinen Gesprächen mit dem Alten Weisen am Heidenberg in Nordfriesland und mit einem zweiten in der Krypta der Wallfahrtskirche von Heiligenblut erzählt. Auch der Kobold, der mich durch den Kölner Dom führte, gehört zur zweiten Entfaltungsebene der Naturgeister, die im Element Erde tätig sind. Eigentlich heißt die Aufgabe dieser hochentwickelten Wesenheiten Lenken und Koordinieren. Doch hatte ich jedesmal, wenn ich mit ihnen kommunizierte, den Eindruck, dass sie frei von jeglicher Tätigkeit einfach nur dasitzen. Was mich aber gefühlsmäßig am tiefsten berührte, war die unendliche Weisheit, die sie umgibt. Daher empfand ich es durchaus als angemessen, sie nach allen möglichen Dingen zu fragen, die ich in Bezug auf die Geheimnisse des Lebens nicht verstand, ohne zu merken, dass ich nie danach gefragt hatte, wie sie eigentlich ihre Funktion in dem ihnen zugeordneten Gebiet ausüben.

Auch ein Gespräch mit einem Alten Weisen, der im Schlosshof von Türnich am Rand des Weihers unter einer weißen Magnolie sitzt, verlief zunächst in alle möglichen Richtungen. An dem betreffenden Platz in der Nähe des Torbogens hatte ursprünglich eine mittelalterliche Michaelskapelle gestanden, die im 19. Jahrhundert abgerissen wurde, um an einem neuen Platz, 30 Schritte tiefer im Hof, wiedererrichtet zu werden. Der Alte Weise lobte die Entscheidung, die Kapelle zu verlegen, und deutete mir gegenüber an, es habe sich dabei um eine bewusste Entscheidung zur Befreiung seines Brennpunkts gehandelt.

Wie im frühen Mittelalter üblich, war die alte Michaelskapelle unmittelbar über dem am stärksten mit den irdischen Kräften verbundenen Zentrum des Orts gebaut worden, um dessen irdische Dimension zu bannen.

Dabei wurde das Bildnis des heiligen Michaels im Kampf mit dem Drachen als ein Symbol des Kampfs gegen die als böse gebrandmarkten »dunklen« Kräfte der Erde und der Natur verstanden. So wurde die Kapelle gezielt an dem Platz erbaut, an dem er, der Alte Weise aus dem Geschlecht der Erdelementarwesen, seinen Thron hatte. Er war es, der im Spiegel der dualistischen Weltanschauung als der bedrohliche Drache wahrgenommen wurde. Die Errichtung der Kapelle genau über seinem Platz war der sichtbare Ausdruck des missverstandenen michaelischen Drachenkampfs, und der Alte Weise war gezwungen, sich in die Erdtiefen zurückzuziehen, von wo er nach eigenem Bekunden durch lautes Gejammer oft die heilige Messe gestört hat.

Die Befreiung seines Sitzes durch die Verlegung der Kapelle bezeichnete der Alte Weise als bahnbrechend. An der Schwelle zum 20. Jahrhundert – die neue Kapelle wurde im Jahr 1893 eingeweiht – hätten die Menschen auf diese Weise ein eindeutiges Zeichen zur Versöhnung mit dem Reich der Elementarwesen gesetzt. Um diesen Vorgang auch bildhaft zu manifestieren, wurde im mittleren Glasfenster der Apsis der neuen Kapelle ein Bildnis des Erzengels Michael so gestaltet, dass die Gesichtszüge des Alten Weisen auf seiner Rüstung erscheinen. Das Antlitz des Alten Weisen ziert den rechten Arm des Erzengels, mit dem er kampfbereit sein flammendes Schwert hält. Damit ist hier der Drachenkämpfer zukunftsweisend nicht gegen die Kräfte der Natur und der Erde gerüstet, sondern die Darstellung schließt die Elementarwesen als Verbündete in seinen symbolisch zu verstehenden Kampf für die göttliche Wahrheit ein.

Daraufhin stellte ich mich dumm und fragte den Alten Weisen, was sein Anteil an der göttlichen Wahrheit sei. Wie bei den Gesprächen mit den Elementarwesen üblich, erwiderte er mir mit einer Gefühlswolke, die meine Intuition geschwind in logische Sätze zu übersetzen versuchte. Ich habe ihn so verstanden, dass die märchenhaften Schätze, die sein Geschlecht zu hüten beauftragt ist, die Lebensweisheit symbolisieren, zu der er ungehinderten Zugang hat. Die ganze Weisheit, die das Ergebnis der Lebenserfahrungen der unzähligen Wesenheiten der Erde ist, schlägt sich in den »Knochen« der Erde – im Gestein – nieder. Das ist der wahre Schatz der Erde, den er verwaltet. Durch seinen Sitz, der sich immer an einem der entscheidenden Kraftbrennpunkte einer Landschaft befindet, konzentriert er die Weisheitsmuster eines Orts an der betreffenden Stelle. So entsteht eine »Quelle«, aus der die Elementarwesen des Bereichs die für ihr Werk entscheidenden Gestaltungsmuster schöpfen können.

Das weibliche Pendant zum Alten Weisen stellt nach meinen Einsichten die »Liebende Alte« dar, die wohl häufig das Vorbild für die Hexenfigur des hässlichen alten Weibs in den Märchen abgegeben hat. Ich habe den

Der Alte Weise aus Türnich, der seine Gesichtszüge auf der Rüstung des Erzengels Michael erscheinen ließ.

Eindruck, dass sie im menschlichen Bewusstsein noch viel nachhaltiger unterdrückt wurde als ihre männliche Ergänzung, da ich sie erst im Spätherbst des Jahres 1993 entdeckte, nachdem ich schon monatelang mit dem Alten Weisen kommuniziert hatte. Der Grund dafür liegt vermutlich darin, dass sie mit der von der patriarchalen Kultur am meisten gefürchteten Schwarzen Göttin in Verbindung gebracht wurde. Zum ersten Mal traf ich auf sie im hinteren Teil des Schlossparks von Murska Sobota im Osten Sloweniens. Ich war dort in den Jahren 1993–94 im Auftrag der Gemeinde an einem Lithopunkturprojekt tätig.

Die Liebende Alte sitzt dort unter einer Akazie, die in ein bewegtes Liebesspiel mit einer Hainbuche verwickelt zu sein scheint. Sie verwies mich auf diese wunderschöne Baumkomposition als Antwort auf meine Frage, wie ihre Funktion im Vergleich zu der des Alten Weisen zu verstehen sei. Nicht die Kraft der Weisheit, sondern die Kraft der Liebe zu konzentrieren, sei ihre Aufgabe. Damit ist die Liebe der Erde – der Göttin Gaia – gemeint, die ausnahmslos jedem Geschöpf auf diesem Planeten zuteil wird.

Die Quelle der Liebe, die durch die Konzentration der Liebenden Alten aufrechterhalten wird, steht ununterbrochen jedem Elementarwesen zur Verfügung, das einen bestimmten Dienst in den Naturreichen leistet, und soll es in seinen Bemühungen stärken. In den Märchen erscheint diese Quelle als der Hexenkessel, in dem die Hässliche Alte ein Zaubergetränk braut.

Die Alte von Murska Sobota gab mir zu verstehen, ich könne im Rindenmuster »ihrer« Akazie ihre gekrümmte Gestalt erkennen, was mir auch gelang. Tatsächlich war mir schon früher immer wieder aufgefallen, dass die Wesenheiten der zweiten Entfaltungsebene aufgrund ihrer fortgeschrittenen Individuation die persönlichen Züge ihrer Gestalt oder ihres Gesichts irgendwo in ihrer unmittelbaren Umgebung in die Materie einprägen. Den Alten Weisen, dessen Gesicht auf dem rechten Arm des Erzengels Michael in Türnich prangt, habe ich schon erwähnt. Ein anderer Alter Weiser auf dem Venushügel der Insel Srakane hat seine charakteristischen Gesichtszüge in den Stein eingeprägt, auf dem er sitzt. Da ich zwei Wochen lang täglich mit ihm konferierte und wir einander recht vertraut geworden waren, fragte ich ihn eines Tages auch, ob er einen Namen trage. Darauf erwiderte er: »Julius – so wie Julius Cäsar.« Auch das Tragen eines Namens können wir als Ausdruck der hochentwickelten Individualität der Elementarwesen der zweiten Entfaltungsebene verstehen. Bei den Wesenheiten der ersten Ebene – ausgenommen die Faune alter Bäume – finden sich keine vergleichbaren individuellen Merkmale.

Hin und wieder treffen wir auch auf einen individuellen Vertreter der zweiten Entfaltungsebene, der in die Annalen der Geschichte eingegangen

Die Liebende Alte, wie sie sich in der Rinde »ihrer« Akazie offenbart.

ist: So wurde in den Jahren 1584 bis 1588 auf Schloss Hudemühlen im Lüneburgischen die Anwesenheit eines Kobolds dokumentiert, der den Namen Hintzelmann als Eigennamen trug.[29] Dieser ließ manchmal »eine kleine Hand gleich eines Knaben oder Jungfrauen Hand« sehen und ließ sich sonst nur von den Kindern oder von einem Narren beobachten. Er berichtete von sich, er habe auch eine Frau namens Hille Bingels, in der wir wohl eher sein weibliches Pendant, die Liebende Alte, sehen dürfen. Hintzelmann soll zur Zeit seiner Anwesenheit auf der Burg die Aufsicht über den ganzen Hof geführt haben, was mit der beschriebenen übergeordneten Rolle der Wesenheiten der zweiten Entfaltungsebene übereinstimmt.

Ein weiteres Merkmal der Naturgeister des Erdelements ist eine für menschliche Begriffe unproportionierte, oft geradezu unangenehme bis hässliche Gestalt, in der sie sich uns zeigen. Schon die Darstellung eines gewöhnlichen Zwergs mit seinem im Verhältnis zu den kurzen Beinen übergroßen Kopf deutet auf eine uns unverständliche »Missgestaltung«, die sich bei den Wesenheiten der zweiten Entfaltungsebene noch zuspitzt. Meiner Einsicht nach spiegeln sich darin die der Erdmaterie eigenen Proportionen, die uns Menschen als geistigen Wesen bei aller Erfahrung mit der Materie fremd und verschlossen bleiben. Als Folge davon können wir die Ästhetik des Irdischen nur als Abweichung von unserem Schönheitsbegriff wahrnehmen, eine Abweichung, die unser Bewusstsein als Hässlichkeit bezeichnet.

Mit einem Elementarwesen irdischer Natur, das der dritten Entfaltungsebene angehört, kam ich erst in Kontakt, nachdem ich meinen Widerstand gegen den Begriff des »Pans« abgebaut hatte. Lange Zeit hatte ich mich dagegen gesträubt, Pan als den Gott der Natur zu akzeptieren, weil ich darin ein patriarchales, der weiblichen Essenz der Erdnatur aufgezwungenes Gedankenmuster sah. Um so mehr war ich verwundert, als ich im September 1993 die Findhorn-Gemeinschaft im Norden Schottlands besuchte und auf einem niedrigen Hügel in der sogenannten Ecke des Pans seine Anwesenheit wahrnahm. Ich erkannte ihn nach der Beschreibung, die Ogilvie Crombie, genannt Roc, von ihm gegeben hatte (vgl. S. 62). Sein Oberkörper glich dem eines Menschen, während er mit gekreuzten, fellbehaarten Ziegenbeinen dahockte.

Ich erhielt von ihm den Impuls, mich zu einer Eiche zu begeben, die den zentralen Kraftbrennpunkt des östlichen Teils des Findhorn-Geländes – Pineridge – bezeichnet. Seitdem sie Mitte der siebziger Jahre gepflanzt wurde, war ich ihr immer tief verbunden. Als ich nun in der Stille dicht

29 Nach Leander Petzoldt, »Kleines Lexikon der Dämonen und Elementargeister«, München 1990, Stichwort »Heinzelmännchen«.

am Baumstamm stand, gab sich der Faun alle Mühe, meine Widerstände abzubauen. Als Erstes wurde die Erinnerung an die Erfahrung eines Alten Weisen in meinem Bewusstsein geweckt, und der Pan wurde mir als eine Weiterentwicklung der Linie Gnom – Zwerg – Elfe – Faun – Alter Weiser vorgestellt. Als Zweites verstand ich, dass der Pan zwar die oberste Instanz unter den Wesenheiten des Erdelements verkörpert, aber nicht für die Natur insgesamt (als eine quantitative Ganzheit) zuständig ist, sondern für die Gesamtheit des Naturlebens in einem bestimmten Bereich.

Da ich in Findhorn ein Erdheilungsseminar für die Landschaft von Morayshire leitete, das eine ganze Woche dauerte, hatte ich in den frühen Morgenstunden ausreichend Gelegenheit, mit dem Pan zu sprechen. Seitdem meine innere Sperre aufgelöst war, floss die Kommunikation zwischen uns ohne Schwierigkeiten. Im unteren Teil seines Körpers, besonders in den fellbehaarten Beinen, erkannte ich Zeichen jener uns unzugänglichen Ästhetik, die den Pan mit dem Zwergengeschlecht verbindet. Ein Gefühl der Scham schlug mir entgegen, als ich für einen Moment beim Anblick seiner Beine an die Beine einer Eidechse erinnert wurde. Mir wurde klar, dass die überlieferte Gestalt des Pans zu sehr der antiken Ästhetik angepasst ist. Sein Oberkörper hingegen offenbarte eine verfeinerte Geistigkeit, die ihn an die Seite der Engelwesenheiten stellt. Seine Gestalt ist offensichtlich ein genauer Ausdruck der dritten Entfaltungsebene der Elementarwesen, die den Übergang zur höherentwickelten Welt der Engel bildet.

Um mir seine Rolle in den Naturreichen zu verdeutlichen, zeigte er sich mir bei einem unserer Zwiegespräche in der Weise, dass ich in ihm alle Aspekte »seiner« Landschaft der Reihe nach sehen konnte. Nun verstand ich, dass er über jeden kleinsten Teil des Lebens in dem ihm anvertrauten Gebiet das vollkommene Bewusstsein aufrechterhält. Meinem inneren Auge eröffnete sich eine unendliche Reihe von Einblicken in die verschiedenen Ebenen der Landschaft. Dabei hatte ich das Gefühl, dass diese Landschaftsaspekte nicht nur in seinem Bewusstsein gespeichert sind, sondern dass der Pan selbst in ihrem realen Dasein überall zugleich anwesend ist. Durch sein stilles Bewusst-Sein der Lebensprozesse in seinem Bereich erfüllt er die Natur mit dem Sinn ihres Seins.

Diese Eigenschaft des Pans, an jedem Platz und in jedem Detail der Landschaft anwesend zu sein, unterscheidet ihn wesentlich von den Wesenheiten der zweiten Entfaltungsebene, die zwar ebenfalls am Gemeinschaftswerk des Formens und Gestaltens der Naturprozesse beteiligt sind, aber doch an die Grenzen ihres Gebiets oder ihrer Aufgabe gebunden bleiben. Die universelle Qualität des Pans wird noch bestärkt durch das Gefühl, dass die Pan-Gestalten der einzelnen Gebiete nicht voneinander zu trennen sind, sondern dass sie letztlich alle einen integralen Pan darstellen,

dritte Entfaltungsebene			Pan
zweite Entfaltungsebene		die Liebende Alte der Alte Weise	
erste Entfaltungsebene	Faune Elementarwesen bei Tier und Mensch Heinzelmännchen, Kobolde Elfen, Zwerge, Gnomen		

Die Ordnung der Erd-Elementarwesen

den Pan des Planeten Erde. Auf diese Weise wird verständlich, warum Pan bei den antiken Griechen als der Gott der Natur galt, obwohl er nicht zu den zwölf Gottheiten des Olymps zählte. Der Verdacht einseitig patriarchaler Vorstellungen schwindet spätestens, wenn wir uns klarmachen, dass der Pan seinen erhabenen geistigen Dienst in der Natur mit gleichrangigen weiblichen Gestalten teilt, und zwar in der Regel mit einer Deva des Ortes als dem höchstentwickelten Wesen des luftigen Elements oder einer Nymphenkönigin, die eine vergleichbare Stellung bezüglich des wässrigen Elements einnimmt.

Dieses ausgewogene geistige Führungsmuster in den Naturreichen lässt sich am Beispiel des Türnicher Schlossparks, der mir am besten vertraut ist, veranschaulichen. Nach meiner Erkenntnis hat hier der Pan des Parks seinen Sitz unter einem alten Ahornbaum an der Seite des großen Ovals, in dem ich die tanzenden und musizierenden Elfen wahrgenommen hatte. Die ovale Lichtung entspricht sozusagen dem Herzen des Parks auf der vital-energetischen Ebene (vgl. meine Ausführungen in »Die Erde heilen«). So verwundert es nicht, dass der Pan des Parks genau dort seinen Sitz hat.

Der Platz ist leicht zu finden, wenn wir den Rundweg um das Oval gehen und dabei in Richtung äußere Parkgrenze schauen. Dort steht unweit des Wegs der erwähnte Ahorn, der sich durch bewegte, tiergestaltige Ausformungen an seinem hohen Stamm auszeichnet. Ganz oben am Stamm habe ich in den Formen auch das Gesicht des Pans mit langem Bart entdeckt. Ihm genau gegenüber, zwei oder drei Schritte jenseits des Wegs, ist die erhabene Gegenwart einer Auennymphe, eingegliedert in eine Reihe von Eiben, verankert. Der Platz wird durch einen ungewöhnlich langen Ast eines anderen Ahornbaums bezeichnet, der sich seitwärts auf der anderen Seite des Wegs befindet. Der Ast wächst wie willkürlich aus dem Stamm heraus, wendet sich noch am Stamm um und beschreibt dann zielstrebig einen Bogen von

Der Pan des Türnicher Schlossparks.

elf Metern, um sich genau über dem Brennpunkt der Landschaftsnymphe fächerartig auszubreiten. Die Nymphe selbst habe ich in der Form einer mindestens fünf Meter hohen, wunderschönen Mädchengestalt wahrgenommen, die aus wogenartigen Kraftwolken zusammengesetzt ist.[30]

Als ich zu einem späteren Zeitpunkt den Park im Rahmen des größeren Geländes betrachtete, das zum Schloss Türnich gehört, musste ich aber feststellen, dass jeder in sich geschlossene Teil der Anlage einen eigenen Fokus des Pans aufweist, und zwar die drei Bereiche des Obstparks – »Aervelholz«, »Rosental« und »Krumme Furche« – einerseits und die Schlossinsel zusammen mit dem hinter dem Schloss gelegenen »Hirschpark« andererseits. Die Sitze des Pans in den drei Bereichen des Obstparks werde ich in den kommenden Jahren durch Steinsetzungen markieren. Der Fokus des Pans im Hirschpark bezieht sich meiner Einsicht nach auf eine weit zurückliegende Zeit, als an diesem Ort ein heiliger Hain der Kelten stand. Noch ganz vom Geist der letzten ihn noch verehrenden Epoche geprägt, zeigte sich mir der Pan des Hirschparks in der Gestalt des keltischen Cernunnos mit dem Hirschgeweih und den charakteristisch untergeschlagenen Beinen, wie er auf dem berühmten Kessel von Gundestrup zu sehen ist.

34 – Übungen zur Wahrnehmung der Erdelementarwesen

Die Welt der Erdelementarwesen resoniert im menschlichen Bewusstsein in einem Chakra (Kraftzentrum), das dem Element Erde zugeordnet ist und das sich zwischen unseren Knien befindet. Trügen wir noch einen schönen, langen Schwanz, würde dieses Chakra am Ende des Schwanzes pulsieren. Um mit der Welt der Erdelementarwesen zu kommunizieren, kann man dieses Chakra zum Ausgangspunkt nehmen:

Sei einige Augenblicke lang dort präsent, wo das Kraftzentrum zwischen den Knien schwingt. Stell dir das Zentrum als eine kleine Kugel vor. Danach gibt es zwei Möglichkeiten:

- Du kannst mit der Kugel vertikal nach unten gehen, so dass du in den unterirdischen Bereich gelangst. Dort öffnest du die Kugel, so wie man ein Auge öffnet. Blicke mit dem Auge rund herum und achte auf deine subtilen Wahrnehmungen. Auf diese Weise bist du in Kontakt mit der unterirdischen Welt der Elementarwesen.
- Du kannst die Kugel aber auch vertikal nach oben aufsteigen lassen, bis sie im Bereich zwischen den Hüften angelangt ist. Wenn du nun

30 Im Fall des Türnicher Schlossparks handelt es sich ursprünglich um eine – heute ausgetrocknete – Auenlandschaft, in der das Pflanzenreich des Pans mit dem wässrigen Element der Nymphe stark verflochten war. Dieser besondere Charakter der Landschaft spiegelt sich noch heute in der beschriebenen Zwillingsposition des Pans und der Auennymphe.

Der Pan des Hirschparks zu Türnich,
wie er sich mir als der keltische Cernunnos offenbarte.

auf dieser Höhe die Kugel wie ein Auge öffnest, bist du mit den Elementarwesen im deinem Umfeld in Kontakt.

Dabei ist es wichtig, ohne Erwartungen und innerlich frei zu sein.

Die Deva des Ortes kann ich im Raumbereich über dem zentralen Weiher an der Schlosskapelle wahrnehmen. Vom Schlosshof aus können wir im Luftbereich über den Baumkronen des Französischen Gartens auf der anderen Seite des Weihers im abgerundeten, konvexen Rand der Baumkronen den Abdruck einer Raumkugel sehen, die unsichtbar darüber pulsiert. Wir können uns die Lichtsphäre als komplementär zu der sichtbaren Kugel der vereinigten Kronen der zwei riesigen Platanen vorstellen, die links darunter, unterhalb der unsichtbaren Sphäre der Deva des Ortes stehen. Eine Deva des Ortes gehört zu den Wesenheiten des Luftelements und regiert deswegen aus dem Luftraum heraus.

Um nun den Aufbau des Reichs der Elementarwesen zu verstehen, müssen wir uns vorstellen, dass nicht nur die Wesenheiten des Erdelements, sondern die entsprechenden Vertreter aller vier Elemente einen dreistufigen Pfad der Entfaltung gehen. Auf diese Weise entsteht das Grundmuster als Produkt aus den drei Entfaltungsebenen, multipliziert mit den vier Elementen Erde, Luft, Wasser und Feuer: $3 \times 4 = 12$.

Bis hierher haben wir systematisch die drei Entfaltungsebenen des irdischen Elements kennengelernt. Aus dem Reich des Luftelements wurden schon einige Wesenheiten erwähnt, die zur höchsten Entfaltungsebene gehören, wie die Meisterin der Fencheldeva, die Ritualdeva aus dem Heiligtum von Gradisča und die soeben im Zusammenhang mit Türnich erwähnte Deva des Ortes. Auch von den zur zweiten Entfaltungsebene gehörenden Wesenheiten des Luftelements habe ich schon einige beschrieben, darunter die Raumfeen, die für die Koordination der Prozesse in einer Region sorgen, eine Pflanzendeva, die die Gruppenseele einer Pflanzenart verkörpert, und eine Waldfee, die als Begleiterin der Tiere Dienst tut. Nur die einfachste, die erste Ebene, blieb bislang unerwähnt.

Bei diesen Wesenheiten handelt es sich meiner Erfahrung nach um eine Vielfalt von Feen und Sylphen. Die Feen haben mit der räumlichen Ausdehnung des Lebens zu tun, die Sylphen hingegen mit den Bewegungen im Raum, wie zum Beispiel mit der Gestaltung von Windströmungen. Bei einer Gelegenheit konnte ich beobachten, wie der Elf[31] einer Rose und eine winzige Fee in ihren Bemühungen zusammenwirkten, um eine Rosenblüte hervorzubringen. Es sah aus wie bei einer Geburt: Der Elf drückte aus dem

31 Elfen kommen in der weiblichen und in der männlichen Form vor. Vgl. Leander Petzoldt, »Kleines Lexikon der Dämonen und Elementargeister«, München 1990.

Die Deva des Ortes über dem zentralen Weiher in Türnich.
Links die Schlosskapelle.

dritte Entfaltungsebene			Deva-Meisterin Deva des Ortes Ritualdeva
zweite Entfaltungsebene		Raumfeen Pfanzendeva Waldfee	
erste Entfaltungsebene	Sylphen Feen		

Die Ordnung der Luft-Elementarwesen

Inneren der Pflanze heraus nach außen, während die Fee außen im Raum schwebte und die Rolle der »Hebamme« übernahm. Sorgfältig zog sie die einzelnen Blütenblätter nach außen und entfaltete sie im Einklang mit dem Urmuster der Rose. Die Fee hatte in diesem Fall etwas mit der Rose als einer Manifestation im Raum zu tun. In einem lebendigen Garten dürfte es unzählige Feen ähnlicher Art geben.

Während eines Flugs von London nach Belfast habe ich Sylphen beobachtet, die das Flugzeug begleiteten und meiner Meinung nach seine Bewegung durch den Raum überhaupt erst ermöglichten. Sie flogen an der Seite der Maschine mit, wobei sie sich rhythmisch nach vorn und zurück bewegten. Dabei stellte die Flugzeugwand kein Hindernis für sie dar, so dass sie teilweise auch in das Flugzeuginnere eindrangen. Einige von ihnen drehten sich gelegentlich überrascht um und schauten zurück, als sie bemerkten, dass einer der Reisenden sie beobachtete, was für sie wohl äußerst ungewöhnlich war.

35 – Die Übung mit der Biene

Die beste Übung zur Erfahrung von zwei verschiedenen Entfaltungsebenen der Luftelementarwesen ist die mit der Biene. Ich habe sie über längere Zeit hinweg entwickelt. Die Idee dazu kam mir, als ich einmal eine Biene beobachtete, wie sie in eine wunderschöne Glockenblume hineinkroch, um Nektar zu holen. Da erinnerte ich mich an Märchenbücher, die kleine Feen beim Bemalen der Blüten darstellen. Ich bin überzeugt, dass die Qualität der Farbe einer Blüte von der Feenwelt – also vom Bewusstsein des Luftelements – aufrechterhalten wird. Insofern repräsentieren Blüten den kleinsten Feenraum, den es gibt. Da jedoch dieser Feenraum jenseits von räumlich-zeitlichen Beschränkungen pulsiert, kann er zugleich unendlich weit werden. Es müsste doch interessant sein, einer Biene nachzugehen und den winzig-großen Feenraum selbst zu erfahren!

In der Tat begann ich allerlei Farbräume zu entdecken, nachdem ich gelernt hatte, mich in meiner Imagination in den Blütenraum hineinfallen zu lassen. Als ich wieder einmal in die atemberaubende Schönheit eines Blütenraums eingetaucht war, kam mir der übermütige Gedanke, darinnen einen Purzelbaum zu schlagen. Unglaublich! Im nächsten Augenblick fand ich mich auf einer höheren Ebene des Feenbewusstseins wieder, und zwar auf der Ebene des Urbilds der betreffenden Pflanze, im Raum ihrer Deva. Dies ist ein kosmischer Raum, der durch unser Bewusstsein kaum in eine logische Darstellung übersetzt werden kann. Aber allein seine Schwingung zu erfahren, ist der Mühe wert. Hier ist die Übung:

- Suche eine Blume auf, die blüht.
- Neige dich der ausgewählten Blüte zu, und schau sie aufmerksam und liebevoll an.
- Schlüpfe im richtigen Moment in die Blüte hinein, so wie es eine Biene tut, wenn sie Nektar sammelt.
- Jetzt schau dich um und spüre, wie sich die Qualität des Innenraums einer Blüte anfühlt. Sei dir bewusst, dass du dich auf der Ebene des Feenbewusstseins befindest, das für die Farbqualität der Blüten zuständig ist.
- Schlägst du gleich danach in deiner Vorstellung einen Purzelbaum nach vorne, so findest du dich auf einer höheren Ebene wieder. Es handelt sich um die Ebene des urbildlichen Bewusstseins der betreffenden Pflanzenart, um die Welt der Devas.
- Danach werde dir wieder der Blüte und ihrer äußeren Schönheit bewusst, und kehre in das tägliche Bewusstsein zurück.

Die Übung sollte mit verschiedenen Blumenarten ausgeführt werden, um sich in der Kraft der Unterscheidung zu üben.

Als Nächstes wollen wir uns den Wesenheiten des wässrigen Elements widmen. Zwei von ihnen, die der ersten Entfaltungsebene angehören, habe ich bereits im ersten Kapitel erwähnt, nämlich die Elementarwesen, die in den unterirdischen Gewässern angesiedelt sind und von dort aus für das Gleichgewicht innerhalb der Erdkruste sorgen. Sie haben sich mir in dem Urbild des Weltfischs Faronika aus dem slowenischen Märchen gezeigt. Ferner habe ich im Zusammenhang mit der zerstörten Quelle hinter unserem Haus Nixen erwähnt, die traditionell die Quellen, Flüsse, Seen und Moore beleben. Sie zeigen sich den Menschen im Gegensatz zu den Erdelementarwesen in Gestalt wunderschöner Mädchen. Wenn sie einen Fischschwanz tragen, so ist dies eher symbolisch als Ausdruck ihrer Zugehörigkeit zum Wasserelement zu verstehen und nicht unbedingt als ein Merkmal ihrer Gestalt.

Am Hang des Venushügels auf der Insel Srakane habe ich im Sommer 1993 eine Gruppe von Nixen bei ihrem Dienst an der Landschaft beobachtet. Ich war verwundert, sie auf einem vollkommen trockenen Platz tanzen zu sehen – die karstige Insel besitzt kein Oberflächenwasser, und das Meer, das die Insel umgibt, wird durch die Undinen, eine andere Art von Wesenheiten mit anderen Aufgaben, belebt.

Erst später, als ich den Ort radiästhetisch untersuchte, fand ich heraus, dass sich der Nixentanz über einem unterirdischen Wasservorkommen abspielte. Für diese Wesenheiten ist weniger das physische Wasser bedeutsam als vielmehr die Strahlung der Wasserkraft, die an der betreffenden Stelle reichlich vorhanden war.

Zunächst hatte ich allerdings keinen Tanz, sondern eher so etwas wie waagerecht übereinandergestapelte, kreisrunde Lichtplatten gesehen, die sich um den mit Wasserstrahlung durchtränkten Mittelpunkt im Uhrzeigersinn drehten. Erst als ich auf meine Bitte hin von dem Faun einer benachbarten Kiefer in meiner Wahrnehmung unterstützt wurde, vermochte ich, eingewoben in die Drehbewegungen, den rhythmischen Tanz der Nixenwesen zu erkennen, mit dem sie die Lebenskraft des Wassers, die in ihrer Mitte emporquoll, durch die Landschaft verteilten. Ihr Kreisen, das sie immer wieder zum Zentrum zurück und dann wieder nach außen schwingen ließ, führte sie nie weiter als vierzig Schritte vom Zentrum weg. Auf meine Frage, wie sie denn auf diese Weise die ganze Landschaft mit der Lebenskraft des Wassers erreichen könnten, vermittelte mir der Faun eine Vorstellung von der Möglichkeit des Einwirkens durch Resonanz. Diesem Bild entnahm ich, dass sie ihren dienenden Tanz auf dem hochenergetisierten Platz stellvertretend für den gesamten ihnen anvertrauten Bereich leisten. Wenn die Nixen zum Beispiel in einem Fluss oder an einem See dienen, üben sie ihren Tanz am Ufer aus, aber er geht nie weiter als die erwähnten vierzig Schritte ins Land hinein. Von diesem Zentrum aus verbreitet sich die Wirkung wellenartig weiter.

36 – Die Wirkung der Umweltgeister aufgrund der Resonanz

Die geomantische Arbeit mit Bächen und Flüssen brachte in den späteren Jahren mehr Wissen darüber, wieso der Tanz der Nixen so eine belebende Wirkung auf die umliegende Landschaft ausüben kann.

Das Wasser eines Flusses ist reich an Kraft des wässrigen Äthers, also mit der lebensbeschleunigenden Kraft. Sie bliebe jedoch in den

Der rhythmische Tanz der Nixen, beobachtet auf der Insel Srakane.

Wassermolekülen gefesselt, würde sie nicht durch die beschriebene rituelle Tätigkeit der Nixen von dort herausgeholt und in der Landschaft verteilt werden.

Um den »Tanz der Nixen« aus der märchenhaften Sprache ins Moderne zu übersetzen, sollte man sich eine Bewusstseinswelle vorstellen, die den Strom eines Flusses oder Bachs begleitet. Diese »stehende Welle« des Nixenbewusstseins rollt in der Gegenrichtung zum Wasserlauf des Flusses ab, also von seiner Mündung in Richtung Quelle. Dies bewirkt eine dynamisierende Polarisierung. Die Rhythmik des Flusslaufs wird gewissermaßen in umgekehrter Richtung in den rituellen »Tanz der Nixen« übersetzt.

Dazu kommt, dass ein Fluss entlang seines Laufs ein System von Yin-Yang-polarisierten Landschaftspunkten zur Unterstützung aufrechthält. Dadurch entsteht dem Fluss entlang ein hoch energetisierter Landschaftsraum, der dem Nixentanz als Resonanzraum dient.

Dies erklärt auch, warum die rituelle Tätigkeit der Nixen nicht im Wasser selbst stattfindet, sondern von der Qualität des Uferbereichs abhängig ist. Die Distribution der belebenden Wasserqualität kommt durch die Interaktion zwischen dem Flusslauf und dem umgebenden landschaftlichen Kraftsystem zustande. Beide Ufer des Flusses stellen die Schnittstelle zwischen den beiden Ausdehnungen des Raums dar. Dort wird das belebende Tanzritual der Nixen pausenlos ausgeführt, wodurch die Landschaft in gewisser Weise »aufgeweicht« wird, um die Lebenskraft und die paradiesische Qualität des Wasserelements überhaupt aufnehmen zu können.

Aber oh weh, wenn die Ufer der Flüsse begradigt und durch technische Wehranlagen verstümmelt werden! Dann gibt es kaum noch eine Möglichkeit für Menschen und Landschaften, an der Lebensfülle der Flüsse und Bäche teilzuhaben.

Zwar handelt es sich beim Dienst der Wasserwesen zunächst um die Ausbreitung der weiblichen Qualität des Wassers, da aber die Naturreiche immer in einem gewissen Gleichgewicht ruhen, gibt es unter den Wasserelementarwesen auch männliche Gestalten. So habe ich schon häufiger einen Wassermann angetroffen. Seine Gestalt erinnert oft an den Panzer eines Krebses oder an eine riesige Kröte. Dunkelbraune Töne scheinen sein Wesen am besten auszudrücken. Er vermittelt den Eindruck eines einsam in die Tiefen des Wassers zurückgezogenen Wesens, das keine andere Aufgabe hat, als den Yang-Pol des Wassers aufrechtzuerhalten. Nur einmal habe ich an einem Yang-Kraftzentrum am Ufer der Ljubljanica in der Nähe von Ljubljana eine ganze Gruppe von Wassermännern wahrgenommen, die mit tiefen, feierlichen Stimmen im Chor sangen. Schnee bedeckte den Boden, und dichte Nebelschwaden lagen über dem Fluss: Wasser über Wasser.

Der zweiten Entfaltungsebene der Wasserelementarwesen gehören die Nymphen an, die einem Fluss, einem See oder einem Auengebiet seine Individualität verleihen. Besonders schön sind die Quellnymphen, die die Geburt des Wassers aus dem Erdinneren begleiten. Oft entwickeln sie ihren Ort zu einer Quelle der Heilung und des Segens und werden dadurch gern zu einem Anziehungspunkt menschlicher Verehrung. Ein Beispiel dafür fand ich in Ljubljana, wo an einer winzigen Quelle eine Marienkapelle in Form einer künstlichen Grotte gebaut worden war, die von vielen Kranken und Verzweifelten aufgesucht wird. Als ich unter den Betenden stand, sah ich die wundersame Gestalt einer Quellnymphe, deren Schwingung durch die Kapelle und noch einige Meter über sie hinaus pulsierte und die tatsächlich in der Gestalt der Jungfrau von Lourdes erschien, als die sie hier verehrt wird. Sie ist von einem ganzen Gefolge umgeben, mehreren Nixen, einem Wassermann, der in Form einer riesigen Kröte erschien, und einem Quellenzwerg. Sie haben ihre Brennpunkte im Bereich der Quelle um die Kapelle herum verankert.

Im Fall der Jungfrau von Lourdes am Stadtrand von Ljubljana – und dasselbe gilt für viele ähnliche Kapellen überall in Europa – ist den Gläubigen nicht im geringsten bewusst, dass es ein höherentwickeltes Naturwesen aus dem Geschlecht der Quellnymphen ist, das hier den göttlichen Segen spendet. Offenbar gibt es keine hellsichtigen Menschen mehr, die den Trostsuchenden die Wahrheit sagen würden, oder es wird den Menschen nicht zugetraut, zu akzeptieren, dass ein tröstender und heilender Segen durch ein Elementarwesen ausgegossen werden kann.

Ganz anders erging es einer Quellnymphe noch zur Zeit der Antike. Einem ganz besonderen Umstand verdanke ich, dass mir ihre Rolle in der damaligen Kultur bei einem Besuch der Glyptothek, einem Teil der Antikensammlung am Königsplatz in München, am 18. November 1993 gezeigt wurde. Gleich im ersten Saal wurde ich von einem kaum beachteten weiblichen Marmorkopf angezogen, der auf einem schmalen, hohen Sockel angebracht ist. Mit einem Fragezeichen versehen, wird er als unvollendeter Kopf einer Sphinx von den Ägäischen Inseln gedeutet und in die Periode 570–560 v. Chr. datiert.

Meiner Ansicht nach ist der Kopf durchaus vollendet, allerdings nicht von einer geübten Hand gefertigt worden. Ich konnte wahrnehmen, wie er ursprünglich eine rituelle Funktion innehatte. Den Marmorkopf sah ich oben an einem vermutlich hölzernen, glockenförmigen Gestell angebracht. Das Gestell war übersät mit bunten Stofffetzen, die daran angebunden waren. Mir kam die Erinnerung an eine heilige Quelle in Dungiven

(Nordirland), die ich während meiner Lithopunkturarbeiten besucht hatte. Nach keltischer Art werden dort noch heute Stofffetzen in die Äste der umgebenden Büsche gebunden. Die Heilungsuchenden tauchen einen Stoffstreifen in das heilige Wasser der Quelle und binden ihn an einen Ast des Strauchs an, während sie innerlich ihre Bitte aussprechen. Es heißt, die Heilung werde sich im selben Zug verwirklichen, wie der Stoffstreifen vom Wind getrocknet wird. Bei dem Marmorkopf dürfte es sich mithin um die Gestalt einer Quellnymphe handeln, die am Platz ihrer Verehrung durch ein Ebenbild in Stein und Holz für die Gläubigen sichtbar gemacht wurde, da die Fähigkeit des Hellsehens auch schon in der Antike nur noch wenigen Menschen vorbehalten war.[32]

Der Kopf, der sich nun in dem Münchener Museum befindet, diente dazu, das individuelle Bewusstsein der verehrten Quellnymphe vorstellbar zu machen, das glockenförmige Gestell mit den farbigen Fetzen, das freilich längst verrottet ist, ihren Kraftkörper. Es war mir jedoch nicht verständlich, warum die Quellnymphe mit ihrer kraftvollen Gegenwart hier im Museum zu spüren war, während sich die Quelle, die sie hüten sollte, weit entfernt in Griechenland befindet.

Da kam mir plötzlich die Eingebung, die Nymphe zu bitten, den bunten Mantel beiseitezuschieben und ihren Körper zu entblößen. Beim Anblick ihrer unbeschreiblichen Schönheit fiel mir auf, dass sie auf ganz bestimmte Weise verkrüppelt war. Ich suchte nach dem Grund dafür und nahm einen stark verdunkelten Punkt an der Stelle des dritten Auges an »ihrem« Marmorkopf wahr. Es sah so aus, als sei der Kraftkörper der Nymphe durch eine magische Handlung an den Marmorkopf genagelt worden, vermutlich, um ihre lichtvolle, schwingende Gestalt für den kultischen Zweck tiefer in die Materie hinabzuziehen. So vermochte sie sich auch später, als ihr Kult längst vergessen war, nicht mehr von ihrem steinernen Abbild zu befreien. Was von Menschen durch Magie befestigt ist, kann nur durch einen wissenden Menschen aufgelöst werden.

Im 19. Jahrhundert, als die antiken Steine für den König von Bayern aus Griechenland verschleppt wurden, hatte sie unerkannt wie eine Sklavin mitkommen müssen. Entsetzt über ihr Schicksal, fragte ich sie, ob ich etwas zu ihrer Befreiung unternehmen könne. Nein, erwiderte sie mir, sie habe sich inzwischen im Museum zurechtgefunden und übe hier weiter ihre wahre Funktion aus. Sie sei glücklich darüber, nun jeden Besucher der

32 Vermutlich ist die Fähigkeit des Hellsehens beim durchschnittlichen Menschen bereits durch die verstärkte Ausbildung des verstandesmäßigen Denkens in der Zeit zwischen dem Neolithikum und der Antike fast vollständig erloschen. Es gab allerdings in der Antike noch hellsichtige Individuen, die als Seher eine besondere Rolle gespielt haben.

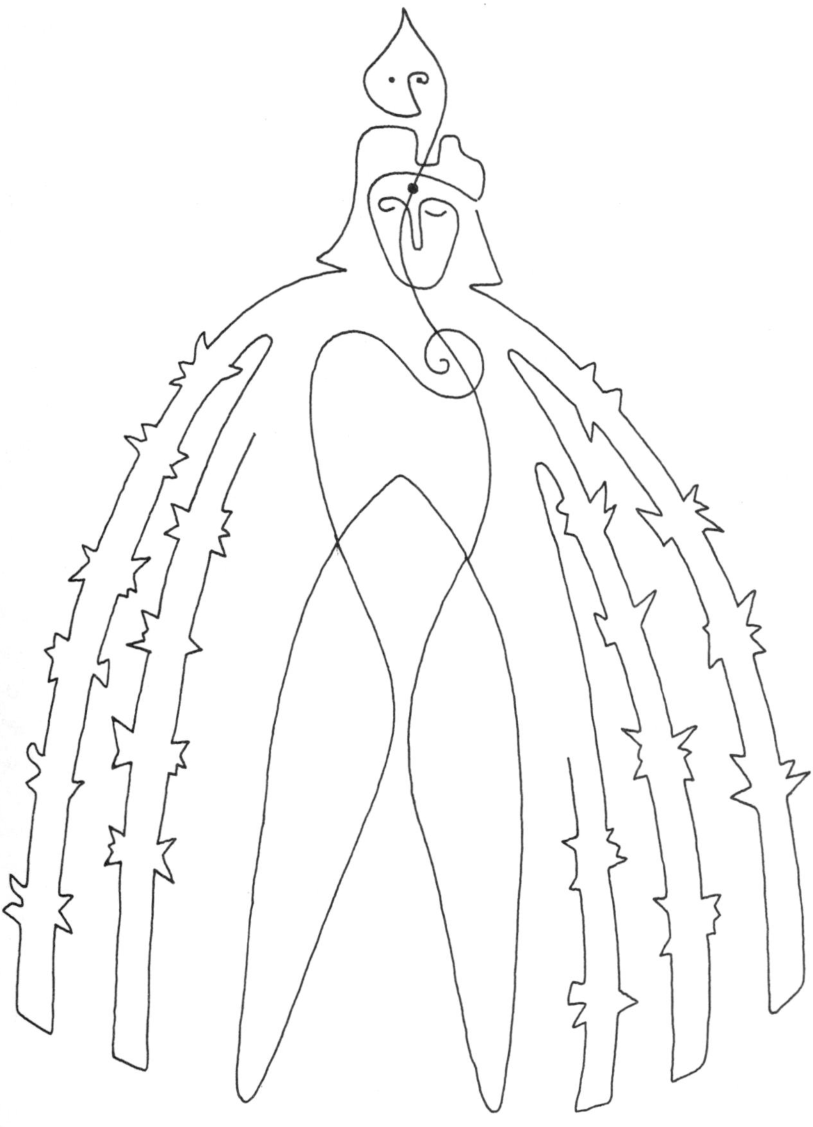

Die Quellnymphe, die an einen antiken Marmorkopf »angenagelt« ist, schlägt für einen Augenblick ihren bunten Mantel auf (Glyptothek München).

Glyptothek segnen zu können. Übrigens sei sie im Museum nicht allein, denn im Nachbarraum wohne noch ein Satyr – nach unseren Vorstellungen ein Zwerg. Tatsächlich konnte ich ihn in einem stark beschädigten Steinrelief in Form eines strahlenden Lichtfunkens sehen. Das Relief wird als »Sitzender Gott oder Heros unter einem Baum« bezeichnet. Der Künstler hatte das Elementarwesen aus dem Stein herausgeholt und mit der Kraft seiner Vorstellung an den eingemeißelten Baum fixiert, von wo es das Haupt des Heros bestrahlen sollte.

37 – Die erhabenen Wesenheiten des Fox Basins

Um die Betrachtung der dritten Entfaltungsebene bei Wesenheiten des Elements Wasser einzuleiten, berichte ich über eine Erfahrung während eines Flugs von London nach Vancouver. Es geschah am 31. Mai 2006. Die Flugroute führte in einem weiten Bogen über den Norden Kanadas. Nachdem wir schon einige Stunden lang geflogen waren, spürte ich plötzlich eine enorme Wärme im Herzbereich. Sie schwand nicht, sondern dauerte und dauerte. Woher kam sie? Rühre dich!

Als Erstes orientierte ich mich schnell auf dem Bildschirm, wo wir uns gerade befanden: Wir flogen über das Fox Basin nördlich der Hudson Bay. Dann zog ich schnell die Karte von Kanada aus der Tasche und breitete sie zwischen den engen Sitzreihen aus, um die überwältigende Erfahrung zu erden. Nachdem ich wusste, wo wir waren, konzentrierte ich mich erneut auf die Herzenswärme, die ich gerade erlebt hatte. Mir wurde bewusst, dass wir gerade durch das Aura-Kraftfeld einer Gruppe der erhabenen Wesenheiten flogen, die über dem Fox Basin schweben. Ich würde sie gern als Devas des nordamerikanischen Kontinents bezeichnen. Ihre wässrige Grundqualität war nicht zu übersehen, aber noch bezeichnender war ihre Herzenskraft, die sich vom Norden über den ganzen Kontinent ergießt. In mir entstand ein Gefühl von erhabener mütterlicher Fürsorge, wobei die Landschaft Nordamerikas das Kind darstellte.

Ich übertrug die Erfahrung sofort auf die geografische Karte, um zu verstehen, wie sich die Interaktion zwischen der Deva-Gruppe, die am Scheitel des Kontinents schwingt, und den Landschaften Amerikas entfaltet. Nicht durch den Luftbereich, sondern durch die Unterwelt werden vom Fox Basin aus feine Kraftfäden ausgebreitet, die unterirdisch zu verschiedenen Plätzen führen, die als Ausgießungspunkte der von den Devas des Fox Basins ausgehenden Impulse dienen. Ich konnte unter meinen Fingern spüren, wie die Qualität, die über dem Fox Basin zu fühlen war, stark verdünnt über den nordamerikanischen Kontinent verteilt wird.

Um die Übersicht über die Elementarwesen des wässrigen Elements abzurunden, bleibt mir noch, über die dritte Entfaltungsebene zu sprechen. Ein Wesen dieser Ebene habe ich schon ausführlich vorgestellt, als ich von der Schönen Vida, der Herrin des Wasserelements, erzählte (vgl. Kapitel 1). Doch muss ich noch von der Nymphenkönigin berichten, die ich auf dem Mönchsberg über der Stadt Salzburg antraf. Das Gespräch mit ihr kam während eines Seminars über die Stadtlandschaft von Salzburg im Oktober 1993 zustande. Da ich die Absicht hatte, den Seminarteilnehmern alle drei unsichtbaren Dimensionen einer Stadtlandschaft – die vitalenergetische, die emotionale und die seelisch-geistige Dimension – vorzustellen, suchte ich während der Vorbereitungen auch nach einem Ort, an dem die Elementarwesen als Träger der emotionalen Dimension ihren Sitz hätten. Den entsprechenden Platz fand ich auf dem Mönchsberg unmittelbar über dem Zentrum von Salzburg, entlang einer schmalen, asphaltierten Straße, die zum Casino hinaufführt. Es gibt dort einen bewaldeten Hang, wo auf mittlerer Höhe eine kleine Quelle sprudelt, die in einem steinernen Brunnen gefasst ist. Da ich um diese Quelle herum alle unterschiedlichen Arten von Elementarwesen angesiedelt fand, würde ich den Ort als einen Naturtempelbezirk von Salzburg bezeichnen. Leider wird der kostbare Platz durch die Straße brutal zerschnitten und durch den Nachtverkehr gestört.

Während des Seminars führte ich die Gruppe auch zu diesem Ort, und die Teilnehmerinnen und Teilnehmer hatten zwanzig Minuten Zeit, um sich mit einzelnen Brennpunkten der Elementarwesen vertraut zu machen. Mich zog es zu der Quelle, und ich bemerkte, dass der Felsen, der links den Brunnen überragt, die Form eines Froschs mit den charakteristisch hervortretenden Augen hat. Auf dem Frosch wie auf einer erhabenen Plattform stehend sah ich die hohe Gestalt einer Nymphenkönigin von unbeschreiblicher Schönheit, die in allen Abstufungen von Weiß erstrahlte. Dass sie der höchsten Entfaltungsstufe der Wasserelementarwesen angehörte, erkannte ich an der diademartigen Krone, die sie auf ihrem Haupt trug und deren Mitte ein silbergrauer, rundgeschliffener Edelstein wie ein Kosmogramm zierte.

Für einen Augenblick lang zeigte sie sich mir wie eine Schutzmantelmadonna, die die ganze Menschheit unter ihrem Mantel birgt. Die Nymphenkönigin aber hatte anstelle der Menschen alle Arten von Elementarwesen unter ihrem Schutzmantel versammelt. Dann sprach sie zu mir: »Ich und meine Leute, wir bemühen uns, diesen Naturtempel aufrechtzuerhalten. Ihr Menschen verderbt vieles; wir bleiben unserer Aufgabe treu.« Entsetzt sagte ich: »Die Menschen hören nicht auf, ihr Unwesen zu treiben.« Ihre Antwort lautete schlicht: »Sie werden die Kraft der Elemente zu spüren bekommen.«

dritte Entfaltungsebene			Nymphenkönigin Landschaftsnymphe
zweite Entfaltungsebene		Nymphen: Quellnymphe, Auennymphe usw.	
erste Entfaltungsebene	Nixen, Undinen, Wassermänner, Geister des Gleichgewichts		

Die Ordnung der Wasser-Elementarwesen

38 – Hüter des zukünftigen Raums

Beeindruckend war auch die Botschaft, die ich in Prag im Sommer 2006 von einer Gruppe von Elementarwesen erhalten habe. Es geschah während eines Workshops, den ich zu beiden Seiten der Moldau in der Nähe der Karlsbrücke hielt. Während der Voruntersuchungen hatte ich entdeckt, dass es unter dem Fluss im Bereich zwischen den beiden Ufern, also mitten in Prag, einen reich gegliederten unterirdischen Raum gibt. Die Qualität dieses ätherischen Raums unterhalb der Moldau gleicht dem Samen eines Raums, den es an der Erdoberfläche noch nicht gibt. Ich sah gewissermaßen den Samen eines zukünftigen Raums.

Nun erinnerte ich mich an das »Goldene Prag« des 16. Jahrhunderts, als man die Stadt als Verkörperung des Neuen Jerusalems pries. Das Neue Jerusalem meint einen Raum des universellen Friedens und der Vollkommenheit, der erst in der Zukunft nach einer grossen Wandlung möglich wird. Auch das Neue Jerusalem gleicht einem Samen, der erst in der Zukunft aufkeimen wird.

Im Workshop am nächsten Tag leitete ich die Gruppe zu Wahrnehmungsübungen auf beiden Ufern der Moldau an, um der Erfahrung dieses neuen Raums und seiner Bedeutung als Samen näherzukommen. Besonders kostbar war dabei die Berührung mit einer Gruppe von Elementarwesen auf der Flussinsel Kampa. Während des Austauschs nach der Wahrnehmungsphase wurden die Elementarwesen von den Seminarteilnehmenden mehrmals mit dem Ausdruck »Hüter des Samens« bezeichnet. Es handelte sich offenbar um eine Gruppe von Wasserwesenheiten, die mit dem Geheimnis des Samens des neuen

Raums vertraut sind. Im letzten Kapitel berichte ich noch mehr über solche Wesen.

Während ich den Berichten der Seminarteilnehmerinnen und -teilnehmer zuhörte, tauchte in meinem Bewusstsein eine ganz klare Stimme der beschriebenen Wesenheiten auf, in deren Heim wir während des Austauschs saßen. Die Stimme sagte: »Ihr werdet den Zusammenbruch des alten Erdraums erleben. Es wird vierzig Tage lang Verwirrung herrschen. In dieser Zeit werden wir aus solchen Samen den neuen Erdraum schaffen. Seid getrost, das Leben geht weiter.«

Als Letztes bleibt mir noch, die Elementarwesen des Feuers vorzustellen. Im Licht meiner Erfahrung mit dem Komposthaufen in Kiel habe ich sie bisher nur als Geister der Wandlung beschrieben. Schwingungsmäßig habe ich ihre Brennpunkte später an verschiedenen Orten wiedergefunden, aber nie haben sie sich mir dabei gezeigt. Das Feuer ist wohl ein besonders geheimnisvolles Element! Im August 1993 fand ich einen von Feuergeistern belebten Platz am Fuß des bereits häufiger zitierten Venushügels auf der Insel Srakane. Einen Augenblick lang glaubte ich, eine Schar tanzender Feuergeister zu sehen, die den nordischen Trollen nicht unähnlich waren. Die Trolle kannte ich aus Büchern nur als unvorstellbar dumme und bösartige Wesenheiten.[33] Zufrieden, die Feuergeister »identifiziert« zu haben und endlich in eine bekannte Schublade einordnen zu können, wollte ich schon nach Hause gehen, um meine Beobachtung niederzuschreiben, als mich eine Stimme einholte: »Für euch Menschen sind wir wohl nichts als Quälgeister!« Nun war ich beschämt, denn sofort wurde mir klar, dass ich die Feuerwesen durch meine falschen Vorstellungen versklavt hatte. Ich kehrte daher häufiger an ihren Platz zurück und versuchte, sie in der Meditation unbeeinflusst von unseren menschlichen Missverständnissen wahrzunehmen. Es war unglaublich schwer, mich durch die Vorurteile hindurchzuarbeiten. Dennoch hatte ich das Gefühl, dass mir von der anderen Seite durch Bilder, die neue Vorstellungen in mir aufkommen ließen, geholfen wurde. Immer wieder wurde mir das Bild strahlenden Lichts geschickt, bis ich verstand, dass Feuer nicht nur mit einer Flamme und mit Verbrennungsvorgängen zu tun hat, sondern auch mit Lichtstrahlung, Lichtwerdung und sogar mit dem Sichtbarwerden der Welt durch das Licht.

Plötzlich verstand ich die tiefgreifende Rolle der Feuergeister als Schöpfer der sich im Sichtbaren offenbarenden Welt, eine Rolle, die allein dem

33 Vgl. Rien Poortvliet und Wil Huygen, »Das große Buch der Heinzelmännchen«, München 1992, und von denselben: »Das geheime Buch der Heinzelmännchen«, München 1993.

allmächtigen Gott zugeschrieben worden war, ohne dabei zu bedenken, dass sie in jedem Augenblick, hier und jetzt, durch jemanden verwirklicht werden muss, damit wir uns an der Welt als einer manifestierten Realität erfreuen können. Es wurde mir bewusst, dass sich die drei von uns so stark beachteten und so hoch geschätzten Elemente Erde, Wasser und Luft allein auf die dünne Kruste des Planeten beziehen und auf die relativ kurze Zeitspanne ihrer Entfaltung. Was die Erde in ihrem tiefsten Sein bestimmt, ist das Feuerelement mit seiner ungeheuren Lebenskraft, genauer gesagt, mit seinem uneingeschränkten Willen zum Sein.

Insofern wäre es falsch, mit der Betrachtung der Entfaltungsebenen der Feuerwesen auf der Erdoberfläche zu beginnen. Die tiefste Ebene stellen nämlich die Geister der Erdmitte dar, die im Erdinneren über das Schicksal unseres Planeten walten. Erst auf der zweiten Entfaltungsebene gliedern sie sich ein in die Aufgaben innerhalb der Naturreiche als Wesenheiten, die die Lebensprozesse zur Reife führen und dann immer weiter durch die Zersetzungs- und Wandlungsprozesse hindurch bis an die Schwelle zur Neugeburt. Dazwischen liegt für die Naturwesenheiten die Periode der Regeneration in der lodernden Lebenskraft des Feuers.[34]

Auf der dritten Entfaltungsebene, die der zweiten Ebene bei den Erd-, Luft- und Wasserwesenheiten entsprechen würde, befinden sich die erwähnten Geister des Lichts und der Lichtschöpfung. Auf meine Bitte hin hat mir der Pan von Findhorn eine solche Wesenheit im Bereich des St. Barbe-Bakers-Wood in Pineridge gezeigt. Ich sah einen fast unerträglich hell strahlenden Lichtkörper, von dem aus sich das Licht sphärenartig in verschiedenen Abtönungen ausbreitete. Der Anblick dieses göttlichen Wesens hat mich zutiefst ergriffen.[35]

Auf der vierten Ebene der Entfaltung finden wir die Geister der Inspiration, die im Bereich der Kunst und im Leben allgemein die geistige Rolle des feurigen Elements verwirklichen. Sie dienen als Mittler der Eingebungen, die aus der Engelwelt herbeifließen, sowie der kosmischen Urmuster, nach deren Vorbild ein Kunstwerk erschaffen wird. Aus der antiken Tradition sind sie uns als die Musen bekannt. Am Beispiel der tanzenden Musenschar über der Kathedrale von Ljubljana während eines Geigenkonzerts hatte ich ja bereits Einblick bekommen in ihre wichtige Funktion bei der Entstehung von Musik (vgl. Kapitel 2).

34 Die Vorstellungen vom Fegefeuer und von der Hölle erscheinen in diesem Zusammenhang als eine verdrehte Wahrnehmung des lebensfördernden Urreichs der Feuergeister in der Erdmitte.

35 Als hilfreich empfinde ich außerdem die Beschreibung der Feuergeister durch Geoffrey Hodson in seinem Buch »The Kingdom of the Gods«, mit Farbzeichnungen von Ethelwynne M. Quail.

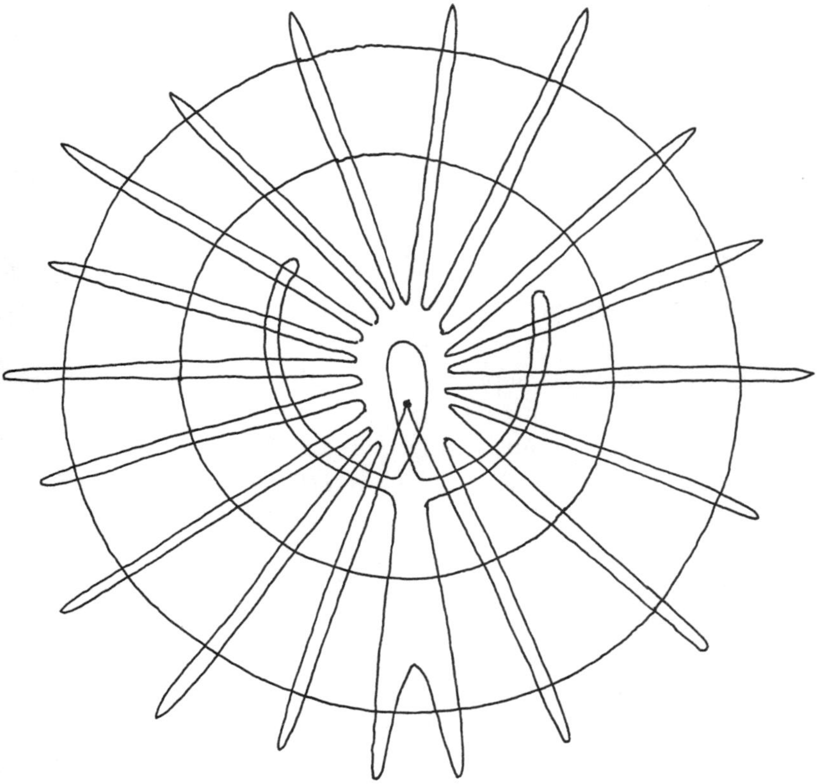

Ein Geist der Lichtschöpfung, den ich in Pineridge beobachtet habe.

Als ich die Glyptothek in München besuchte, nahm ich außer der erwähnten Quellnymphe zwei erhabene Musen wahr, die in den Sälen VII und IX zwei Marmorstatuen der Göttin Athene beseelen. Es handelt sich um Skulpturen vom West- und Ostgiebel des Tempels von Ägina aus der Epoche 510–480 v. Chr. Zuerst erkannte ich die Muse, die zur Skulptur des Westgiebels gehörte. Ich konnte sie schwingungsmäßig als eine die Skulptur etwas überragende Replik wahrnehmen. Die gefühlsmäßige Überprüfung mit der Hand bestätigte mir, dass es sich dabei um einen Feuergeist handelte: Mein ausgestreckter Arm begann sich nach links zu heben, was meinem Code für die Anwesenheit von Feuerelementarwesen entsprach.

Diese Wahrnehmung empfand ich als Aufforderung, mich intensiver in die Beziehung zwischen den beiden Athene-Skulpturen und den beiden Musen zu vertiefen. Ich kam zu dem Schluss, dass beim Prozess der Einweihung des Tempels die beiden höchstentwickelten Feuergeister durch ein besonderes Ritual angerufen und in den sakralen Standbildern fokussiert und verankert worden waren, damit die Inspiration der Göttin Athene den Tempelbesuchern zuteil würde. Von jenem Augenblick an waren die Skulpturen nicht mehr bloße Abbilder der Göttin, sondern mittels der beiden Musen eine wirkliche Quelle ihrer Inspiration und ihres Segens.[36] Obwohl sie heute nur noch als Fragmente in einem Museum – einem Tempel der Musen! – stehen, sind sie nach wie vor kraftspendend.

Wohl sind sie in ihrer Kraft wesentlich geschwächt, weil ihnen der unterstützende Gesamtzusammenhang fehlt. Verschwunden ist auch das dritte Standbild der Athene, das einst im Tempelraum stand und die göttliche Dreiheit vervollständigte, denn jeder der drei Skulpturen kam eine andere Rolle zu: Die Skulptur des Ostgiebels ist durch einen Feuergeist beseelt, der die Besucher mit einem ekstatischen Gefühl und mit Zuversicht inspiriert. Er verkörperte die Kräfte der Athene in ihrem Jungfrauaspekt. Das Standbild im westlichen Giebel als Ausdruck der Wandlungskräfte der Schwarzen Göttin sollte den Gläubigen durch den innewohnenden Feuergeist Mut zur persönlichen Wandlung einflößen. Die verlorengegangene Athene-Skulptur aus dem Tempelinneren verkörperte vermutlich den kreativen Aspekt der Göttin. Auf diese Weise war sie – unterstützt durch den Dienst der Musen – in allen drei Aspekten im Tempelbereich lebendig anwesend.

Die abschließende Betrachtung des Feuergeisterreichs macht eine numerische Korrektur der Ordnung der Elementarwesenwelt nötig. Be-

36 Diese Erfahrung wirft meines Erachtens ein neues Licht auf den Begriff der Götzenverehrung. Das Beispiel zeigt, dass mittels der innewohnenden Elementarwesen die sakralen Skulpturen der alten Kulturen tatsächlich zu einer Quelle des göttlichen Segens werden konnten und ihre Verehrung somit auf einer wirklichen geistigen Grundlage beruhte.

vierte Entfaltungsebene					Musen
dritte Entfaltungsebene				Lichtgeister	
zweite Entfaltungsebene			Geister der Reifung und Wandlung		
erste Entfaltungsebene		Geister der Erdmitte			

Die Ordnung der Feuer-Elementarwesen

rücksichtigen wir die vier Entfaltungsebenen der Feuerwesen, so ergibt sich anstelle der Zahl Zwölf die Zahl Dreizehn als Leitzahl dieser Ordnung: $(3 \times 3) + (1 \times 4) = 13$.

39 – Elementarwesen im Licht der Öffentlichkeit

An dieser Stelle bitte ich meine verehrten Leserinnen und Leser um Nachsicht für meine damaligen Bemühungen, die Welt der Elementarwesen auf eine wissenschaftliche Weise darzustellen. Ich hatte in der Zeit, als ich das ursprüngliche Buch schrieb, die Hoffnung, durch meine Erfahrungen und deren möglichst perfekte Systematisierung eine öffentliche Anerkennung für die Geister der Natur zu erlangen.

Es war mir klar, dass in einer vom Verstand gesteuerten Kultur nur das als Wirklichkeit gilt, was der Verstand verdauen und in seine Weltsystematik einordnen kann. Also dachte ich mir, wenn ich die Systematisierung so genau ausführen würde, wie das den Botanikern bei der Pflanzenwelt gelungen ist, dann würden meine Freunde aus dem Reich der Elementarwesen als kostbarer Bestandteil der Natur erkannt und aus ihrer Verbannung ins Unterbewusstsein des Raums befreit werden.

Freilich stellte sich schnell heraus, dass dies eine Illusion war. Meine Berichte wurden zwar weltweit in vielen Sprachen gelesen, aber die herrschende Öffentlichkeit ließ sich davon nicht berühren. In den Folgejahren hat mich das Ausbleiben entsprechender öffentlicher Reaktionen einigermaßen irritiert, und ich machte mir Vorwürfe, meine Art, die mir von den Elementarwesen anvertraute Aufgabe zu erfüllen, falsch konzipiert zu haben. Sie hatten mich ja eingeladen, neun Monate lang durch ihr Reich zu wandern, um durch meinen Bericht die Menschen dafür zu gewinnen, ihre Existenz anzuerkennen.

Jedoch wurde mir trotz des scheinbaren Misserfolgs die Tür nicht vor der Nase zugeschlagen. Immer wieder kam ich in Kommunikation mit den Umweltgeistern, und mein Wissen über ihre Evolution vergrößerte sich mit der Zeit weiter, wenn auch langsamer als in den ersten neun Monaten.

Mit der Zeit wuchs auch mein Vertrauen und damit die Überzeugung, dass es vordergründig gar nicht um die Eroberung des öffentlichen Interesses geht, sondern darum, dass die Menschen einer nach dem anderen ihre Herzen für die Seele der Natur und deren Bewusstsein öffnen. Erst daraus können nachhaltige Beziehungen zwischen der Menschheit und der Natur erwachsen. Erst wenn es genügend Menschen gibt, die innerlich, auch emotional, von der Welt der Elementarwesen berührt worden sind oder deren Existenz sogar persönlich erfahren haben, dann wird sich der Weg in die Öffentlichkeit von selbst öffnen.

Damit wären im Reich der Elementarwesen 13 Hauptgruppen zu unterscheiden, von denen jede zwar noch weiter untergliedert ist, die aber in Wirklichkeit nicht getrennt voneinander vorkommen, sondern in vielfältiger Weise miteinander verflochten und vernetzt sind. Wir wollen dieses Zusammenspiel am Beispiel eines Baums betrachten.

Die Meisterdeva, die ich durch die Fencheldeva unseres Gartens kennengelernt hatte, erläuterte mir am 18. Oktober 1993 ihre Rolle in dem Vernetzungssystem der Natur am Modell einer Eiche. Dabei wurden auch andere an der Entfaltung einer Eiche beteiligte Wesenheiten erwähnt. Besagte Eiche hatten wir vor zwanzig Jahren auf unsere Wiese verpflanzt, nachdem sie sich im Frühbeet als junger Trieb angesiedelt hatte.

Die Betrachtung des Baums ging vom Brennpunkt des Fauns als Knotenpunkt aus, von dem die Beziehungen sowohl »nach unten« in Richtung Materie als auch »nach oben« zu den geistigen Ebenen ihren Ausgang nehmen. Über die Rolle des Fauns habe ich bereits im ersten Kapitel einiges berichtet. Aus den späteren Erfahrungen möchte ich noch als wichtigen Zusatzaspekt seine für eine Wesenheit der ersten Entfaltungsebene relativ hoch entwickelte Individualität erwähnen. Er ist fähig, seinen vitalenergetischen Körper, der gewöhnlich in die Wurzel und Kronenstruktur des Baums verflochten ist, so weit zu verdichten, dass er aus der Gebundenheit an die Baumgestalt heraustreten und sich im Bereich des Baums relativ frei bewegen kann. Dabei kommt dann seine »unproportionierte« Gestalt zum Vorschein, die für die Wesenheiten des Erdelements charakteristisch ist, aber auch die Dynamik, mit der er unermüdlich für die Entwicklungen in und um den ihm anvertrauten Baum sorgt.

Die ungeheure Dynamik des Fauns (I)[37] wurzelt darin, dass er seine Aufmerksamkeit gleichzeitig in mindestens fünf verschiedene Richtungen ausdehnt. Zum einen kommuniziert er mit der Deva der Eichen (II), die in der Funktion einer Gruppenseele für alle Eichen in ihrem Bereich das Urmuster der betreffenden Eichenart aufrechterhält. Außerdem ist er mit dem Pan (III) der Landschaft als seinem Meister und geistigen Führer verbunden.

Zur Seite der Materie hin steht der Faun in enger Verbindung mit den Strömen und Zentren der vitalenergetischen Struktur des Baums – zum »ätherischen« Baum –, durch die er auf die Entwicklung des physischen Baumkörpers einwirken kann. Dabei kooperiert der Faun mit den Elementarwesen des Wassers, der Luft und des Feuers auf der ersten Entfaltungsebene, die im Rahmen des einjährigen Vegetationszyklus verschiedene Wachstumsphasen in Gang setzen. So regen die Wassergeister das Keimen der Pflanze im Frühjahr an, die Luftwesenheiten die Entfaltung der Blüte im Frühsommer und die Feuergeister das Reifen der Früchte im Herbst. Sie stehen wiederum ihrerseits unter der Leitung der Raumfeen (II), die als Geister der Umlaufzeiten für den Einsatz der entsprechenden Elementarwesen zum richtigen Zeitpunkt innerhalb des Jahreskreises sorgen.

Der »ätherische« Baum, der durch den Faun und die jeweils vorübergehend hinzutretenden Elementarwesen der ersten Entfaltungsebene in seiner Entwicklung gesteuert wird, steht ferner in Beziehung zu den biochemischen Prozessen der in der Materie verkörperten Baumpflanze. Alles in allem sehe ich einen Baum in drei Ebenen gegliedert: Die unterste Ebene ist die der physischen Verkörperung, die zusammen mit dem vitalenergetischen Organismus die eigentliche Pflanze ausmacht. Die zweite Ebene stellt das Bewusstsein der Pflanze dar mit dem Faun als Mittelpunkt, dem Pan des Bereichs als Meisterintelligenz und den rhythmisch hinzutretenden Elementarwesen des Wassers, der Luft und des Feuers. Darüber befindet sich auf der Ebene der Seele die Deva der entsprechenden Eichenart.[38]

Es sei daran erinnert, dass die Pflanze selbst mit ihrem Wesen lediglich die Ebene der Verkörperung in der Materie umfasst. Die Ebenen, die sich im Vergleich zum geistigen Aufbau beim Menschen als die Ebenen des Bewusstseins und der Seele bezeichnen lassen, werden ihr durch die erwähnten Elementarwesen zuteil. Darüber existiert eine noch höhere, wohl die für einen Baum höchste Ebene, die ich als Ebene des höheren oder gött-

37 Die römischen Ziffern in Klammern bezeichnen im Folgenden die Entfaltungsebene, der das jeweilige Elementarwesen angehört.

38 Es sollten noch zwei Arten von Wesenheiten des Luftelements hinzugerechnet werden, mit denen eine Pflanzendeva in Beziehung steht – die Raumfeen (II) und die Deva-Meisterin (III). Vgl. dazu die Schilderungen im zweiten Kapitel.

lichen Selbsts eines Baums bezeichne. Im Fall unserer Eiche wird sie durch einen Engel des Eichenurmusters vertreten, der das Urbild der geistigen Qualitäten hütet, aus dem sich alle Eichenarten der Erde entwickelt haben. Dieser Archetyp wurde mir in der Gestalt eines Schwingungsmusters gezeigt, von dem nur ein bestimmter Aspekt in der Eiche manifestiert wird. Andere Aspekte werden in anderen, mir unbekannten Dimensionen des Kosmos in Formen verwirklicht, die ich nicht wahrnehmen kann. Ich konnte nur ahnen, dass sie alle durch eine gemeinsame Qualität miteinander verbunden sind, die im Herzen des erwähnten Engels verankert ist. Diese Verbundenheit lässt uns verstehen, warum ein Baum, wie beispielsweise eine Eiche, Qualitäten ausstrahlt, die mit ganz bestimmten Planeten oder Kräften verbunden sind, die über den Engel des Urmusters offensichtlich eine Verwandtschaft bilden.

40 — Übung zur Erfahrung des Waldorganismus

Die analytische Art meiner Erzählung vom Kosmos der Bäume vernachlässigt etwas, das für ein Baumwesen von Grundbedeutung ist: seine lebendige und atmende Einbindung in den Gesamtorganismus der Landschaft. Die exakten Beziehungen zwischen verschiedenen Naturgeistern, von denen ich berichte, werden von einem Baum niemals zerstückelt wahrgenommen, sondern eher als zarte oder auch kräftige Berührungen erlebt, Berührungen, die in rhythmischem Aufeinanderfolgen den Baum durchwehen, manchmal auch auf eine gewaltige Art durchdringen.

Das gilt für alleinstehende Bäume in der Landschaft oder im Garten. Bäume, die in einer Waldgemeinschaft wachsen, sind noch intimer in den Gesamtorganismus des Naturbewusstseins eingebunden. Die Orchestrierung eines Waldes ist kaum zu beschreiben. Hier ein Vorschlag, wie man das Gesamtbewusstsein eines Waldes selbst erfahren kann:

- Stell dir vor, der Wald ist ein Glas voll Wasser, und du bist ein Zuckerwürfel.
- Wirf den Zuckerwürfel in das Wasserglas, und löse dich darin auf.

Bei dieser Übung geht es weniger um die bildliche Vorstellung als vielmehr um das richtige Verständnis der Proportion zwischen Mensch und Wald. Auch ich habe zunächst darüber gerätselt, wie die Übung auszuführen sei, nachdem ich den Vorschlag von einer Waldgemeinschaft von Naturgeistern erhalten hatte.

Erst als ich das Grübeln des Verstands beiseitelassen und mich einfach mit ganzem Gefühl und mit vollem Vertrauen in die Waldgesamtheit hineinfallen lassen konnte, wurde ich überrascht, wie liebevoll ich vom Waldorganismus aufgefangen wurde. Es lohnt sich,

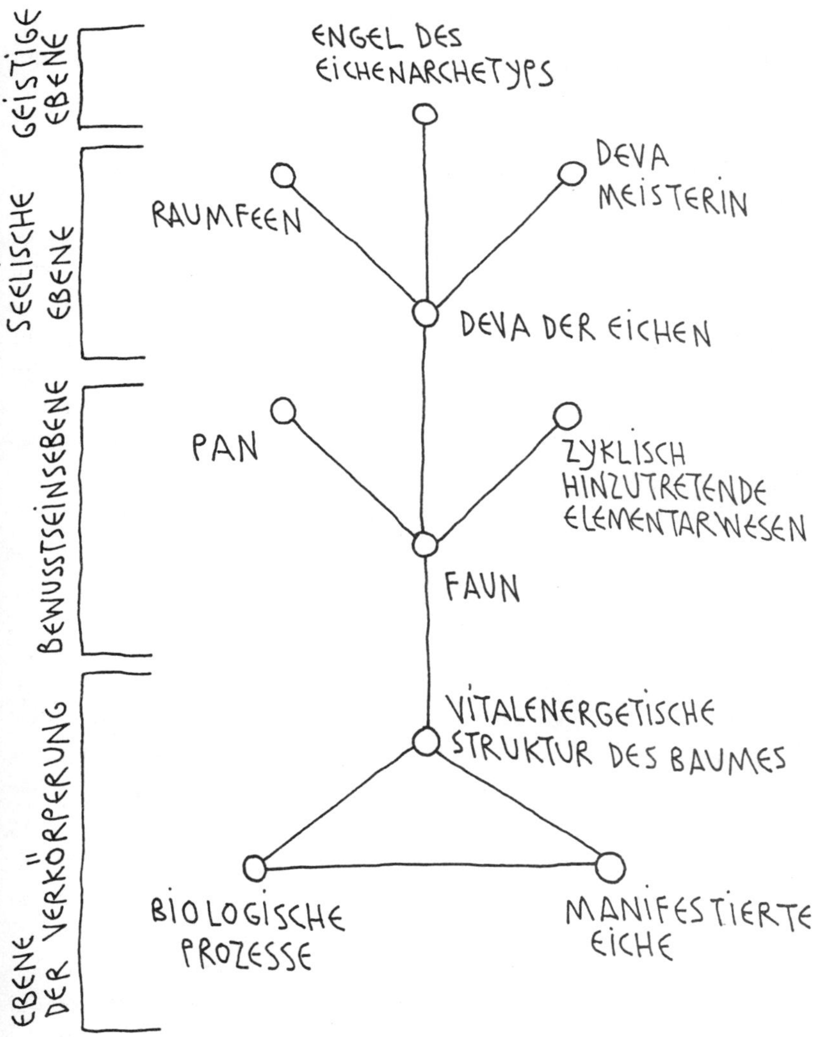

Modell des Zusammenspiels aller Ebenen am Beispiel einer Eiche.

den Vertrauenssprung so oft zu probieren, bis man die Auflösung gemeistert hat. Bäume sind bereit, uns zu lehren, wie man sich von der Verstandeskontrolle lossagen kann.

In diesem Zusammenhang nenne ich noch die sogenannten »Feenbäume«, die außer ihrem normalen Pantheon von Elementarwesen als Verbindungsglieder zu bestimmten Wesenheiten dienen, die in ihrer weiteren Umgebung eine besondere Aufgabe erfüllen. Wie bereits erwähnt, sind sie oft an einem Feenkosmogramm zu erkennen. In Konstanz, am nördlichen Rheinufer bei der Fußgängerbrücke, die aus dem Stadtzentrum zur Reichenaustraße führt, habe ich eine derartige riesige Blutbuche entdeckt, deren Äste sich zur Erde beugen und an der Stelle bestimmte wirbelartige Raumformen hervorbringen. Steigt man mit dem Bewusstsein in diese Räume hinein, so kommt man mit Elementarwesen verschiedener Ebenen in Kontakt. Von ihren Wohnräumen aus erfüllen sie ihre Dienste an dem umliegenden Lebensraum. Solche Königsbäume, wie sie auch genannt werden, müssen wir unter allen Umständen schützen.

41 – Ein Feenbaum auf den Philippinen

Um noch einen Feenbaum vorzustellen, berichte ich von meiner Begegnung mit einem berühmten Fikusbaum auf der philippinischen Insel Panay. Er steht mitten in den Reisfeldern unweit der Stadt Santa Barbara und wurde vor gut 80 Jahren berühmt, als deutsche Ingenieure in der Gegend eine Eisenbahn planten. Der Baum sollte der Bahn weichen. Es war jedoch unmöglich, ihn zu fällen. Man hatte sogar versucht, ihn mit Dynamit zu sprengen – vergeblich. Schließlich musste man die Trasse anders projektieren.

Ich ging direkt zu jenem Baum und kniete vor seinem vielgliedrigen Stamm mit aufgerichtetem Körper nieder – meine Lieblingsposition bei der Wahrnehmung der unsichtbaren Ausdehnungen eines Orts. Kaum jemals zuvor hatte ich die Präsenz der Urmutter Erde so unmittelbar gespürt. Warum nicht »Mutter Erde«? »Urmutter« deswegen, weil die Verbindung, die der heilige Baum aufrechthält, mich unmittelbar zu dem Urbild führte, in dem die Seele des irdischen Kosmos wurzelt. Wenn wir von Mutter Erde oder Mutter Natur reden, meinen wir ihre Tochter. So lautete die Antwort auf meine Frage.

Als ich den Baum von weitem betrachtete, sah ich unzählige feenartige Elementarwesen, die seine Krone umschwärmten und in dem Licht badeten, das seine Kraft aus der intimen Verbindung des Feenbaums mit der »Urmutter« schöpft und die Wesenheiten völlig durchlichtet. Ich spürte die Anziehung, die der heilige Fikusbaum auf sie ausübt. Verzaubert umschwärmen sie ihn, als ob der Baum eine Verkörperung des Lebensbaums wäre, aus dem die ganze irdische Schöpfung sprießt.

An einem Baum sind überwiegend die Wesenheiten des irdischen und des luftigen Elements tätig. Ich möchte daher die Vernetzung innerhalb des Elementarreiches noch an einem Landschaftsbeispiel erläutern, bei dem alle vier Elemente gleichgewichtig auftreten. Das Beispiel wurde mir in der Landschaft von Bled in Slowenien gezeigt, die ich in meinem Buch »Die Landschaft der Göttin« als Bereich der Jungfraugöttin innerhalb des Triglaver Landschaftstempels vorgestellt habe. Es ist der Landschaftstempel der Einatmung für ganz Slowenien. Die sakrale Bedeutung von Bled für das ganze Land ist aus der Rolle der Insel im Bled-See ersichtlich, die schon seit vorchristlicher Zeit als einer der wichtigsten Pilgerorte Sloweniens gilt. Die Kraft und die Schönheit des Orts sind in der starken Ausprägung der Gegensätze begründet: Die waagerechte Fläche des Sees steht im Kontrast zu der felsigen Insel, auf der sich die Wallfahrtskirche erhebt. Der wässrige Pol der Landschaft wird wiederum durch ein steiles Felsmassiv ausgeglichen, das den See überragt und von einer Burg mit Kapelle gekrönt ist. Weiter gegen Norden fällt der Schlossfelsen in einer zweiten Felswand steil ab zu einem Plateau, auf dem die Pfarrkirche steht. Die Pfarrkirche, die Schlosskapelle und die Wallfahrtskirche im See markieren die drei wichtigsten Sakralbereiche des Landschaftstempels von Bled. Die Schlosskapelle auf der obersten Spitze des Felsens repräsentiert den Jungfrauaspekt der Göttin, durch den der Mensch die Einheit von Kosmos und Erde erfährt. Die Wallfahrtskirche auf der Insel mitten im See steht für den kreativen Aspekt der Muttergöttin, der früher im Ritual der Heiligen Hochzeit seinen Ausdruck fand. Das Plateau mit der Pfarrkirche sowie verschiedene Höhleneingänge in der Felswand darüber stehen für den Bereich der Schwarzen Göttin der Wandlung.

Während des IDRIART-Festivals[39] in Bled im Sommer 1993, als ich ein Seminar über die sakralen Dimensionen der Landschaft vorbereitete, stieg ich unter anderen in die größte der Höhlen ein, um zu sehen, ob ich noch neue Aspekte des Wandlungsbereichs von Bled entdecken würde. Um in die Höhle zu gelangen, musste ich relativ steil nach oben klettern. Es ging aber nicht weiter als zehn Meter hinein. Der Gang endete abrupt an einer senkrechten Wand. Daraufhin lehnte ich mich mit beiden Händen an die Wand und schaute mit dem Bewusstsein in die Wand hinein, um zu sehen, ob der Gang nicht auf der unsichtbaren Ebene weiterführte. Im selben Au-

39 IDRIART wurde von Miha Pogačnik als Stiftung zur Förderung der interkulturellen Beziehungen durch die Künste gegründet.

genblick öffnete sich mir die Wand, und ein Wesen stand vor mir wie ein Hüter der Schwelle.

Ich fand mich schnell zurecht und bat ihn, mir zu erklären, welche Funktion diese Höhle innerhalb der Landschaft von Bled habe. Er bedeutete mir gefühlsmäßig, ich solle mich umdrehen und auf das Plateau vor der Pfarrkirche hinunterschauen. Die Verbindung zwischen der Höhle und dem Plateau sei wichtig. Ich konnte jedoch nicht verstehen, in welchem Sinn. Meinem Bewusstsein fehlten die Begriffe, um die komplexen Gefühle, die er mir als Antwort immer wieder herüberschickte, in unsere lineare Sprache zu übersetzen. Also bat ich ihn, mir das Zusammenwirken der Elementarwesen mit den drei sakralen Bereichen von Bled im Gesamtzusammenhang zu verdeutlichen, weil ich ahnte, dass ich darin die Antwort finden würde.

Ohne eine weitere Antwort zu geben, trat der Hüter der Schwelle zur Seite. Vor mir öffnete sich der Gang des Tunnels und führte weiter in die Tiefe des Schlossbergfelsens. Ich ließ mich in meiner Vision hineinführen und sah, dass der ganze Felsen unterhöhlt war. Schwarzer Samt überzog die riesigen Gewölbe des Innenraums. Ich befand mich im Reich der Zwerge, die in großer Zahl geschwind hin und her liefen und ihren Aufgaben nachgingen. Ich betrachtete den Höhlenraum genau und bemerkte, dass er drei Zugänge hatte:

1. Eine Öffnung führte senkrecht zur Spitze des Felsens, auf der heute die Apsis der Schlosskapelle steht. Ich hatte das Gefühl, dass durch diese Öffnung die kosmischen Kräfte wie durch das Kronenchakra beim Menschen in den Höhlenraum hinabfließen.
2. Links unten führte ein Tunnel unter dem Seeboden zur Mitte der Insel, genauer gesagt zu einem Punkt zwischen dem separat errichteten Glockenturm und dem Kirchengebäude. Die Kraft des Höhlenraums schien durch diesen Tunnel abzufließen.
3. Eine weitere Öffnung stellte der Höhlengang dar, der zu dem Plateau vor der Pfarrkirche führte und durch den ich in die Unterwelt eingestiegen war. Ich hatte das Gefühl, dass es sich bei diesem Tunnel um eine zweite Quelle zufließender Kraft handelte.

Danach wurde mir die Wirkung dieser Räume und Gänge im Zusammenhang mit den entsprechenden Funktionen der Elementargeister aller vier Elemente modellhaft gezeigt. Ich sah, dass die Zwergenscharen die Kraftströme, die senkrecht aus der Richtung der Schlosskapelle und seitlich aus der Richtung der Pfarrkirche zuflossen, durch ihre »Spinn«-Tätigkeit in eine lebensfördernde Kraft verwandeln, die dann durch den Tunnel zur Insel geleitet wird.

Als Nächstes nahm ich über dem beschriebenen Mittelpunkt der Insel eine Schar von Raumfeen wahr, die am oberen Ende einer Lichtsäule ihren

Die Tätigkeitsbereiche der Elementarwesen in der Landschaft des Bled-Sees in Slowenien.

Tanz ausführten, so wie ich ihn am Beispiel des Venusbergs auf der Insel Srakane geschildert habe. Gleichzeitig sah ich vom Ufer der kreisrunden Insel einen Nixentanz ausgehen, der dazu diente, den Segen des Wassers zu verbreiten. Die beiden Tanzkreise, die symmetrisch übereinander angeordnet waren, hatten denselben Ausgangspunkt: die Öffnung, durch die die Lebenskraft aus dem Höhlenraum unter dem Schlossberg zufließt. Der Sinn dieser Tänze besteht offensichtlich darin, die aus dem Reich der Zwerge zufließende Lebenskraft durch den Luftraum und durch das Wasserelement so zu verteilen, dass die ganze umgebende Landschaft daran Anteil hat.

Als Letztes wurde meine Aufmerksamkeit auf das Plateau vor der Pfarrkirche gelenkt. Dort sah ich ein mächtiges Glühen, als brannten dort unzählige Feuer. Ich fragte mich, was dies wohl mit den soeben geschilderten Vorgängen zu tun haben könnte, als ich an der betreffenden Stelle einen starken Sog wahrnahm, der bewirkte, dass die verbrauchte Lebenskraft aus dem ganzen Land zur Umwandlung an diesen Ort gezogen wurde. Die Glut bezeichnete die Tätigkeit der Feuergeister, die damit beschäftigt waren, die ausgelaugten Kraftströme zu reinigen und sie dann geläutert durch den Höhlengang – in dem ich noch immer stand – in den Felsenraum der Zwerge hineinzuleiten. Dort wird die Kraft einem Regenerationsprozess unterzogen und mit der frisch zufließenden kosmischen Kraft vermischt, um dann zum Feen- und Nixentanzbrennpunkt weitergeleitet zu werden. So fließt der Kreislauf ununterbrochen.

Nüchtern betrachtet, könnte es sein, dass es den Höhlenraum unter dem Schlossberg und den unterirdischen Tunnel zur Insel gar nicht gibt. Womöglich dienten sie meinem Bewusstsein lediglich als Modell, damit es sich eine räumliche Vorstellung davon bilden konnte, wie die orchestrierte Zusammenarbeit der Elementarwesen der verschiedenen Elemente einer Landschaft funktioniert. Ohnehin brauchen sie nicht auf der Ebene der Materie manifestiert zu sein, da sich die Elementarwesen frei von physischen Beschränkungen ungehindert im ätherisch-astralen Raum bewegen.

Zweifellos verläuft die Evolution der Elementarwesen in einer Dimension, die parallel zu unserer Wirklichkeit existiert. Insofern unterliegt sie auch nicht den Gesetzen von Zeit und Raum, wie sie für unser Dasein gelten. Und doch scheint es nach meiner Erfahrung gewisse Abläufe innerhalb der Welt der Elementarwesen zu geben, die wir mit unseren Zeitrhythmen vergleichen können. Über den dreistufigen Zyklus im Leben eines Elementarwesens habe ich schon im ersten Kapitel berichtet. Offen blieb bisher die Frage nach möglichen großen Evolutionszyklen parallel zur Evolution unseres Planeten Erde insgesamt.

Dass es auch im Reich der Elementarwesen verschiedene Evolutionsepochen geben muss, wurde mir zum ersten Mal in Traunstein im österreichischen Waldviertel bewusst. Mit Freunden hatte ich eine Ansammlung riesiger Granitblöcke aufgesucht, die in der Nähe des Orts wie willkürlich übereinandergestapelt liegen. Ich ließ mich damals zu einer Schlucht zwischen den Steinblöcken führen, um mehr über den Ursprung der gigantischen Steinkomposition zu erfahren. Als Antwort auf meine Frage stand plötzlich ein Riese vor mir! Gleichzeitig wurde mir dazu erläutert, dass diese Riesen die Baumeister der wundersamen Granitwerke waren, was übrigens auch durch die lokalen Sagen bestätigt wird. Sie gehörten einer früheren Epoche der Erdentwicklung an. Seit langem schon seien sie verschwunden, nur der Vertreter, den ich gesehen hatte, sei als Hüter des Orts übriggeblieben.

Die Erfahrung kam mir irgendwie unheimlich vor. Sie beunruhigte mich, weil ich den Begriff des Riesen in meinem logisch noch einigermaßen verständlichen System der Elementarreiche nicht einzuordnen vermochte. Insgeheim kam mir der Gedanke, ich könne mir da etwas eingebildet haben, was es gar nicht gibt. Dieser Verdacht wurde aber dadurch widerlegt, dass ich später bei Paracelsus[40] las, dass auch er an die Existenz von Riesen glaubte. Erst im Sommer 1993, als ich mich ausgiebig mit dem Venushügel, einem Naturtempelbezirk der Elementarwesen auf der Insel Srakane, befasste, sollte ich in der Entzifferung des Geheimnisses einen Schritt weiterkommen. Wie schon verschiedentlich erwähnt, fand ich dort vielerlei Arten von Elementarwesen vor – und eines Tages auch einen Riesen.

In meinen Bemühungen, mehr über die Feuergeister zu erfahren, die mir ja auch einige Rätsel aufgaben, hatte ich Julius, den Alten Weisen, gebeten, mir einen noch unbekannten Ausdruck der Evolution der Feuergeister zu zeigen. Telepathisch wurde ich zu einer Stelle am südlichen Hang des

40 In: Heinz Höflinger und Thomas Lehner, »Der Feengarten«.

Hügels geführt, wo ich einen Riesen wahrnahm. Gemessen an unserer Raumvorstellung wäre er mindestens vierzig Meter hoch. Seine nackte Gestalt war muskulös gebaut und so vollkommen gestaltet wie der Körper eines antiken Athleten. Völlig regungslos stand er da und starrte weit, weit in die Ferne. Als ich mit meinem Bewusstsein in seine Gestalt eintauchte, wurde ich gewahr, dass der Riese aus lauter dünnen, vertikal verlaufenden Feuerlinien zusammengesetzt war.

Julius kommentierte meine Erfahrung mit der Bemerkung, die Riesen seien ein Relikt des ältesten Evolutionszyklus der Erde, als sich die Zivilisation des Feuerelements auf unserem Planeten ausbreitete. Nach dem Untergang jener Epoche seien einige Riesen übriggeblieben, doch komme ihnen heute in der Landschaft keine echte Funktion mehr zu, sie stellten nur noch eine fossilartige Erinnerung an jene ferne Epoche der Erdentwicklung dar.

Kurz vor meiner Abreise von Srakane ging ich am frühen Morgen noch einmal zu dem Alten Weisen. Ich bat ihn, mir Elementarwesen vorzustellen, die ich in den vergangenen zwei Wochen aus Mangel an Sensibilität möglicherweise nicht wahrgenommen hätte. Er führte mich in Richtung des Gipfels des Venushügels und forderte mich auf, mich an einem bestimmten Platz in die Atmosphäre des Orts zu vertiefen. Nun nahm ich einen silbernen Nebel wahr, der schuppenartig gegliedert war. Der Nebel verdichtete sich zu einem nixenähnlichen Wesen mit Fischschwanz, der vollständig mit silbern leuchtenden Schuppen bedeckt war. Das Wesen erinnerte mich noch am ehesten an die Darstellungen der Melusine in den mittelalterlichen Sagen. Keineswegs aber glich diese Erscheinung einem der Wasserelementarwesen, wie ich sie aus meiner bisherigen Erfahrung kannte. Wieder hatte ich das Gefühl, dass es sich um ein Wesen handelte, das einer anderen Epoche angehörte. Julius zufolge stellte es eine Erinnerung an das wässrige Zeitalter der Erdentwicklung dar, ähnlich wie der Riese auf die feurige Epoche verwies.

42 – Die Erde, aus ihrer Mitte heraus betrachtet

Bei der Urfassung dieses Buchs dachte ich noch in den Kategorien des heliozentrischen Weltbilds. Inzwischen bin ich überzeugt, dass unsere Vorgängerkulturen recht hatten, als sie die Erde als Mittelpunkt des Universums verehrten. Ich glaube wieder an das geozentrische System.

Aus meiner Sicht hat sich unser Verstand in der Epoche der sogenannten Aufklärung beirren lassen. Es geht gar nicht um die Frage, ob die Erde sich um die Sonne bewegt oder umgekehrt. Es geht vielmehr darum, dass die Erde ihre wahre Identität verloren hat, seit sie nur noch als dumpfe Steinkugel betrachtet wird, die ihr gesamtes Lebenspotenzial der Ausstrahlung der Sonne verdankt.

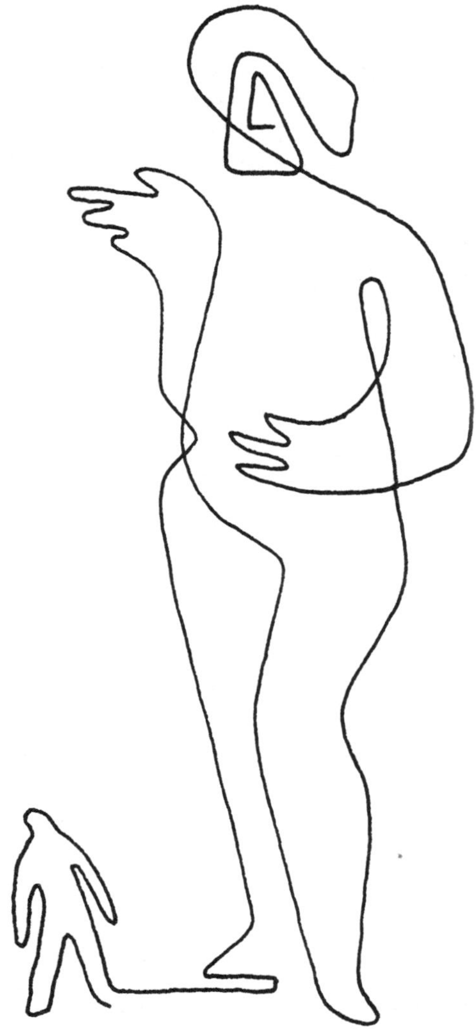

Meine Begegnung mit dem Riesen auf der Insel Srakane.

Selbstverständlich steht die Sonne unbestreitbar im Mittelpunkt des Sonnensystems. Allerdings sollte man die Intuition unzähliger Generationen von Erdverehrern nicht gleich verwerfen, die besagt, dass die Erde – unabhängig von der astronomischen Realität – in ihrer eigenen Mitte verankert ist. Um ihre Mitte herum tanzen die Himmelskörper ihres eigenen Universums, Mond und Sonne eingeschlossen, wobei ihre Ausstrahlung zur Lebensfülle an der Erdoberfläche beiträgt. Dabei müssen die verschiedenen Dimensionen der Existenz differenziert werden, die sich nach innen, in Richtung Erdmitte, aufreihen. Man kann sich diese Dimensionen als Schichten vorstellen, von denen unsere physische Erde nur eine ist. Darüber gibt es die Schicht des Engelbewusstseins, darunter die Schichten der sogenannten untergegangenen Zivilisationen, noch tiefer die Ebene der irdischen Urbilder, die wir auf den ersten Seiten des Buchs gemeinsam besucht haben. Würde man noch tiefer gehen, so gelangte man in die Erdmitte, wo die Erdseele, Gäa, der Wesenskern der Erde schwingt.

Insofern geht die Evolution des Feuerelements, die von der Erdoberfläche aus gesehen längst vergangen ist, innerhalb des inneren Universums der Erde auf eine bestimmte Art noch weiter, und dasselbe könnte man auch von der Zivilisation des Wasserelements behaupten, die wir unter dem Namen Atlantis kennen. Wenn beide »untergegangenen« Zivilisationen auf ihre eigene Weise noch weiter existieren, so ist zu vermuten, dass sie irgendwie auch unter uns anwesend sind.

Die Hinweise auf frühere Phasen in der Evolution unseres Planeten passten nahtlos zu den Botschaften, die meine Tochter Ajra von ihrem Engelmeister Christopher Tragius erhalten hatte und die inzwischen als Buch erschienen sind. In dem Kapitel über die Inkarnationen des Planeten Erde ist dort die Rede von vier Entwicklungsphasen, die unser Planet durchläuft, um sich nach dem göttlichen Plan zu entfalten. Diese Entwicklung wird begleitet von der Evolution der Elementarwesen und der des Menschen.

Die erste Epoche war die feurige – der Planet hatte noch die Gestalt einer Feuerkugel. Schon damals sollen sich Menschen auf der Erde inkarniert haben, allerdings nicht in einem materiellen Körper, sondern in einem feurigen Kraftkörper. Christopher Tragius zufolge haben die damaligen Menschen im Zusammenwirken mit den Wesen des Feuerelements eine Zivilisation entwickelt, die den kosmischen Namen Lir[41] trägt.

41 In der esoterischen Tradition wird sie Mu oder Lemurien genannt. Es handelt sich dabei aber nicht um einen versunkenen Kontinent im Pazifik, wie oft behauptet wird, sondern um eine Zivilisation, die auf der geschilderten Daseinsebene den ganzen Planeten umfasste.

Ein melusinenartiges Elementarwesen aus dem wässrigen Zeitalter der Erdentwicklung.

Nach einer Zwischenperiode, in der fast der gesamte Planet unter Wasser und Eis versunken war, entwickelte sich die Zivilisation des wässrigen Elements, die wir Atlantis nennen. Es handelte sich dabei aber nicht um einen später versunkenen Kontinent im Atlantischen Ozean, sondern um eine über den ganzen Planeten verbreitete Zivilisation, die anstelle der Materie die wässrige Substanz als Bedingung für ihre Entwicklung brauchte.[42] Zusätzlich zu den Elementarwesen des Feuers entwickelten sich in jener Phase auch die Elementarwesen des wässrigen Elements – Vertreter beider Arten hatte ich am Venushügel der Insel Srakane wahrgenommen.

Erst in der dritten Phase der Erdentwicklung bildete sich die materielle Ebene unseres Planeten so weit aus, dass wir Menschen die Gelegenheit bekamen, stufenweise unseren biophysischen Körper zu entfalten. Um uns in der Materie zu verkörpern, mussten wir die Gesetzmäßigkeiten eines neuen Elements lernen. Auf diese Weise entstand die Zivilisation des Elements Erde, in deren Endphase wir uns heute befinden. Während wir schon die Anzeichen des Zusammenbruchs der materiellen Voraussetzungen der Zivilisationsentwicklung des Erdelements wahrnehmen, manifestiert sich fast unmerklich bereits das zukünftige, vierte Zeitalter, das Christopher Tragius »Krex« nennt und dessen Grundlage das Element Luft sein wird. Im Vergleich zum Element Erde bringt das luftige Element die völlige Freiheit von den Fesseln der Materie und ein neues, ganzheitliches Bewusstsein.[43] Die Elementarwesen vollziehen die großen Transformationen von einer Zivilisation zur anderen mit und haben in der dem Erdelement gewidmeten Entwicklungsphase die Ordnung herausgebildet, wie ich sie im vorangegangenen Kapitel ausführlich dargestellt habe.

Ein solches System der stufenweisen Erfahrung der vier Elemente im Rahmen verschiedener Evolutionszyklen klingt logisch und unangreifbar.[44] Jedoch sind damit durchaus einige Probleme verbunden, ja, durch die komplizierten Wandlungsprozesse beim Übergang von der einen zur nächsten Zivilisation sind tatsächlich unvorstellbare Schwierigkeiten entstanden. Dies wurde mir erst im Oktober 1993 bewusst, als ich im Gailtal in Kärnten während eines Seminars auf die Elementarwesen aus der atlantischen Epoche stieß, die in der europäischen Landschaft noch relativ aktiv sind.

42 Das geheimnisvolle »Versinken« von Atlantis stellt nach Aussage von Christopher Tragius eine Erinnerung an den Untergang der wässrigen Zivilisation aus der Sicht unserer Zivilisation dar, die sich ein Dasein ebenso wie einen Untergang nur auf der Ebene der Materie vorstellen kann.

43 Astrologisch gesehen nennen wir diese Wende den Übergang vom Zeitalter der Fische zum Zeitalter des Wassermanns.

44 Interessanterweise bestätigt Christopher Tragius sogar, dass sich der Körper des Menschen anfangs durch Inkarnationen der Menschenseelen in die Körper von Primaten als den am höchsten entwickelten Tierformen entfaltet habe.

Während des Seminars hatte mich Erika, eine Hellseherin, darauf aufmerksam gemacht, dass gewisse Gestalten am Gipfel des felsigen Reißkofels eine Botschaft für mich bereithielten. Als ich später genügend Ruhe fand, mich ihrem Hinweis zu widmen und mich meditativ den Wesenheiten am Gipfel zuzuwenden, nahm ich gewaltige Gestalten wahr, die in ihrem erhabenen Stolz wie entrückt schienen. Offensichtlich wiesen sie keine direkte Beziehung zu meiner Realität auf, und trotzdem hatte ich ein Gefühl, als würden sie sich unentwegt danach sehnen, auf mich und meine Mitwelt einwirken zu können. Vielleicht hatten sie sogar regelrecht darauf gehofft, mit Hilfe meines Bewusstseins einen solchen Einfluss zu erlangen, und daher alles daran gesetzt, meine Aufmerksamkeit auf sich zu lenken. Ein Vögelchen machte mir diese Gefahr bewusst, indem es in der entscheidenden Phase meiner Meditation in den Meditationsraum hineingeflogen kam und sofort wieder verschwand, was dazu führte, dass ich aus der Vertiefung herausgerissen wurde. Beunruhigt durch dieses Erlebnis, holte ich mir zu Hause Rat bei meinem Freund, dem Alten Weisen aus dem Wald. Ich fragte ihn, was es mit den Wesenheiten auf sich habe, die mich in ihr Begehren einwickeln wollten, ein Begehren, das mir vollkommen unverständlich war. Daraufhin vermittelte mir der Alte Weise genaue Eindrücke, die es mir erlaubten, mir eine Vorstellung von einer zurückgebliebenen Entfaltungslinie der Elementarwesen aufzubauen, die keine reale Beziehung mehr zu der Elementarwelt hat, wie ich sie kenne. Es handelt sich bei diesen Wesen um Überbleibsel von Elementarwesen aus der atlantischen Epoche, die nicht fähig gewesen waren, die erforderliche Wandlung und den nachfolgenden Übergang auf die Ebene der Evolution des Erdelements zu vollziehen. Solche verkümmerten Geister sind offenbar in großer Zahl zurückgeblieben und harren der Erlösung. Einerseits haben sie keine echte Funktion mehr in der heutigen Landschaftsgestaltung, doch haben sie andererseits über die menschlichen Illusionen und emotionalen Begierden eine sekundäre Rolle angenommen. Auf einer unterschwelligen, dem Menschen nicht bewussten Ebene bieten sie sich als Helfer bei der Verwirklichung illusionärer Pläne an und werden dadurch unglücklicherweise aktiviert. So kommt es beim Menschen entweder zu einer falschen geistigen Führung oder zur Verdummung in der Massenkultur, die gewöhnlich nach rückwärts gerichtete Züge aufweist.

Im Anschluss an diese Erklärungen prägte der Alte Weise eine Erweiterung der Weltordnung der Elementarwesen schematisch in mein Bewusstsein ein. Danach gibt es zusätzlich zu den 3 mal 3 plus 4 Entfaltungsebenen der Elementarwesen einzelne als Gedächtnis der Erde wirkende Feuergeister aus der lemurischen Epoche, wie ich sie zum Beispiel in den Riesen gesehen hatte. Außerdem sind noch die zurückgebliebenen Elementarwesen der atlantischen Epoche hinzuzurechnen, die heute die sekundäre Funktion ausüben, die egozentrischen Illusionen der Menschheit zu spiegeln und den Menschen dadurch unabsichtlich zur Selbsterkenntnis zu verhelfen. Denn dadurch, dass wir die eigenen Egoismen in ihrer monströsen Gestalt vor uns manifestiert sähen, könnten wir unsere eigenen Grundannahmen leichter hinterfragen und würden dadurch der Erkenntnis unserer Wahrheit ein Stück nähergebracht.

43 – Urbildliche Zivilisationen der Erde

Ich muss die Schattenaspekte der kaum wahrnehmbaren Anwesenheit der Urzivilisationen der Erde unbedingt mit positiven Erfahrungen ergänzen. Diese sind mir allerdings erst in den letzten Jahren begegnet.

Ein Beispiel ist die slowenische Region Jezersko (»Seelandschaft«). Am Ende einer engen, langen Schlucht, die weit in die Gebirgskette der Karawanken hineinführt, gelangt der überraschte Mensch in einen weiten Kessel, der zwischen steilen Bergrücken liegt. Der Kessel war einst voll Wasser, bis es im 15. Jahrhundert bei einem Erdbeben zu Bodenverschiebungen kam und der See verschwand. Damals traten drei fast vollkommen abgerundete Hügel zutage, die miteinander ein Dreieck bilden. Einer der Hügel steht recht imposant mitten im Kessel, die anderen beiden liegen etwas bescheidener an der ehemaligen Uferlinie.

Um mit den Wesenheiten der drei Hügel zu kommunizieren, musste ich mich im Bewusstsein in eine andere Welt begeben, die zwar parallel mit unserer Wirklichkeit schwingt, jedoch in ganz anderen Frequenzen gründet.

Zuerst befand ich mich vor einer Art Linse aus Wasser, die ein Portal zu einer fremden Welt darstellte. Nachdem ich hindurchgetaucht war, fand ich mich in einem weiten, kugelförmigen Raum wieder, der simultan mit der Landschaft von Jezersko existiert. Darinnen entdeckte ich so etwas wie ein Laboratorium. Mein Bewusstsein gab sich große Mühe, in logische Bilder zu übersetzen, was in diesem Laboratorium vor sich geht. Es sind darin Wesenheiten oder Intelligenzen anwesend, die nach ihrer Qualität unseren Feuergeistern ähnlich sind. Andererseits zeigen sie eine Verwandtschaft mit dem Bienenvolk. Auch die Art, wie sie hierarchisch organisiert sind, mit einer »Königin« an der Spitze der kosmischen Pyramide, zeigt überraschende Ähnlichkeit mit dem Volk der Bienen. Außerdem wirkt ihre absolute Konzentration auf die gegebene Aufgabe wie der sprichwörtliche Bienenfleiß.

Ihr Laboratorium könnte man am besten mit einer alchemistischen Werkstatt vergleichen, in der das Wissen von der Übersetzung der manifestierten Formen aus einem Zustand in den anderen angewandt wird. Ich prägte mir detailliert ein, wie die Urbilder der einzelnen Pflanzenarten in ätherische Formen und daraus in ihre physischen Gestalten übersetzt werden.

Es war jedoch nicht zu übersehen, dass die »Werkstatt« seit langen Zeiträumen ohne Arbeit geruht hatte. Erst vor kurzem schien sie wieder in Betrieb genommen worden zu sein. Bedeutet dies, dass eine große Veränderung bevorsteht, bei der die Urgeister der Wandlung ihr Wissen in den Dienst der Erdseele stellen werden? Mehr darüber im neuen Schlusskapitel.

Während eines Aufenthalts auf Teneriffa im November 1993 sollte ich alle drei Evolutionsepochen der Elementarwesen im lebendigen Zusammenhang kennenlernen. Ich war dort zusammen mit der Künstlerin Mary Bauermeister und meiner Tochter Ajra eingeladen, ein Grundstück für das Projekt »Mariposa«[45] geomantisch zu untersuchen.

Es ist kaum zu beschreiben, wie verwirrend die ersten Kontakte mit den Elementarwesen auf Teneriffa für mich waren. Selbst die Faune, meine engen Vertrauten in Europa, waren mir dort fremd. Sie fühlten sich völlig anders an, als ich es gewohnt war. Wenn ich mich bemühte, sie innerlich zu sehen, konnte ich nur eine Präsenz wahrnehmen, die sich aber nicht wie gewohnt in eine klar strukturierte Gestalt hinein entfalten konnte. Offensichtlich fehlte mir der entscheidende Schlüssel, um die Realität dieser Wesenheiten in die Sprache meines Bewusstseins zu übersetzen. Auch Ajra erging es nicht anders. So versuchte sie einmal, den Faun einer Palme zu zeichnen, wobei sie sich unbewusst der Formen bediente, die ihr geläufig waren. Kaum hatte sie ihr Heft abgelegt, als sie der heftige Protest des Fauns traf. Er forderte sie auf, ihm ihre Hand zu leihen, so dass der Faun sich mit ihrer Hilfe selbst zeichnen konnte. Dabei kam ein einziges Wirbeln von Spiralen heraus.

Glücklicherweise konnten wir durch Ajras mediale Verbindung zu Christopher Tragius diesen um Erläuterung bitten. Er bestätigte uns, dass auf den Kanarischen Inseln tatsächlich andere Arten von Elementarwesen tätig sind, als wir sie bislang kennengelernt hatten. Die Inseln stellen mächtige, wenn auch zur Zeit ruhende Vulkane dar. Auf Teneriffa haben wir es mit einem mehr als 3000 Meter über den Meeresspiegel ragenden Vulkankegel zu tun. Die ursprünglichen Elementarwesen, die hier ihren Dienst an der Natur leisten, sind ausnahmslos Feuerwesen, was der feurigen Essenz eines Vulkans entspricht. So gehören auch die Wesenheiten, die mit den

45 Das Zentrum »Mariposa« bei Arona an der Südküste Teneriffas wurde von Helga und Hans-Jürgen Müller gegründet, um die Wandlungsprozesse in unserer Kultur zu unterstützen.

einheimischen Baumarten auf der Insel arbeiten und die Luft und Wasserelemente betreuen, zur Entfaltungslinie der Feuergeister aus der Erdmitte. In ihren Gestalten, die nach den Gesetzen der Spirale aufgebaut sind, seien sie für uns Menschen des heutigen materiellen Zeitalters kaum wahrnehmbar. Christopher Tragius wörtlich:

»Spiralen sind die Formen der Feuerelementarwesen. Sie haben ihre eigene vitalfeurige Natur und sind gleichzeitig Träger von Bewusstsein. Sie wirken also auf verschiedenen Ebenen. Am ehesten wären sie mit einer Schlange zu vergleichen. Unter den Elementarwesen sind die Wesenheiten des Feuers die ältesten und daher bewusstseinsmäßig auch am weitesten entwickelt. Sie werden die Feurigen Weisen genannt oder die Hüter des Feuers. Die alten Zivilisationen wussten dies und haben sie entsprechend in ihre Glaubenswelt integriert.«

Außer den feurigen Elementarwesen entdeckte ich auf Teneriffa immer wieder die groteskesten Gestalten von Wesenheiten, die ich aufgrund meiner Gailtaler Erfahrungen als Nachzügler aus der Epoche von Atlantis identifizierte. Als Erstes traf ich auf ein schwammähnliches Wesen mit dem Gesicht eines aussätzigen alten Mannes, um dessen Hüfte sich ein breitkrempiger Pilz ausbreitete. Er schien in eine erhabene Welt entrückt zu sein, in der ich ihn nicht erreichen konnte, und so war es mir nicht möglich, ihn nach dem Sinn seines Daseins zu befragen. Doch wie bestellt, befand sich gerade in dem Augenblick eine Gruppe von Zwergen in der Nähe. Hier muss ich anfügen, dass auch die Elementarwesen unserer derzeitigen Evolutionsphase auf den Kanarischen Inseln anzutreffen sind. Sie haben sich im Zug der jahrhundertealten Beziehungen zwischen Europa und dieser Inselgruppe über eingeführte Pflanzen und auf anderen Wegen dort verbreitet. Mit einer inneren Geste deutete ich auf den »Schwammerlmann« und fragte, was seine ursprüngliche Funktion gewesen sei. Unter Hohngelächter erklärten mir die Zwerge, der Alte bilde sich ein, für die Existenz der Raumdimension zu sorgen, obwohl er für den ihn umgebenden Raum gar nicht mehr zuständig sei. Daraus entnahm ich, dass seine Schwammpilzform darauf hindeutete, dass er unter den wässrigen Bedingungen des atlantischen Raums für die Integrität eines sphärenhaften Raumbereichs gesorgt hatte. Ähnlich wie ein Schwamm fähig ist, Wasser in sich zu konzentrieren, hatte er daran mitgewirkt, die feuchte Atmosphäre des Raums zusammenzuhalten, wobei dieser Raum einen zwar wässrigen, aber nicht physischen Charakter hatte.

Ein andermal nahm ich während meiner Morgenmeditation in Chayofa eine unglaublich imponierende Wesenheit in meiner Nähe wahr, die mir etwas Wichtiges mitteilen wollte. Ich hatte jedoch das dumpfe Gefühl, dass es sich um eine Täuschung handelte. Daher bat ich den Faun eines

Selbstdarstellung eines Feuergeists auf Teneriffa, der Ajras zeichnende Hand führte.

Lorbeerbaums in der Nähe, mir die Wesenheit in ihrer wahren Gestalt zu zeigen. Darauf konnte ich sie als eine relativ kleine, sich fortwährend durch die Luft bewegende Figur wahrnehmen, die einem breiten Hut mit einem Loch in der Mitte glich. Aus dem Loch quoll schwarzer Qualm. Ich verstand dieses Bild in dem Sinn, dass die betreffende Wesenheit in der atlantischen Epoche die Astralkräfte, die damals so etwas darstellten, was für uns heute die Luft ist, in sich konzentrierte und sie durch den Raum verteilte.

Mary Bauermeister fügte aus ihrer Beobachtung hinzu, dass diese Wesenheiten eine große Sehnsucht nach Kommunikation mit den Menschen zu empfinden schienen, weil sie es unter den Bedingungen der atlantischen Epoche gewohnt waren, täglichen Umgang mit den Menschen zu pflegen, für die sie damals völlig selbstverständlich wahrnehmbar und ansprechbar waren. Diese Nähe ließe sich etwa mit der Nähe des heutigen Menschen zu den Pflanzen vergleichen. Nun aber hätten sich die Umstände radikal verändert. Christopher Tragius gab dazu noch folgenden Kommentar:

»Ich muss vorausschicken, dass alles, was Atlantis betrifft, schwer in Worte zu fassen ist; es wäre leichter, würden sich viele Menschen an ihre Rolle in jener Zeit erinnern. Jede Seele hat nämlich in Atlantis existiert. Es war nicht ein Planet der Auserwählten. Auch dort waren die Menschen in einem Lernprozess. So wie die Seelen haben auch die Elementarwesen in all ihren Funktionen in Atlantis existiert. Überall gibt es auch heute noch diese Wesen als verlorene Elementarseelen, als Überbleibsel aus der Periode des Zusammenbruchs von Atlantis. Sie waren nicht fähig, die Wandlung zum heutigen Zustand der Erde mitzuvollziehen, und sind gefangen in einer Welt, die heute nicht mehr existiert. Sie sind schwingungsmäßig in einem Zwischenbereich hängengeblieben, der irreal ist, und deswegen ist es fast unmöglich, mit ihnen in Kontakt zu treten. Wenn man ihnen aber Beachtung schenkt und sie sich ausdrücken lässt, können sie sich ins Riesenhafte vergrößern und dämonisch werden. In Wirklichkeit haben sie gar keine Kraft und keinen Einfluss auf der energetisch-astralen Ebene, sie tun nur so, als hätten sie Einfluss, in Wahrheit können sie nichts bewirken, denn sie sind nicht in dem jetzigen Raum-Zeit-Gefüge verankert. Ihre Erscheinung ist wie ein Abdruck im astralen Bereich, wie eine Erinnerung. Man kann ihnen auch nicht helfen, da sie ja gar nicht im Hier und Jetzt existieren. Auch brauchen sie gar keine Hilfe, denn sie ruhen in diesem verträumten Zustand in sich selbst.

Auf diesen Inseln muss man sehr sensibel sein, um beurteilen zu können, welche Wesen Illusion sind und welche zu den immer noch wirkenden Feuerelementargeistern gehören. Die Feuerwesen sind hier noch nötig und aktiv, die wässrigen aus Atlantis haben jedoch ihre Funktion verloren und erscheinen daher als irreale Hüllen.

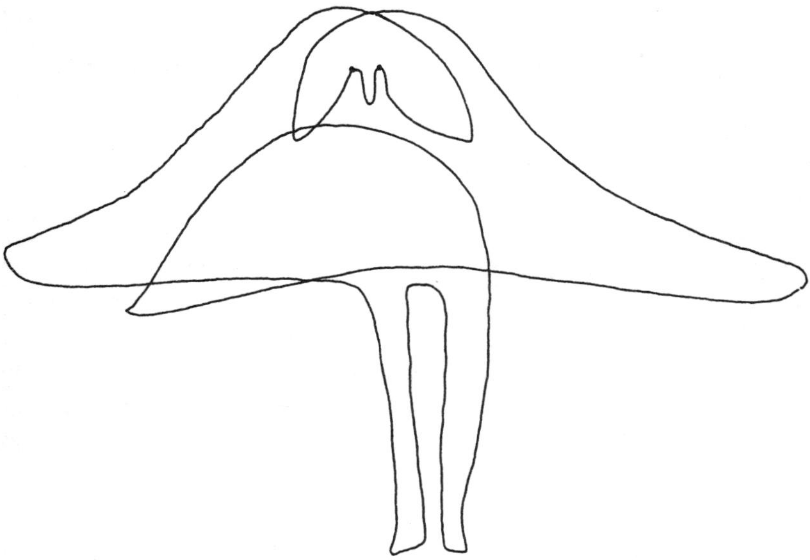

Der »Schwammerlmann« aus der atlantischen Epoche.

In der heutigen Entwicklungsepoche sind hingegen Wasserelementarwesen tätig, die die Umwandlung von der wässrigen zur irdischen Zivilisation mit vollzogen und dadurch eine Weiterentwicklung erfahren haben, die sie befähigt, unter den Bedingungen der Materie zu wirken.«

Die Erfahrungen von Teneriffa, wo alle drei Evolutionsepochen der Elementarwelt verblüffenderweise nebeneinander existieren, haben viel Licht auf die Vorgänge der Vergangenheit geworfen. Die Evolutionszyklen der Elemente Feuer und Wasser wurden bereits durchlaufen, und wir befinden uns schon mitten im Umbruch von der irdischen zur luftigen Phase der planetaren Entwicklung. Da ich mir gern auch eine Vorstellung von dem rasch herannahenden Zeitalter des Luftelements machen wollte, bat ich Ajra vor der Abreise von Teneriffa, ihren Engelmeister auch über die Elementarwesen dieser kommenden Epoche zu befragen. Da sie ja noch gar nicht existieren, sind sie auch noch außerhalb meiner Erfahrungsmöglichkeiten. Die Antwort darauf lautete:

»Die Zivilisation des Luftelements wird durchdrungen sein von Musik, Farbe, Rhythmus und Ganzheit. Die physischen Grenzen werden sich in einer Ganzheit auflösen. So wie es schwierig ist, die Wasserzivilisation zu begreifen, ist es auch nicht leicht, die luftige zu beschreiben. Schon Nostradamus hat ihr Kommen prophezeit, doch hat er den Übergang zur neuen Zivilisation als physische Zerstörung der bestehenden vorhergesagt. Die physische Zerstörung wird jedoch nicht nötig sein, da der Menschheit genügend Zeit zur Verfügung gestellt wird, sich für den Übergang in den Bereich des neuen Elements zu entscheiden. Im Grund lernen die Menschen schon heute, mit der Welt der Luftzivilisation umzugehen – ihr werdet mit den Geheimnissen der musikalischen Gesetze, mit intuitiver Wahrnehmung, mit dem Verständnis der energetischen Strukturen usw. vertraut gemacht. Ihr lernt wieder die Welt der Elementarwesen kennen und sie schöpferisch in eure Arbeit einzubeziehen. Das jedenfalls sind erste Schritte.

Ganzheitlichkeit als ein Grundmerkmal der luftigen Zivilisation bedeutet, dass die grundlegende Spaltung, die für die Existenz auf der materiellen Ebene nötig ist, aufgehoben wird; die Spaltung in Plus und Minus beziehungsweise in Gut und Böse. Es ist diese Spaltung, die euch dazu bringt, zu bewerten und Hierarchien zu errichten. Ist diese Spaltung erst einmal überwunden, so haben die Fesseln der Hierarchie keine Berechtigung mehr, sie werden sich in einer allumfassenden Einheit auflösen. Auf diese Weise werden alle existierenden Ordnungen, Normen und Gesetze zerfallen, da sie auf dem Prinzip der Unterscheidung in Plus und Minus beruhen. Sobald aber die Welt zu einer Einheit geworden ist, wird eure Schule in der Materie beendet sein, und die Seele braucht die Erfahrungen in der physisch bedingten Welt nicht mehr.

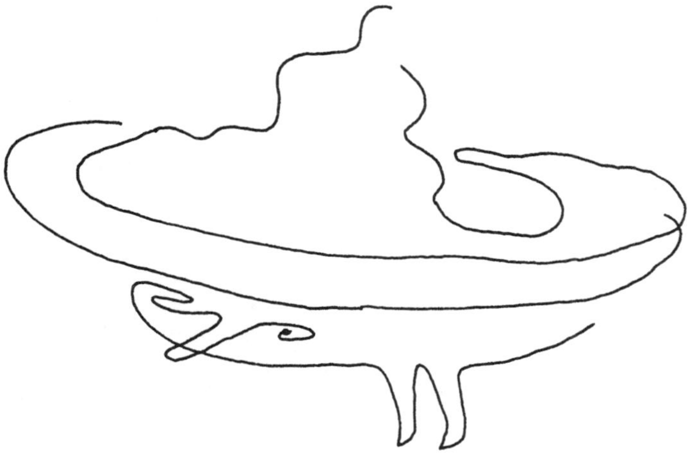

Der entlarvte Geist aus der atlantischen Epoche.

Die Vorstellung, die luftige Zivilisation werde eine Zivilisation der Rast und des Genießens in der Ganzheit, ist jedoch nicht zutreffend. Der Mensch wird in die Gesetzmäßigkeiten des neuen führenden Elements eintauchen und auch unter diesen neuen Umständen den Höhepunkt dessen zu erreichen trachten, was er in einer derartigen Zivilisation lernen kann. Danach folgt wieder eine Zeit des Übergangs, und der Gang durch die vier Elemente beginnt aufs neue auf einer höheren Ebene.

Die Elementarwesen begleiten eure Evolution und lernen dadurch manches, was für sie wichtig ist. Sie nehmen, was sie für ihre eigenen Lernprozesse brauchen, und bringen sich ihrerseits durch die Erfüllung ihrer Aufgabe ein. Jede Zivilisationsepoche bringt tiefgreifende Veränderungen in ihre Aufgaben. Viele von ihnen sind diesen neuen Aufgaben nicht gewachsen, was aber auch auf gewisse Seelen zutrifft.

Auch in der (jetzigen) Epoche der Zivilisation des Erdelements gibt es bereits Elementarwesen des Luftelements, wie beispielsweise die Feen und Sylphen. In der kommenden Epoche des Luftelements werden diese Wesenheiten die Akteure der Allverbundenheit sein. Die Elementarwesen, die gegenwärtig bei den Menschen dienen, werden lernen müssen, im Luftelement zu wirken. Es ist eine Wandlung, die einen Teil ihrer Schulung darstellt. Bei diesen Wandlungen handelt es sich immer um eine Verschiebung des Fokus auf das jeweilige Element, das zum führenden Element einer Zivilisation wird.«

44 – Die »neuen« Elementarwesen

Die Vorhersagen von Christopher Tragius erfüllten sich bereits sechs Jahre später: Im Jahr 1999 habe ich die ersten gewandelten Elementarwesen kennengelernt, die der zukünftigen Entwicklungsepoche angehören. Ich habe sie hier bereits als Elementarwesen des fünften Elements bezeichnet.

Das erste Mal stieß ich auf die »neuen« Elementarwesen im April jenes Jahres, als ich einen Workshop zur Stadtheilung von Amsterdam vorbereitete. Ich suchte im Rembrandt-Park Plätze, an denen man die Prozesse der gegenwärtigen Erdwandlung erspüren konnte. Bislang kannte ich nur die sogenannten Quellen der Urkraft, die ich als ätherisches »Material« zum Aufbau des sich neu konstituierenden Erdraums deute. Diesmal fand ich auch Kraftquellen, die durch Wesenheiten belebt waren, die in vollkommen klarem, weißem Licht strahlten. Ich sah sie in einer Prozession sich der Erdoberfläche nähern. Am Platz daneben nahm ich leuchtend grüne, winzige Wesenheiten wahr, die scharenweise aus dem Erdinneren aufstiegen. Ich wusste sofort, dass ich solche Wesenheiten noch nie vorher getroffen hatte.

Später stellte sich allerdings heraus, dass es keineswegs »neue« Arten von Elementarwesen waren, sondern bekannte Wesenheiten der vier Elemente, die einen bestimmten »Schulungsprozess« im Erdinneren durchgemacht haben, eine initiationsähnliche Wandlung, die sie zu den Trägern der Wandlungsprozesse macht, durch die unsere Erde versucht, die drohende planetare ökologische Krise zu überwinden.

Man kann sich diesen Prozess so vorstellen, dass während der bestehenden Wandlungsphase der Erde die klassischen Elementargeister noch immer dabei sind, ihre Aufgaben in der Natur und in den urbanen Räumen auszuführen. Dazwischen bewegen sich auf eine weitgehend freie Art die »neuen« Elementarwesen, die an der Wandlung der gegebenen Raum- und Zeitstrukturen tätig sind.

Es erhebt sich die Frage, wie man die »neuen« Elementarwesen des fünften Elements von den »klassischen« Naturgeistern unterscheiden kann. Das besonders rein strahlende Licht, das sie umgibt, habe ich schon erwähnt. Zum Zweiten scheint ihre Fähigkeit kennzeichnend, mit Menschen in eine liebevolle Kommunikation zu treten und mit der menschlichen Psyche zu interagieren. Mehr darüber später.

Was nun die Zeitzyklen innerhalb der gegenwärtigen, vom Element Erde bestimmten Evolutionsepoche der Elementarwesen betrifft, habe ich bereits zwei von ihnen ausführlich beschrieben. Zum einen handelt es sich um den Entwicklungsweg, der die Elementarwesen in einem bestimmten Rhythmus durch die drei beziehungsweise vier Entfaltungsebenen führt, wie ich sie im vorangegangenen Kapitel beschrieben habe. Darauf folgt der Aufstieg auf die Ebene der Engel und die Fortsetzung ihrer Entfaltung durch die verschiedenen Entwicklungsstufen des Engelreichs.

Allerdings sollten wir uns die stufenweise Entfaltung der Elementarwesen nicht zu linear vorstellen, da sie auch einen zyklischen Charakter hat. Bei einer Gelegenheit wurde mir gezeigt, wie die hochentwickelten Engel – meinem Gefühl nach waren es Cherubim – die einfachste Art von Elementarwesen hervorbringen, die winzig klein sind und von Daphne Charters als Rudimes bezeichnet werden.[46] Ich sah, wie ein Engel durch die Strahlen seines Bewusstseins, die er in den planetaren Kraftkörper hinunterlenkte, kleine Brennpunkte der Kraft und des Bewusstseins erschuf, aus denen sich einfachste Elementarwesen zu entfalten begannen.

Zum Zweiten gibt es auch im Leben jedes einzelnen Elementarwesens einen zyklischen Zeitrhythmus. Darüber habe ich bereits im ersten Kapitel

46 Ein Bericht über die kleinsten der Elementarwesen findet sich in: Karl Spiesberger, »Naturgeister – wie Seher sie schauen, wie Magier sie rufen«, Berlin 1978, S. 72–74.

berichtet. Während der ersten Phase des dreigliedrigen Zyklus lebt das Elementarwesen auf der Gefühlsebene des planetaren Kraftkörpers, die in der esoterischen Tradition als Astralebene bezeichnet wird. Ich habe sie die jungfräuliche Phase genannt. In der darauffolgenden kreativen Phase übernimmt das Wesen eine Aufgabe und dient so in irgendeiner Weise der Natur oder dem Menschen. Um diesen Dienst ausführen zu können, muss es dichter an die Materie heranrücken und entwickelt dabei den vitalenergetischen Körper. Esoterisch ausgedrückt, dehnt es seine Existenz auf die ätherische Ebene aus. Dabei entfaltet das Elementarwesen auch seine energetische Nabelschnur beziehungsweise seinen Brennpunkt, durch den es die materielle Ebene berührt, um zwischen der vitalenergetischen und der physischen Wirklichkeit vermitteln zu können. Darauf folgt die Phase der Regeneration im Schoß der Göttin Gaia – der Göttin »Erde« –, bevor sich der Zyklus wie beschrieben wiederholt.

45 — »Kindergärten« der Elementarwesen

Inzwischen habe ich entdeckt, dass es geomantisch feststellbare Plätze gibt, wo Elementarwesen in großen Scharen die erwähnte »Kindheitsphase« verbringen. Genauer gesagt, handelt es sich um den letzten Abschnitt ihrer Regenerationsphase. Solche Plätze kann man nur in besonders entlegenen Landschaften finden, zum Beispiel mitten in Moorlandschaften, in Gebirgen, oder in der Wüste. Sie möchten in Ruhe gelassen werden.

Eine »Kinderstube der Elementargeister«, wie man das Phänomen nennen könnte, ist ein erstaunlicher Ort. Man meint dort, Geräusche von Gelächter und Tanz zu hören, aber gleichzeitig herrscht in der Gegend eine unbeschreibliche Stille. Es sind Plätze, die einem besonders alt vorkommen, wie zum Beispiel die bergige Wüste des Sinai oder die uralten Gebirgskuppen der Grampian Mountains in Schottland – beide stellen großräumige »Kinderstuben der Elementarwesen« dar. Und doch schwingt dort eine besondere Leichtigkeit in der Atmosphäre, die durch das erhebende Gefühl, an der Quelle des Lebens zu stehen, durchzogen ist.

In menschlichen Worten heißt das, Kinderstuben der Elementarwesen sind nicht nur Spielplätze. Vielmehr geht es darum, sich erneut an die Schwingungsstruktur der Erdoberfläche zu gewöhnen und sich auf die bevorstehenden Aufgaben im Lebensgewebe der Natur einzustimmen. Es ist der letzte Abschnitt der Regenerationsphase, nach der die Elementarwesen in die Lebenswelt der Natur hineingeboren werden, um die von der Erdseele und ihren Meisterintelligenzen vorgesehenen Aufgaben zu übernehmen.

Die Quellnymphe von Derry »gebiert« ihre zwei Schwestern.
In der Mitte der eiserne Deckel der Kanalisation,
in die ihre Quelle hinabgedrückt wurde.

Es gibt aber nach meinen Erfahrungen im Leben der Elementarwesen auch eine Rückverbindung, die sich darin äußert, dass die Wesenheiten der zweiten und dritten Entfaltungsebene die einfachen Elementarwesen ihrer Gattung hervorbringen. Dazu spalten sie einen winzigen Teil von sich selbst ab, aus dem sich dann ein neues Individuum entwickelt. Einen solchen Vorgang konnte ich zum Beispiel bei der Quellnymphe an den drei heiligen Quellen in Derry (Nordirland) beobachten:

Während meiner Lithopunkturarbeit zu beiden Seiten der Grenze zwischen Nordirland und der Republik Irland habe ich mich unter anderem mit der Regenerierung der drei heiligen Quellen in Derry beschäftigt. Nachdem ich dort im Jahr 1992 drei Lithopunktursäulen aufgestellt hatte, besuchte ich den Platz im September 1993 im Rahmen eines Erdheilungsseminars erneut. Diesmal konnte ich eine wunderschöne Quellnymphe wahrnehmen, die an der einzigen noch existierenden Quelle, der Quelle des heiligen Columba, pulsierte. Die Gruppe stellte sich im Kreis um sie herum auf und vertiefte sich in die Anwesenheit der Nymphe, um ihr Ausharren an dem inzwischen vollkommen entfremdeten Ort zu ehren. Dabei erhielt Jessica, eine Teilnehmerin, eine klare Eingebung, dass ursprünglich drei Quellnymphen in Form von drei Schwestern die dreifache Quelle gehütet hatten.

Daraufhin vertieften wir uns erneut in die Meditation und fragten die Nymphe, ob sie wünsche, dass wir den Drei-Schwestern-Aspekt der heiligen Quellen erneuerten. Die Antwort lautete für uns alle eindeutig »Ja«. Ich legte zwei Bergkristalle in den Schwingungsbereich der Nymphe, und der Kreis ging ein drittes Mal in die Stille mit der Bitte an die Quellnymphe, sie möge zwei Schwestern hervorbringen. Ich nahm mir die Freiheit, den Schöpfungsvorgang insgeheim zu beobachten. Auf Höhe des Bauchs ihres vitalenergetischen Körpers sonderte die Nymphe zwei – nach unserem Verständnis nur wenige Zentimeter lange – Wesenheiten ab, die sie durch ihre Kraftbrennpunkte auf den zwei Kristallen verankerte. Der ganze Vorgang war in eine geheimnisvoll-feierliche Atmosphäre gehüllt, wie bei einer menschlichen Geburt.

Ähnlich wie die zeitlichen Abläufe im Reich der Elementarwesen anders verlaufen als in unserer von der Materie geprägten Welt, wäre es auch unzutreffend, dem Reich der Elementarwesen eine Raumstruktur zuzusprechen. Was sich als räumlich definieren lässt, sind lediglich die Beziehungen, die die Elementarwesen fortwährend zu unserer Raumdimension aufnehmen und die sie von Generation zu Generation aufrechterhalten.

Ich habe schon häufig vom Bewusstseins- und Kraftbrennpunkt eines Elementarwesens – der sogenannten Nabelschnur – gesprochen, durch die die Diener der Natur mit dem Gegenstand ihrer Aufgabe verbunden sind. Diese Verkoppelung hat für das Elementarwesen weitreichende Folgen. So habe ich das Beispiel eines Fauns erwähnt, der einen ihm anvertrauten Baum nicht verlassen kann, solange noch ein Zeichen von Leben in der Pflanze pulsiert. Er bleibt daran gebunden und kann sich nur in dem energetisch feststellbaren Bereich des Baums bewegen.

Diese räumliche Begrenzung wird bei den höherentwickelten Wesenheiten der zweiten und dritten Entfaltungsebene relativiert. Doch gilt auch hier der Grundsatz, dass ein Elementarwesen sich innerhalb der Raumkoordinaten dort befindet, wo sein Brennpunkt die physische Raumstruktur berührt. Eine Landschaftsdeva ist zwar frei, sich durch den Raum des ihr anvertrauten Gebiets zu bewegen, doch lässt sich radiästhetisch die Grenze ziehen, die ihren Tätigkeitsbereich festlegt und die für sie mehr oder weniger unüberschreitbar ist. Auch lassen sich in ihrem Bereich bestimmte Plätze finden, mit denen die Deva in einer besonders engen Verbindung steht. Solche Orte zeichnen sich durch eine stärkere Ausstrahlung aus und können folglich in der Landschaft als Kraftorte genau lokalisiert werden.

Um die Raumkoordinaten der Elementarwelt zu bezeichnen, würde ich nicht von einer »Raumstruktur« sprechen – ein Begriff, der sich über die drei im physischen Raum bekannten Dimensionen von Höhe, Breite und Tiefe definiert –, sondern eher von einer »Raumordnung«. Die für uns nicht so leicht vorstellbaren Ausdehnungen dieser Raumordnung möchte ich zunächst am Beispiel der antiken Göttin Ekurna erörtern.

Die spärlichen Inschriften aus der Antike, die Ekurna beziehungsweise Ekorna erwähnen, wurden praktisch alle im Bereich des Feuchtgebiets südlich von Ljubljana, dem Laibacher Moor, gefunden.[47] Aufgrund meiner

47 Fünf der sechs bisher gefundenen lateinischen Inschriften, die die Göttin erwähnen, stammen aus den römischen Städten Emona und Nauportus, beide am Rand des Moors gelegen. Die sechste fand man in der ungarischen Tiefebene, doch geht auch sie auf Einwanderer aus Emona zurück. Damit scheint Ekurna mit dem Laibacher Moor verbunden gewesen zu sein. Ihr Name deutet jedoch auf eine vorantike, vermutlich venetische oder keltische Göttin hin.

inneren Erfahrung bezeichne ich Ekurna als eine Landschaftsnymphe, die die höchstmögliche Stufe der Entfaltung eines Wasserelementarwesens erreicht hat. Ihre Rolle ist der einer Deva des Ortes vergleichbar, nur dass es sich bei der Landschaftsnymphe um die führende Intelligenz eines Auengebiets, eines Moors oder einer Seenlandschaft handelt. Ihre Rolle wurde schon im Zusammenhang mit dem ehemaligen Auengebiet um Türnich angesprochen.[48] Was Ekurna angeht, so kann ich sie in ihrer Funktion als Landschaftsnymphe als einen sternförmig leuchtenden Brennpunkt wahrnehmen, der hoch über dem Moorgebiet von Ljubljana pulsiert und mit seiner sich radial ausbreitenden Strahlung alle Bereiche der ihr anvertrauten Landschaft einschließlich der dazugehörenden Atmosphäre berührt. Dadurch entsteht die charakteristische sphärische Form einer Landschaftsnymphe oder Deva, deren Individualität sich in einer spezifischen Farbtönung äußert.

Die sphärische Gestalt der Ekurna zeichnet sich im Gelände als eine klar umrissene Grenze ab, die wellenförmig in gewissem Abstand dem Uferstreifen des ehemaligen Sees folgt, der sich vor etwa zwei Jahrtausenden in ein Moor verwandelt hat. Der »gewisse Abstand« betrifft genau den Streifen des zum ehemaligen Ufer gehörenden Festlands, der ursprünglich durch den Tanz der Nixen gepflegt wurde. Mit der Zerstörung des Moorgebiets wurde zwar der wässrige Charakter der Landschaft und mit ihm der Tanz der Nixen unterdrückt, nicht aber der Einflussbereich der Landschaftsnymphe.

Im Dezember 1993 habe ich im Auftrag der Galeristin Taja Brejc, die ihre Kunstgalerie in Ljubljana nach dem latinisierten Namen der Ekurna – Equrna – benannt hat, die Erscheinungsformen dieser Landschaftsnymphe genauer untersucht. Als Erstes stellte ich mir die Frage, ob es möglich wäre, Punkte zu finden, an denen ich mit ihrer lebendigen Gegenwart in Kontakt treten könnte. Dahinter stand meine Überzeugung, dass Wesenheiten wie Ekurna ein durchaus reales, durch Jahrtausende hindurch existierendes Wesen darstellen, das seine Aufgabe in einer bestimmten Landschaft ununterbrochen, also auch heute noch, erfüllt. In den unterschiedlichen Kulturen, die den der Landschaftsnymphe zugeordneten Raum im Lauf der Zeit besiedelt haben, wurden Wesenheiten wie sie unter dem einen oder anderen Namen als Gottheit angerufen und verehrt.

Wie es meine laufende Beschäftigung mit den Elementarwesen nahelegte, ging ich meinen Auftrag so an, dass ich mich von einem Kobold führen

48 Wie im Fall von Türnich handelt es sich auch beim Laibacher Moor um ein vollständig trockengelegtes Gebiet – ein Hinweis auf den scharfen Konflikt zwischen den die Landschaft schützenden Elementarwesen und dem gedankenlosen Handeln der Menschen.

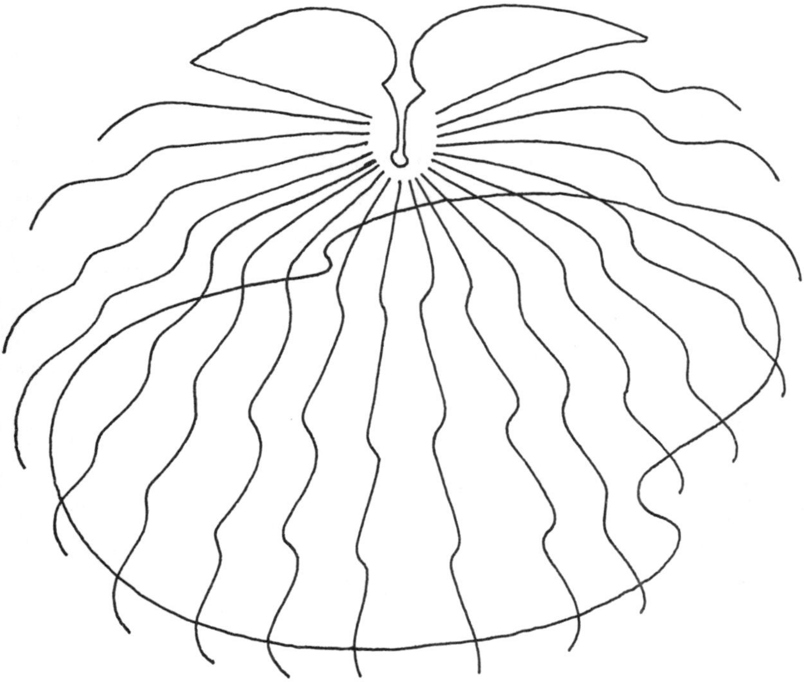

Die Landschaftsnymphe Ekurna in ihrer ätherischen Gestalt, wie sie sich über dem Laibacher Moor ausbreitet.

ließ, dem ich eines Abends im Park vor dem Palast des Staatspräsidenten in Ljubljana begegnete. Die Begegnung kam auf eine anrührende Weise zustande.

Im Februar 1993 hatte ich während eines Seminars im Kulturzentrum von Ljubljana mit den Teilnehmern an der Harmonisierung eines besonders hartnäckig blockierten Akupunkturpunkts in besagtem Park gearbeitet. Bevor ich mich auf die Suche nach möglichen Plätzen der Ekurna machte, ging ich noch einmal zu dem betreffenden Punkt, um zu sehen, ob unsere Bemühungen tiefgreifend genug gewesen waren. Ich hatte das Gefühl, dass alles zum Besten war, und freute mich über die gute Ausstrahlung des Orts, als ich einen mir bis zur Hüfte reichenden Kobold bemerkte, der an mich herantrat.

Was mich am meisten überraschte, war ein unbeschreiblich tiefes Gefühl von Dankbarkeit, das mir von Seiten des Kobolds entgegenstrahlte. Während ich äußerlich noch danach suchte, wodurch ich diesen Dank verdient hatte, war mein Bewusstsein innerlich schon damit beschäftigt, die das Dankesgefühl begleitenden Worte für meinen Verstand zu übersetzen. Es wurde mir stellvertretend für die ganze Gruppe – wir waren mindestens 200 Menschen – für die Erlösungsarbeit gedankt, die wir in dem Park geleistet hätten. Es sei nun unbeschreiblich viel schöner für die Wesenheiten des Parks, dort zu wohnen.

Ich nahm die Angelegenheit ernst und richtete mich auf, um die Danksagung vor dem Präsidentenpalast feierlich entgegenzunehmen. Dabei kam mir der Gedanke, ich könnte, ohne unverschämt zu sein, den Kobold als Gegenleistung bitten, mir die Orte zu zeigen, an denen die alten Kulturen den Kontakt zur Landschaftsnymphe Ekurna gepflegt hatten. Dabei hoffte ich insgeheim, mehr über ihr Wesen erfahren zu können, wenn ich erst die Plätze gefunden hätte, an denen sie jahrhundertelang verehrt wurde.

Für den Kobold schien meine Bitte eine Selbstverständlichkeit zu sein, und schon befanden wir uns auf dem Weg, der zum ehemaligen Ufer des Moorsees führte – deutlich spürte ich in meiner linken Hand, die langsam hin und her pendelte, seine Anweisungen, welchen Weg ich einschlagen sollte. Dabei warf ich hin und wieder einen Blick auf den Kobold an meiner Seite, um seine Erscheinung genauer zu betrachten. Dabei fiel mir etwas auf, das für die Frage nach der »Raumordnung« des Elementarreiches aufschlussreich ist. Er lief nämlich gar nicht an meiner Seite, sondern saß gemütlich, den rechten Fuß untergeschlagen. Sofort wurde mir klar, dass nur wir Menschen uns mittels Körperanstrengung von einem Punkt zum anderen im Raum bewegen müssen. Der Kobold befindet sich einfach am selben Ort, an dem sein Bewusstsein fokussiert ist, in diesem Fall an meiner Seite. Wo ich war, war folglich auch er.

Während ich durch Ljubljana marschierte, saß der Kobold gemütlich an meiner Seite.

Mein Begleiter zeigte mir insgesamt drei Stellen, in denen ich die Plätze dreier ehemals heiliger Haine erkannte, die der Landschaftsnymphe geweiht waren. Der nach meinem Gefühl älteste Platz befindet sich heute am Rand des mittelalterlichen Stadtkerns – genau an der Stelle, an der nun die nach Ekurna benannte Galerie steht. Ich würde ihn der jüngeren Steinzeit zuordnen. Der zweite Platz entfaltet sich entlang eines Bachs, der im heutigen Tivoli-Park entspringt und ursprünglich zu dem verlandeten See, also zum heutigen Laibacher Moor floss. In neuerer Zeit wurde der Bach zu einem Teich gestaut, so dass die weihevolle Atmosphäre des ehemaligen heiligen Hains kaum zu spüren ist, obwohl der Platz innerhalb eines Parks liegt. Meinem Gefühl nach handelte es sich um eine heilige Stätte aus der venetischen und keltischen Epoche. Der dritte Platz, an dem Ekurna wohl während der Antike verehrt wurde, befindet sich meiner Erfahrung nach vor den Mauern der ehemaligen römischen Stadt Emona, von der in Mirje noch Ruinen erhalten geblieben sind.

Der ursprüngliche geweihte Platz liegt an dem heutigen Bach Gradaščica, der vermutlich den Rand des einstigen Moorgebiets markiert. Dort gibt es eine glücklicherweise noch vollkommen ungestaltete Geländeecke, die mit alten Trauerweiden, Kiefern und Birken wild überwachsen ist. An diesem gesegneten, von menschlichem Handeln weitgehend ausgesparten Fleckchen städtischen Bodens ist das Leben des heiligen Hains noch intensiv erfahrbar. Viele Arten von Elementarwesen konnte ich dort erspüren, darunter auch die Gegenwart der gesuchten Landschaftsnymphe.

An allen drei der Ekurna geweihten Plätzen konnte ich die Nymphe in einer von der individuellen Qualität ihres Wesens durchdrungenen Gestalt wahrnehmen, die die Form eines schönen weiblichen Körpers annahm. Allerdings spürte ich dabei deutliche Unterschiede ihrer Präsenz. Es scheint so zu sein, dass sich die Ebene der Bewusstseinsentwicklung, auf der sie im Rahmen einer bestimmten Kultur verehrt wurde, auf die Qualität ihrer Präsenz auswirkt. So schien sie im Zusammenhang mit den älteren Kulturen viel greifbarer anwesend als im Umfeld der Antike, in der sie auf den Sockel einer örtlichen Göttin gehoben worden war.

Das Beispiel der Landschaftsnymphe Ekurna zeigt, dass die Raumordnung der elementaren Welt zwei Dimensionen kennt. Bei der raumbezogenen Präsenz der Ekurna habe ich die erste Dimension – ich werde sie die ätherische Dimension nennen – als eine Lichtsphäre beschrieben, die den ihr anvertrauten Landschaftsbereich umfasst. Die zweite astrale Dimension entfaltete sich durch den Kontakt der Nymphe mit der materiellen Ebene, die durch die religiösen Vorstellungen der alten Kulturen geprägt war. Dadurch entwickelte sich eine auf bestimmte Plätze fokussierte Gestalt der Nymphe, die einer menschlichen Gestalt ähnelte und die im Rahmen ihrer manifestierten Präsenz die ganze Macht und Schönheit ihres Wesens offenbarte – also keineswegs nur eine durch menschliche Rituale entstandene Gedankenform der Göttin war.

Der Echtheit ihrer Erscheinung in der astralen Dimension habe ich mich dadurch vergewissert, dass ich eine Woche später, am 8. Dezember 1993, die Gestalt der Ekurna, die ich in der gesegneten Geländeecke am Gradaščica-Bach kennengelernt hatte, bat, mir die Kraftorte in ihrem Einflussbereich innerhalb des Stadtgebiets von Ljubljana zu zeigen. In ihrer Gegenwart, die ich an meiner linken Schulter spürte, wanderte ich einen ganzen Tag lang durch die Stadtlandschaft von Ljubljana. Dabei zeigte sie mir fünfzehn Kraftplätze, unter ihnen auch die bereits erwähnte »Kapelle der Jungfrau von Lourdes« in Rakovnik mit der dort anwesenden Quellnymphe. Viele dieser Plätze habe ich in meinen Beitrag zu einem Projekt des Slowenischen Instituts für Urbanismus, das sich mit der Frage der Lebensqualität in Ljubljana befasst, als schützenswert einschließen können. So gehört die Landschaftsnymphe nicht nur einer fernen Vergangenheit an, sondern sie lebt genauso in der Gegenwart!

46 – Die Landschaftsnymphe Ekurna heute

Es schien mir interessant, nachzusehen, wie es nach inzwischen vierzehn Jahren um die Landschaftsnymphe Ekurna stand. Ich hatte mir fest vorgenommen, noch bevor ich mit der Überarbeitung des Buchs beim Kommentar zum Thema Ekurna angelangt wäre, unbedingt nach Ljubljana zu reisen und erneut mit ihrer Intelligenz Kontakt aufzunehmen. Eine andere Aufgabe hatte sich jedoch vorgedrängt, und zwar die Ausbildung in Geomantie, die ich zusammen mit meiner Tochter Ajra in Ljubljana leite. Genau zu dem Zeitpunkt, wo ich beim Thema Ekurna angelangt war, hatte ich ein Seminar über die Erdwandlung vorzubereiten. Ich wollte der Ausbildungsgruppe Plätze zeigen, an denen man Kräfte und Wesenheiten erfahren kann, die am Selbstheilungsprozess des gefährdeten Erdplaneten beteiligt sind. Als ich im Tivoli-Park am Rand der Innenstadt von Ljubljana nach solchen Plätzen Ausschau hielt, stieß ich, ohne es zu wollen, auf die Landschaftsnymphe Ekurna.

Einer der mit der gegenwärtigen Erdwandlung verbundenen Plätze, der mir im Tivoli-Park von meinem geistigen Berater gezeigt wurde, ist eng mit dem Urbild von Ljubljana verbunden. Es handelt sich um eine Bronzeskulptur von Stojan Batic, die genau auf der Hauptachse von Ljubljana steht. Die tanzende Frau und ihr Partner führen Gesten aus, die für die Komposition des Landschaftstempels von Ljubljana von grundlegender Bedeutung sind: zwei sich gegeneinander verdreht überschneidende Dreiecke, ähnlich einem Davidstern. Seit zwanzig

Jahren nutze ich die Skulptur gelegentlich, um an ihr die Gestalt und Eigenart von Ljubljana zu erklären.

Als ich mich diesmal der Skulptur näherte, sah ich mit meinem inneren Auge, dass sie einer Krone gleich auf dem Kopf eines gigantischen weiblichen Wesens saß. Meine Intuition flüsterte mir zu, dass es sich um die gewandelte Ekurna handeln müsse.

Um meine Intuition zu überprüfen, übermittelte ich dem weiblichen Wesen telepathisch die Zeichnung der Landschaftsnymphe Ekurna aus dem vorliegenden Buch. Sie wies die Zeichnung ab und leitete sie dorthin, wohin sie gehört, nämlich zum Laibacher Moor. Sie wollte durch eine bildhafte Sprache sagen: »Meine alte Rolle der Landschaftsnymphe gehört zum ehemaligen Moor. Nimm mich in meiner jetzigen Rolle wahr!« Nun richtete ich meinen inneren Blick auf die Beziehung zwischen ihrem Gesicht und der darüber schwebenden »Krone« – und fand mich inmitten eines räumlichen, aus verschiedenen Farblichtern komponierten Modells der Stadtlandschaft Ljubljanas wieder.

Ekurnas Aufgabe war, dieses Idealmodell der Stadt mit Kräften und Qualitäten zu durchtränken, die nötig sind, die relevanten Urbilder im täglichen Leben der Stadt verwirklichen zu können. Indem sie die Alltagswirklichkeit der Stadt immer genauer auf ihre Urbilder abstimmt, öffnet sie die Stadtstrukturen für eine bessere Durchflutung mit neuen, belebenden Kräften der Wandlung.

Kurz, Ekurna widmet sich in ihrer aktuellen Phase der Wandlung einer kleinen Großstadt. Warum »kleine Großstadt«? Weil Ljubljana, die erst vor sechzehn Jahren die Rolle einer Hauptstadt übernommen hat, inzwischen alle Funktionen entwickeln musste, die sonst Metropolen auszeichnen.

Am Beispiel von Ekurna wurde deutlich, dass die Anwesenheit der Elementarwesen in der ätherischen Raumdimension auch die physische Ausdehnung des Raums berührt, in dem wir Menschen uns während unserer Inkarnation aufhalten. Die Wechselwirkungen zwischen den beiden Dimensionen, die in der vitalenergetischen Struktur eines Orts abzulesen sind, habe ich mit dem Künstler und Radiästheten Peter F. Strauss am Beispiel von Hermannsdorf in Bayern untersucht.

Oberhalb von Hermannsdorf, einem von der Schweisfurth-Stiftung getragenen Zentrum zur Förderung der Lebensqualität und der Kunst, liegt ein niedriger Hügel, auf dem ein altes Bienenhaus steht. Im Lauf meiner Untersuchungen entdeckte ich, dass der Hügel einen sakralen Ort für die umgebende Landschaft darstellt, wobei ich den Brennpunkt des Pans auf der einen und den Brennpunkt einer Landschaftsdeva auf der anderen Seite

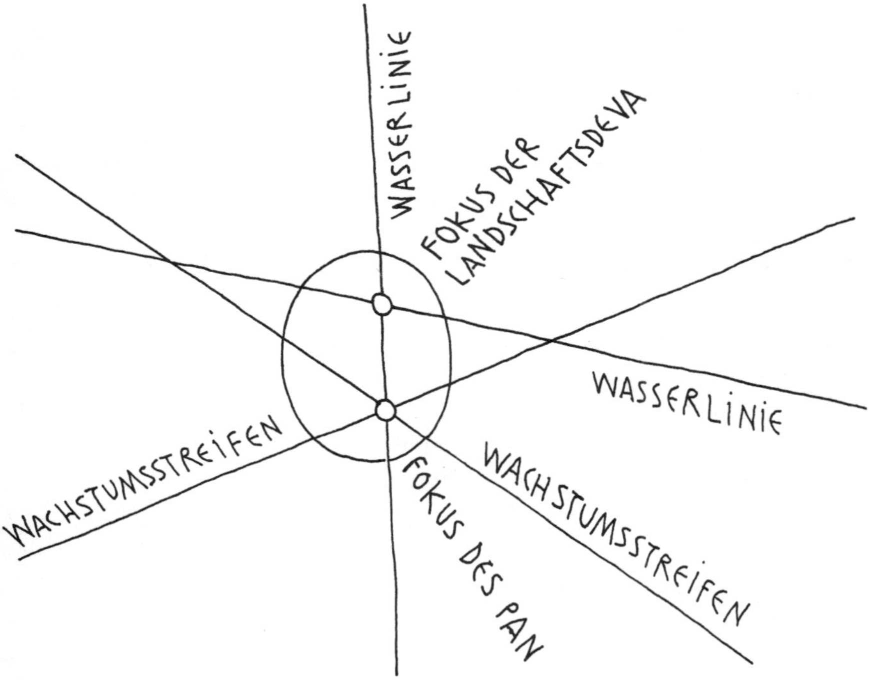

Die energetische Struktur des Hügels oberhalb von Hermannsdorf in Bayern.

des Bienenhauses lokalisierte. Mein Kollege ortete an der Stelle der beiden Brennpunkte zwei hochwertige Kreuzungspunkte, an denen die zwei Wesenheiten ihren Fokus angeheftet haben. Der Devafokus befindet sich auf der Kreuzung zweier Wasseradern mit rechtsdrehender Qualität[49], was auf ihre sakrale Bedeutung hinweist. Eine der beiden Wasseradern verläuft durch das Bienenhaus und durch den Sitz des von mir wahrgenommenen Pan jener Landschaft. Radiästhetisch betrachtet, ist sein Brennpunkt durch die Kreuzung dieser Wasserader mit zwei sogenannten Wachstumsstreifen nachzuweisen. Darunter wird ein Energiestreifen verstanden, der nach radiästhetischer Erfahrung das Wachstum der Pflanzen besonders anregt – die Entsprechung zur Rolle des Pans in der Landschaft ist offensichtlich.[50]

Mit der Feststellung, dass sich die Anwesenheit von Elementarwesen an einem Ort durch bestimmte Erscheinungen in der vitalenergetischen Struktur des Ortes kundtut, sind wir bei der Frage angelangt, wie sich dies im einzelnen äußert. Meine Schilderungen der unzähligen Aufgaben der Elementarwesen könnten nahelegen, dass sie überall in der Landschaft völlig unregelmäßig verteilt sind. Andererseits lässt die hierarchisch aufgebaute Ordnung der Elementarwelt die Vorstellung zu, dass ihre Anwesenheit an bestimmten Orten stärker zu spüren sein müsste als an anderen. Der Pan ist zwar überall innerhalb »seiner« Landschaft anwesend, doch hat er aufgrund seines ätherischen Charakters seinen Fokus an einem oder auch an mehreren spezifischen Punkten verankert. Ferner habe ich erwähnt, dass gewisse Arten von Elementarwesen ihren Dienst an auserwählten Plätzen – zum Beispiel von Feenbäumen aus – stellvertretend für die ganze Landschaft ausüben.

Diese Erkenntnisse und meine konkreten Erfahrungen im Gelände haben mich dazu bewogen, den Begriff des »Naturtempelbezirks« zu prägen, mit dem ich die Plätze erhöhter Konzentration von Elementarwesen in einer Landschaft bezeichne. Ein Naturtempel könnte durchaus mit der archaischen Form des heiligen Hains verglichen werden.

Ich möchte die beiden Begriffe aber doch auseinanderhalten, weil ein heiliger Hain durch religiöse Weihe und rituellen Gebrauch weitgehend vom Menschen bestimmt wird. Ein Naturtempelbezirk hingegen existiert in seiner vollkommenen Fülle an Lebenskraft und Heiligkeit aus sich

49 Im Gegensatz zur linksdrehenden Qualität von gewöhnlichem Wasser. Die Bezeichnung links- bzw. rechtsdrehend bezieht sich auf die Drehrichtung eines Pendels, das über die Wasserader gehalten wird.

50 Dieses Beispiel zeigt, dass radiästhetische Messungen allein in der Regel nicht ausreichen, um die wirkliche Bedeutung verschiedener Kraftphänomene in einer Landschaft zu erkennen. Hier bedarf es einer Vertiefung der Wahrnehmung, um innerlich zu erfahren, welche Wesenheiten im einzelnen durch ein Kraftphänomen zum Ausdruck kommen.

selbst heraus, weil er sich durch eine besonders dichte Anwesenheit von Elementarwesen auszeichnet. Freilich bin ich auch davon überzeugt, dass die Naturtempelbezirke von den alten Kulturen bevorzugt als heilige Haine auserwählt wurden.

Interessanterweise habe ich den ersten Naturtempelbezirk am 21. April 1993 ausgerechnet mitten in Hamburg gefunden, und zwar an einem kleinen Teich im Frauenthal, der eigentlich eine Verlängerung des Alstersees darstellt. Dort gibt es einen kleinen »Eichenpark« auf dem Grundstück des von 1295 bis 1530 nachgewiesenen Nonnenklosters. Ich hatte mich dorthin begeben, um zu erspüren, ob dort Feen anzutreffen wären.

Und wirklich konnte ich an einer amerikanischen Roteiche, die sich zur Mitte des Parks neigt, genau in Richtung ihrer Neigung den Fokus einer Schar von Raumfeen feststellen. Nun war ich neugierig geworden und wollte schauen, ob es noch weitere Brennpunkte von Elementarwesen gab. Dabei fand ich:

- Nixen unter der Weide, die sich über den See beugt;
- männlich polarisierte Zwerge an einer zottigen Eiche;
- weiblich polarisierte Zwerge unter einer uralten hohlen Eiche, die dicht an der Straße steht;
- einen Engelfokus in der Mitte einer tausendjährigen Eiche, die starke Wachstumsrisse aufweist;
- Feuergeister an einer jüngeren Eiche mit niedriger, zerzauster Krone;
- Elementargeister des Gleichgewichts (vgl. Fisch Faronika im ersten Kapitel) unter einer Eiche, die in der Nähe der Straße steht und deren drei unterste Äste kreuzförmig um den Stamm herumwachsen und dadurch einen offenen Kreis als Kosmogramm des Gleichgewichts bilden.

Möglicherweise gibt es dort noch andere Wesenheiten der zweiten und dritten Entfaltungsebene, die ich aber zum damaligen Zeitpunkt noch nicht wahrnehmen konnte.

In den folgenden Monaten, während ich meinen Aufgaben folgend durch Europa reiste, habe ich unzählige Naturtempelbezirke entdeckt. Wenigstens drei von ihnen habe ich bereits erwähnt, so den Venushügel auf der Insel Srakane, den Schlosspark von Türnich und den bewaldeten Hang auf dem Mönchsberg über Salzburg mit der Präsenz der Nymphenkönigin. Lehrreich ist auch das Beispiel des Naturtempelbezirks auf dem ehemals heiligen Hügel von Köln, der sich wegen der vollständigen Überbauung des Platzes heute mitten im Kölner Dom befindet und von den Elementarwesen noch immer aufrechterhalten wird.[51] Die vergessene, naturbelassene

51 Später habe ich noch den Sitz des Pans entdeckt: Er befindet sich unter einer unglaublich vitalen Buche, die unmittelbar hinter dem Chor des Doms wächst.

Geländeecke in Ljubljana, in der die Landschaftsnymphe Ekurna thront, beweist, wie wichtig gewisse wilde Flecken in einer Stadtlandschaft sein können.

Im übrigen habe ich festgestellt, dass innerhalb von Stadtlandschaften jene Naturtempelbezirke am glücklichsten überlebt haben, die – bewusst oder unbewusst – in die Parks des 18. und 19. Jahrhunderts einbezogen wurden. Beispiele dafür fand ich im Parkbereich hinter Schloss Cecilienhof in Potsdam, im Volkspark Gaarden in Kiel und in den Kensington Gardens in London, die ein einziger, riesiger Naturtempelbezirk sind.

47 – Naturtempel, Naturtempelholon

Heutzutage finde ich den Ausdruck »Naturtempelbezirk« unglücklich gewählt. Er hört sich ziemlich bürokratisch an! Bei meinem Bemühen, die Welt der Elementarwesen so darzustellen, wie sie mir die Elementargeister selber zeigten, bekam ich immer wieder eine Welt zu sehen, die geometrisch genau organisiert ist, obwohl ihre Organisation einen freien, tänzerischen Charakter aufweist. Wie kann man diese beiden gegensätzlichen Qualitäten als Einheit darstellen, so dass unser Verstand es begreift?

Eine zweite Herausforderung liegt darin, dass wir gewöhnlich nur bestimmte Plätze in der Landschaft mit Elementarwesen assoziieren. In unserem Bewusstsein liegen dazwischen riesige Gebiete, die elementarwesenleer erscheinen. Die Absicht meiner Betrachtungen über die Naturtempelbezirke war, zu zeigen, dass verschiedene Arten von Elementarwesen flächendeckend über Natur- und Stadtlandschaften verteilt sind. Wo dieses fabelhafte Netzwerk der Umweltgeister Löcher aufweist, haben wir es mit Gesundheitsproblemen der betreffenden Orte zu tun. Dort muss man erdheilerisch wirksam werden. Das lebenserhaltende Netzwerk darf nicht zerreißen!

In den letzten Jahren habe ich zunehmend den Ausdruck »Holon« (von griechisch »Ganzheit«) anstelle des Begriffs »Bezirk« verwendet. Damit ist in der Geomantie eine abgerundete Ganzheit gemeint, innerhalb derer man ein geomantisches Zentrum ausmachen kann oder in der eine Wesenheit wirkt. So könnte man im Zusammenhang mit der Beziehung einzelner hochentwickelter Elementarwesen zur umgebenden Landschaft von deren Holon oder Tätigkeitsholon sprechen und damit das energetische Feld der Wirkung eines Elementarwesens oder eines Naturtempels bezeichnen.

Soviel zum Begriff »Bezirk«. Zum Begriff »Naturtempel« noch Folgendes: Obwohl ich eine gleichmäßige Verbreitung der unterschiedlichen Elementarwesen in der Landschaft als grundsätzlich gegeben erfahre, erkenne ich auch Plätze, an denen sie außergewöhnlich gehäuft vorkommen. Das sind für mich die »Naturtempel«. Man könnte sie mit der Funktion der Schlüsselorgane im menschlichen Körper vergleichen, etwa, hier pulsiert das Gehirn des lokalen Holons, dort dessen Herz usw. Als weiteres Element kommt die sakrale Atmosphäre solcher Orte hinzu, die durch einzelne dort angesiedelte hohe »Individualitäten« aus der Welt der Elementarwesen aufrechterhalten wird.

In einigen Fällen bieten sensible Gestaltungsformen in den Parks den Elementarwesen gute Gelegenheiten, sich an bestimmten Plätzen niederzulassen. In anderen Fällen bevorzugen sie verwilderte Bereiche weitab der Wegführungen. Die Neigung der Menschen, alles in eine rationale Ordnung zu zwängen, stellt für die Elementarwesen eine besondere Bedrohung dar. Bei jeder Parkpflege wäre dringend darauf zu achten, dass einige »wilde« Inseln unangetastet bleiben und dass in außergewöhnlichen Formen gewachsene Bäume oder Äste geschont werden, weil sie möglicherweise einen durch die Elementarwesen gestalteten Kraftbrennpunkt oder ein Kosmogramm darstellen.

In der freien Landschaft sind Naturtempelbezirke an ihrer Ausstrahlung und erhabenen Schönheit oder an einer besonders kunstvollen natürlichen Gestaltung der Steine, Bäume usw. erkennbar. Sie kommen regelmäßig in Verknüpfung mit den Kraftzentren der Landschaft auf der vitalenergetischen und seelisch-geistigen Ebene vor. Entweder sind sie in das Kraftgewebe dieser Orte eingegliedert, oder sie bilden einen selbständigen Naturtempelbezirk in der Nähe als Gegengewicht zu den Kräften des Zentrums.

Während ich im März 1994 im Auftrag des Schweizerischen Bundesamts für Umwelt, Wald und Landschaft an einer Untersuchung der Kraftlinien im Seeland in der Westschweiz arbeitete, hatte ich Gelegenheit, die Verteilung der Naturtempelbezirke in einer Landschaft zu studieren. Allein im Raum des Bielersees fand ich drei Tempelbezirke der Elementarwesen vor, deren jeweilige Einflussbereiche sich relativ genau abgrenzen ließen. So ist für die südlich des Bielersees gelegene Landschaft das Intelligenzzentrum der Natur am Hügel des heiligen Jodel in der Nähe des Dorfs Ins zuständig, für den unteren Teil des Sees der Tempelbezirk am Jura-Abhang oberhalb von Tüscherz, für den oberen Teil hingegen das Intelligenzzentrum oberhalb von Landeron. Hinzu kommt noch ein vierter Naturtempelbezirk, der eine übergeordnete und zusammenfassende Rolle im Seeland spielt. Dieser befindet sich auf dem steilen Rücken einer winzigen Insel, der Chüngeliinsel, die sich ursprünglich neben der Petersinsel in der Mitte des Bielersees befand. Seit einer künstlich vorgenommenen Absenkung des Wasserspiegels im 19. Jahrhundert bilden die beiden ehemaligen Inseln eine Halbinsel. Unter einer bewegten, mehrstämmigen Kiefer habe ich dort den Sitz des Pans des Landes entdeckt, der einen ganzen Hofstaat von Elementarwesen um sich herum versammelt hat. Der Naturtempelbezirk, der sich am Abhang des Juragebirges oberhalb von Landeron befindet, ließe sich als Modell für die Gestaltung der Tempelbezirke im Seeland bezeichnen. Die Brennpunkte der führenden Intelligenzen der einzelnen Elemente sind jeweils durch Felsen markiert, die der Gletscher der letzten Eiszeit dort oben hinterlassen hat; den Fokus der Raumfeen bildet jedoch die Kirche der heiligen Anna, die zum Dorf Combes gehört und auf einem dominanten Hügel steht. Einer der genannten Felsen ist mit unzähligen flach eingemeißelten Schalen bedeckt, die alle eine Verbindung zu den Elementarwesen, genauer gesagt, zu den weiblich polarisierten Zwergen aufweisen.

Meinem Gefühl nach wurden diese Schälchen für die Darbringung symbolischer Opfergaben benutzt, um dadurch das Fortbestehen der Beziehungen zwischen der Sippe oder dem Stamm und der Welt der Elementarwesen zu sichern. Als ich auf dem Felsen stand, stieg plötzlich eine am Ort gespeicherte Information aus vorchristlicher Zeit in mir auf: Ich sah eine Gruppe von Menschen in langsamem, aber ekstatischem Schütteltanz gegen den Uhrzeigersinn den Felsen umkreisen. Hinweise auf die Bedeutung der den Elementarwesen gewidmeten Rituale finden sich reichlich in den Zwergen- und Feensagen: Um sich der Mitarbeit der Zwerge, zum Beispiel beim Viehhüten, zu vergewissern, wurde ihnen regelmäßig ein symbolischer Anteil am Mahl der Familie auf die Weide oder aufs Feld gebracht.[52]

Am Beispiel des Naturtempelbezirks oberhalb von Landeron lassen sich auch die Entwicklungen rekonstruieren, die solche Intelligenzzentren der Landschaft im Lauf ihrer Geschichte durchgemacht haben. Ursprünglich gab es in dieser Landschaft bestimmte dominante Landformen und vom Gletscher abgelegte Felsen, die im Prozess der Belebung der Landschaft von verschiedenen Elementarwesenarten zu ihren Brennpunkten erkoren wurden.

Die Menschen der neolithischen Kultur, die das Land als erste systematisch besiedelten, waren noch so weit hellsichtig, dass sie das Leuchten dieser auserwählten Hügel oder Felsen wahrgenommen und sie zu Kultplätzen weiterentwickelt haben. Auch die folgenden Kulturen haben dieselben Orte auf ihre Weise weiterhin als Ritualplätze geehrt. Und selbst die christliche Kultur hat sich bewusst oder unbewusst diesen traditionell heiligen Plätzen verpflichtet gefühlt und dort ihre ersten Kirchen errichten lassen, obwohl die Plätze häufig weit von der Dorfsiedlung entfernt liegen.

52 Vgl. Wendelin Marwede, »Die Zwergsagen in Deutschland«, Würzburg 1933.

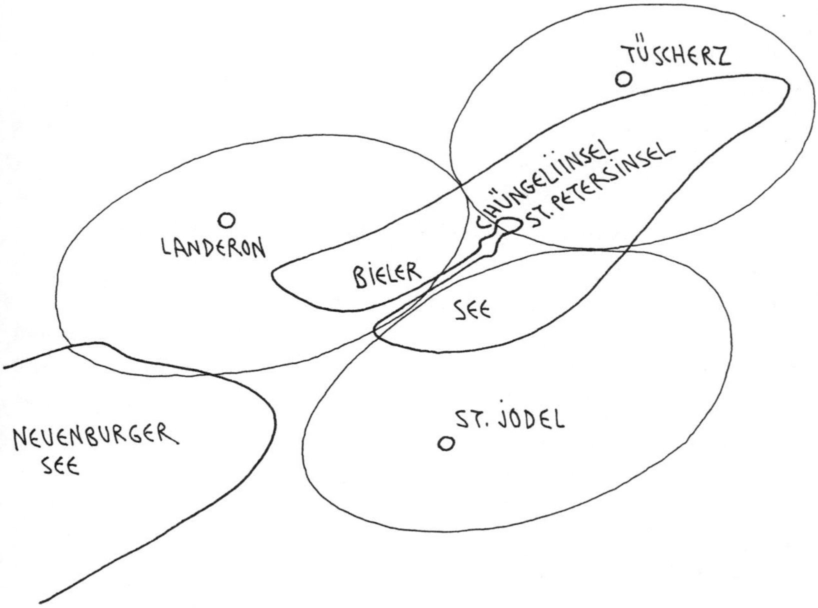

Die Naturtempelbezirke von Le Landeron, St. Jodel und Tüscherz mit ihren Einflusssphären und dem Sitz des Pans auf der Chüngeliinsel in der Mitte.

Zu diesen Kirchen gehörte auch die Kirche des heiligen Theodul, die einst am Rand des Naturtempelbezirks des heiligen Jodel bei Ins stand. Sie ist längst verschwunden und nur noch urkundlich nachweisbar. Von der Kirche am ehemaligen heiligen Hain oberhalb von Tüscherz ist nur der Turm übriggeblieben, an den heutzutage leider ein äußerst profaner Schießstand angelehnt ist. Er spiegelt die letzte und traurigste Phase des menschlichen Umgangs mit den Naturtempelbezirken – selbst die leiseste Erinnerung an ihre wahre Bedeutung für das Leben der Landschaft ist vollkommen aus dem Bewusstsein der Zivilisation gefallen.

Meine Bemühungen sind nun darauf gerichtet, in diesem auf seinem Tiefstpunkt angelangten Prozess einen Umschwung einzuleiten. Ich bin davon überzeugt, dass wir heute bereits so viel von der subtilen Vernetzung der Ökosysteme verstehen, dass wir die Rolle der Intelligenzzentren der Natur bei der Steuerung der Lebensprozesse in der Landschaft auch logisch begreifen könnten. So wäre als ein nächster Schritt in der Landschaftspflege denkbar, dass die Naturtempelbezirke aus der profanen Nutzung herausgenommen und, wichtigen Biotopen ähnlich, rechtlich und planmäßig unter Schutz gestellt werden. Das jedenfalls wäre ein erster Schritt zu einem neuen, kreativen Bündnis zwischen der Zivilisation der Elementarwesen und der des Menschen. Die nächsten Stufen müssten meiner Einsicht nach zu einer tiefergreifenden seelischen Beziehung zwischen den beiden Mitevolutionen führen, als wir sie je gekannt haben.

48 – Der Naturtempel Rafford in Schottland

In den Jahren seither bin ich mit vielen Naturtempeln in Kontakt gekommen. Als Beispiel berichte ich von einem mit hohen Kiefern bewachsenen Hügel in Rafford bei Forres in Schottland, wo ich mit meiner Tochter Ajra in den Jahren 1997–99 Ausbildungsgruppen leitete. Dieser ist ein Naturtempel der Wandlung, wo Elementarwesen des Feuers mit den Feen zusammenwirken. Der Hügel steht in Resonanz mit dem Planeten Saturn, was in der Koppelung mit der Kraft des Feuers die Wandlungsfunktion des Naturtempels noch stärker ausprägt.

Beim Durchgang durch die Erinnerungen des Orts nahm ich als Erstes wahr, wie der Hügel durch alte Kulturen rituell genutzt wurde. Gruppen von Pilgern kamen zusammen und vollführten dort oben gemeinsame Stamptänze. Dies war für die Feuergeister im Hügel das Signal, mit dem energetischen Erhitzen des Hügels zu beginnen. Schließlich war der Hügel heiß wie ein glühender Stein, und die Menschen erlebten dabei eine Art innere Transformation.

Danach tauchte ich in die gegenwärtige Rolle des Hügels von Rafford ein, der vermutlich seit Jahrhunderten unter dem Mangel an tieferer Aufmerksamkeit litt. Ich beobachtete Feuerwesenheiten, die feurige Kräfte aus der Erdmitte an die Oberfläche beförderten. Dadurch entstand in etwa acht Metern Höhe über dem Hügel eine feurige Schale. Feen und Wesenheiten des Luftelements waren ständig dabei, in diese Feuerschale einzutauchen und von dort eine konzentrierte Lichtqualität nach außen in die Welt zu tragen.

Ein Jahr später waren wir erneut mit einer Gruppe auf dem Hügel in Rafford. Gemeinsam mit Ajra wollte ich den Studierenden nahebringen, wie man einem Naturtempel, der durch die rituelle Nutzung in der Vergangenheit stark belastet ist, helfen kann. Im Kreis stehend imaginierte die Gruppe eine zwischen unseren Herzzentren ausgespannte Regenbogenmembran. Die Wesenheiten des Orts wurden eingeladen, durch diese Membran zu gleiten, um sich dadurch auf den gegenwärtigen Augenblick einzustimmen, der ja in jedem Herzen als Fraktal der Ewigkeit pulsiert. Der Prozess der Einstimmung wurde durch harmonischen Gesang unterstützt.

Nach dem Ritual konnte ich genauer wahrnehmen, worum es bei der Interaktion zwischen den feurigen und luftigen Wesenheiten geht. Es handelt sich um die Wandlung der Licht- und Geschwindigkeitsqualität des Feuers aus der Erdmitte. Beides wird auf die Erfordernisse des Lebens auf der Erdoberfläche abgestimmt, bevor sie durch Feenscharen im ganzen Landschaftsraum verteilt werden.

Überall, wo Leben pulsiert, sind auch Intelligenzzentren der Natur angesiedelt, die ich als Naturtempelbezirke bezeichnet habe. Das gilt auch für den Mikrokosmos eines privaten Gartens. Zumindest gibt es in jedem mit Hingabe und Liebe betreuten Gärtchen Brennpunkte der Wesenheiten aller vier Elemente. Gewöhnlich sind auch Vertreter der höheren Entfaltungsebene darunter. Wie reich an unterschiedlichen Wesenheiten der Naturtempel eines Gartens ist, hängt zuvorderst vom Bewusstsein der Menschen ab.

Unterliegt ein Garten ausschließlich dem Streben nach Gewinn oder einer ihm rein verstandesmäßig aufgeprägten Ordnung, so wird der Lebensraum für die Elementarwesen bis zur Unerträglichkeit eingeengt. Schließlich ist ihr Bewusstsein auf der Gefühlsebene angesiedelt, und wenn ein Garten ohne viel Gefühl gepflegt wird, sind die Anziehungskräfte zu gering, durch die die höherentwickelten Elementarwesen an ein bestimmtes Gartengelände herangezogen werden. Andererseits heißt das nicht, dass bereits ein liebendes Gemüt der Gärtnerin oder des Gärtners genügen würde. Die Liebe zur Natur und zu den Elementarwesen sollte unbedingt auch in der Gestaltung des Gartens ihren Niederschlag finden.

So haben wir zum Beispiel in unserem Garten in Šempas zwischen die Beete hier und da Steine und kleinere Felsen gelegt, die mit kleinen Inseln von Heilkräutern und Blumen umgeben sind, so dass überall Fleckchen entstehen, die der Schönheit und der Freude am Leben gewidmet sind und die den Elementarwesen als Brennpunkte dienen können. Die antiken griechischen Gärten besaßen regelrecht eine wilde Ecke, die »heilige Ecke« – Temenos –, um den Naturgeistern einen Platz zur Regeneration anzubieten. In Findhorn haben die Elementarwesen selbst durch ihre Kontakte zu Roc die Wiedereinführung bestimmter Wildniszonen im Garten empfohlen. Auch aus meiner eigenen Erfahrung kann ich bestätigen, dass die Elementarwesen gewisse naturbelassene Rückzugsbereiche im Garten brauchen, wo sie ihren Stammplatz einnehmen und von wo sie zu ihren Aufgaben im Nutzgarten ausschwärmen können.

Es kann auch vorkommen, dass sich ein einfacher privater Garten an einem Platz befindet, an dem – lange vor der Ansiedelung von Menschen – ursprünglich ein Naturtempelbezirk lag. In solchen Fällen werden sich auf angenehme oder auch beängstigende Weise Kräfte und Präsenzen kundtun, die den Rahmen eines Familiengartens bei weitem sprengen.

Wir sollten dafür dankbar sein, in einem solchen Fall dazu »auserwählt« worden zu sein, einen Tempelbezirk zu betreuen, und versuchen, Schritt für Schritt herauszufinden, wie die Brennpunkte der einzelnen Wesenheiten am besten zu schützen und zu gestalten sind.

Schwieriger ist die Lage, wenn ein solcher Platz überbaut wurde. Dann kann es zu heftigen Reaktionen der unterdrückten »Ureinwohner« kommen, die sich bis hin zu unerträglichen Störungen bemerkbar machen können. Eine künstliche »Entstörung« würde nur eine noch gröbere Unterdrückung der Naturintelligenz bedeuten. Stattdessen empfehle ich die Umsiedelung der betroffenen Wesenheiten an gärtnerisch oder künstlerisch neu erschaffene Brennpunkte in der Umgebung des Gebäudes, wie ich es am Beispiel der zerstörten Quelle im ersten Kapitel beschrieben habe. Es ist unabdingbar, vor einer solchen Aktion mit diesen Wesenheiten gefühlsmäßig Verbindung aufzunehmen und sich bei ihnen für das erlittene Unrecht unter tiefem Bedauern zu entschuldigen.

Abschließend können wir uns die Landschaft insgesamt als einen einzigen, umfassenden Naturtempelbezirk vorstellen, in dem die Elementarwesen aller Arten und Entfaltungsgrade ihren Platz haben. Dabei handelt es sich im Grunde genommen um eine selbständige Dimension der Landschaft, die eine Ergänzung zu ihrer physischen, vitalenergetischen und seelisch-geistigen Dimension darstellt. Ich möchte sie als emotionale Dimension der Landschaft bezeichnen. Die Rolle der emotionalen Dimension der Landschaft vergleiche ich mit der Funktion des Bewusst-

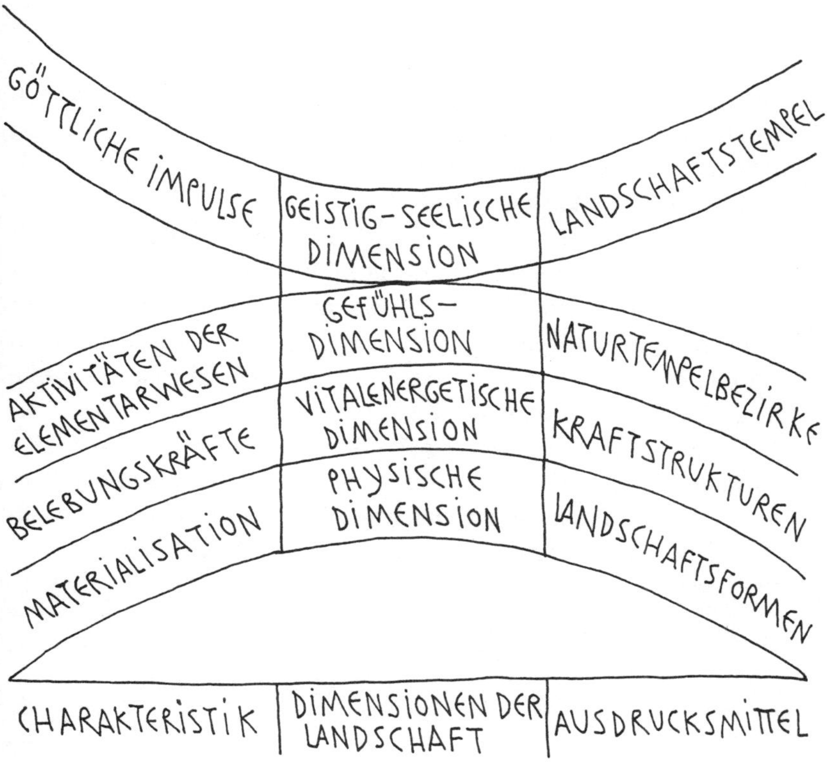

Die Dimensionen der Landschaft, die ich bisher erfahren habe.

seins beim Menschen, wobei der nicht genug zu betonende Unterschied zu beachten ist, dass das Bewusstsein beim modernen Menschen auf der mentalen, bei der Natur aber auf der emotionalen Ebene angesiedelt ist. Träger des Bewusstseins ist beim Menschen das sogenannte äußere Selbst beziehungsweise das Ego, bei der Landschaft hingegen die allumfassende Gemeinschaft der Elementarwesen.

Andererseits können wir uns die Aufgabe der emotionalen Dimension der Landschaft so vorstellen, dass sie die göttlichen Impulse, die von der geistig-seelischen Dimension ausgehen, bewusst zur Verwirklichung an die vitalenergetischen und letztlich an die materielle Dimension weiterleitet. Die emotionale Dimension bildet eine Brücke in der Landschaft, mit deren Hilfe die göttlichen Impulse aus den Landschaftstempeln in die manifestierte Form der energetischen und geologisch-biologischen Landschaftsstrukturen übersetzt werden. Erst die emotionale Dimension macht es möglich, dass wir uns an der unendlichen Schönheit und der realen Stofflichkeit der Landschaft erfreuen und uns ihrer zum Zweck unserer eigenen Entwicklung sogar bedienen können.

Zwei Evolutionen, die als Gäste auf dem Planeten Erde weilen, haben die Landschaft tiefgreifend geprägt: die Tiere und die Menschen. Erdgeschichtlich betrachtet, waren die Tiere als Erste anwesend, aber der expansive Charakter der menschlichen Zivilisation hat es in wenigen Jahrtausenden fertiggebracht, die Tiere als Rivalen in der Landschaft zu behandeln, das heißt, sie entweder zu unterjochen, aus ihren Stammgebieten zu verjagen oder viele ihrer Arten vollständig auszurotten.

Aus diesem aggressiven Verhalten heraus hat sich eine Vielzahl von verwirrenden Gedankenformen über die angebliche Minderwertigkeit der Tierwelt im Vergleich zum Menschen herausgebildet, die leider noch immer unsere Einstellung zu den Tieren prägen, obwohl sie die Wahrheit vergewaltigen und moralisch unvertretbar sind. Wollen wir das Gleichgewicht in der Natur auf allen Ebenen ehren, so ist es unumgänglich, die unterschiedlichen Tierarten in ihrer wahren Rolle zu verstehen und in die Landschaftsbetrachtung einzubeziehen. Ein solches Bemühen würde dazu beitragen, die falschen Gedankenformen zu überwinden, und es wäre ein Hoffnungsschimmer für die unendlich leidende Gemeinschaft der Tiere.

Was ist nun mit der wahren Rolle der Tierarten gemeint? Jede der unzähligen Tierarten hat auf der vitalenergetischen Ebene gegenüber der Erde und der Landschaft eine bestimmte Funktion und Aufgabe zu erfüllen. Einige unter ihnen sorgen für die Erdung, andere regulieren die Kraftspannungen innerhalb eines Bereichs, und wieder andere sorgen für die Verbindung zwischen der irdischen und der geistigen Daseinssphäre. Ein Maulwurf zum Beispiel reibt seinen Pelz an den Erdschichten, wodurch eine Kraftladung entsteht, die er beim Kriechen durch seine Gänge ins Kraftfeld der Erde verteilt. Diese Ladung wird zu einem Bestandteil des Erdmagnetfelds. Fische wiederum gleichen durch ihr Schwimmen die positiv-negative Ladung des Wassers aus und harmonisieren auf diese Weise die Kraftstruktur des Wassers. Die Vögel sind unverzichtbar, weil sie Kanäle zur physischen Ebene öffnen, durch die gewisse kosmische Kräfte einfließen können. Aus diesem Blickwinkel betrachtet, fällt es auch nicht schwer, Schmetterlinge als fliegende Kosmogramme zu begreifen usw.

Eine Wahrnehmung der Tiere auf einer vergleichbar tiefen Ebene wurde mir erst im Mai 1993 zuteil, als ich im Schlosspark von Rakičan einen Naturtempel der Tierarten entdeckte. Obwohl ich diesen Park in der Nähe von Murska Sobota im Osten Sloweniens schon mehrfach mit Gruppen besucht hatte, um ihnen die Pracht der mehrhundertjährigen Bäume im vorderen Teil des Parks zu zeigen, war ich noch nie in die tieferliegenden Bereiche des Parks eingedrungen, die in Richtung Neue Landesklinik liegen. Erst nachdem eine Teilnehmerin an meiner Führung im Mai auf ihrer Heimfahrt ein trächtiges Reh überfahren hatte, wurde ich unmissverständlich aufgefordert, mich dorthin zu begeben. Ich hatte die Landschaftsdeva dieser Gegend, mit der ich schon früher Kontakt aufgenommen hatte, gebeten, mich zur Ursache des erschütternden Unfalls zu führen. So wurde ich zum vergessenen Bereich des Parks in Rakičan geleitet.

Ich fand dort einen größeren Hainbuchenwald vor mit einer breiten, am Ende zugewachsenen Allee in der Mitte. Die Kronen der Alleebäume sind zu einer Art Spitzbogengewölbe zusammengewachsen, so dass eine Halle entstanden ist, die an einen gotischen Kathedralenraum erinnert. In den Ästen der Bäume, die die »Halle« am Ende abschließen, erkannte ich die Gestalt einer riesigen fliegenden Eule. Ich hatte das starke Gefühl, dass ich diesen festlichen Raum nicht betreten durfte. So sank ich, meiner Intuition folgend, auf die Knie nieder und lauschte in den Raum hinein.

Im selben Augenblick hörte ich unzählige Stimmen weinen und klagen. Es waren die Stimmen der verschiedensten Tierarten, die ihr Schicksal beklagten, das der Mensch über sie verhängt hat. Ich hatte nicht den Mut, mich dem Schmerz in diesem Tierheiligtum allein zu stellen, versprach aber, im Sommer mit einer Gruppe, die bereits für ein Erdheilungsseminar geplant war, wiederzukommen, um an der Erlösung zu arbeiten.

Um mich auf diese Aufgabe vorzubereiten, bat ich meine Tochter Ana, den Erdheilungsengel Devos über die Bedeutung und die Probleme des Tierheiligtums in Rakičan zu befragen. Die Antwort lautete, es handle sich hier um einen Ort, der seit Urzeiten die Aufgabe hat, die Welt der Tiere mit der Welt der Menschen zu verbinden. Solche Plätze stellten eine Quelle der reinsten Schwingungen in der Landschaft dar, die sich wie ein feiner Schleier über das Land verteilten. Die Menschen hätten Orte dieser Art gewöhnlich schon längst zerstört, um ihre Vorherrschaft über die Landschaft sicherzustellen. Im Fall des Tierheiligtums in Rakičan sei der Ort dadurch entweiht worden, dass dort Tiere in Massen geschlachtet worden seien.

Im August 1993 besuchte ich den Ort mit zwei Gruppen von über vierzig Menschen, um nach den Weisungen des Engels durch eine geführte Meditation und einen Klagegesang das Werk der Erlösung und Versöhnung zu tun. Zum Abschluss sollten sich alle irgendwo im Bereich des Tierheiligtums meditativ vertiefen und ein individuelles Tier einladen, sich zu nähern und im Herzen des oder der Meditierenden Platz zu nehmen. Als die Beteiligten anschließend über ihre Erfahrungen berichteten, waren wir nicht wenig erstaunt, was die Tiere über ihre wahre Rolle zu erzählen hatten:

Zdenko beispielsweise hatte den Adler eingeladen. Dieser kam herbeigeflogen, und Zdenko fragte ihn, ob er ihm helfen könne. Der Adler erwiderte, die Hilfe, die er, der Adler, den Menschen anzubieten habe, würde viel nötiger gebraucht. Erika traf den Bären, der sich ihr als ein Vermittler von drei geistigen Qualitäten zu erkennen gab: Freundschaft, Schutz und Trost. Die Elefantin, die zu Slavica kam, stellte sich als Hüterin von drei weiteren geistigen Qualitäten vor: Kraft, Wille und Beharrlichkeit. Der Hirsch, den ich eingeladen hatte, gab sich als Verkörperung von Würde, Liebe und Güte zu erkennen. Übereinstimmend ging aus den Aussagen hervor, dass die höherentwickelten Tierarten bestimmte geistige Funktionen in der Landschaft erfüllen, während die einfacheren Arten – wie der erwähnte Maulwurf – unterschiedliche energetische Funktionen ausüben.

49 – Der Adler über Gotland

Meine Beziehung zu den Tieren erweiterte sich um eine neue Dimension, als am 14. Juli 2004 ein Adler auf unserem Gelände in Šempas landete. Ich arbeitete mit meiner Frau Marika in unserem Garten, als wir auf einen Riesenvogel aufmerksam wurden, der sich am oberen Ende des Gartens herabsenkte und den Boden berührte. Ich schrie: »Ein Storch, ein Storch«, weil mir kein anderer derart riesiger Vogel einfiel. Aber die Farben waren ganz anders! Beide riefen wir aus: »Ein Adler!« – Und schon war er weg.

Wir waren erschüttert. In der Tat wird erzählt, dass es am bergigen Rand unseres Tals noch vereinzelte Adlerfamilien gibt. Die zweite Überraschung kam am folgenden Tag.

Am nächsten Morgen saß ich schon früh im Flugzeug nach Schweden via München, auf der Reise nach Gotland, der zweitgrößten Insel in der Ostsee, wo ich einen einwöchigen Workshop über die Landschaft der Insel leiten sollte. Als ich in München auf meinen Verbindungsflug wartete, machte ich mir Sorgen, wie ich diese Aufgabe bewältigen könnte. Ich war vorher noch nie auf Gotland gewesen. Was hatten die 95 gotischen Kirchen auf der Insel zu bedeuten, alle perfekt erhalten? Wie würde ich mich dort zurechtfinden?

Auf dem Boden der Abflughalle breitete ich meine Landkarten von Schweden, Gotland und Europa aus – ich hatte keine Ahnung, wo ich mit der Entschlüsselung beginnen sollte.

In diesem Augenblick berührte der Adler erneut mein Herz: Unsichtbar war er wieder da. Um mich zu vergewissern, schaute ich mit meinem inneren Auge und sah eine Adlergöttin vor mir, halb Frau, halb Vogel. Und schon wurde mir ihre Führung zuteil. Ohne Mühe konnte ich auf den Karten die geomantischen Beziehungen innerhalb der Insel und von Gotland zum Gesamtraum Europas erspüren. Auch später, während des Workshops, wurde mir einige Male auf diese Weise Hilfe zuteil (zu Gotland vgl. mein Buch »Liebeserklärung an die Erde«).

Selbstverständlich hat mir nicht der physische Adler selbst geholfen. Der Riesenvogel war von der Adlerseele auf unser Land geführt worden, um durch seine Berührung meine Beziehung zur kosmischen Seele der Adlerfamilie herzustellen. Danach war die Anwesenheit des Vogels selbst nicht mehr nötig, denn ich kommunizierte nun unmittelbar mit der sogenannten Gemeinschaftsseele der Adler. Bekanntlich stellen einzelne Tiere im Unterschied zum Menschen keine Verkörperung einer individuellen Seele dar. Alle Tiere der gleichen Art kann man als Verkörperung eines und desselben Seelenwesens betrachten. Im geschilderten Beispiel habe ich diese Gemeinschaftsseele als Adlergöttin wahrgenommen.

Gotland muss mit dem Seelenwesen der Adlerfamilie tief verbunden sein. Während einer Meditation, in der bewusst die Beziehung zu »meinem« Adler angesprochen wurde, sah Gerda, eine Teilnehmerin, einen Adler mit der Christuswunde, dem Stigma an seiner rechten Seite. Er flog über Gotland, und dabei tropfte sein Blut aus dem Stigma. Aus jedem Tropfen entsprang eine der 95 Kirchen von Gotland.

Als ich im September Gelegenheit hatte, mit dem Pan in Findhorn zu kommunizieren, fragte ich ihn auch, ob den Elementarwesen bei den höherentwickelten Tierarten ebenfalls eine Aufgabe zukomme. Die Antwort lautete eindeutig Ja. Dem Gefühl, das er mir als Erwiderung herüberschickte, entnahm ich, dass die Elementarwesen der Tiere bemüht sind, diese anzuleiten, ihr weitgehend individualisiertes emotionales Bewusstsein mit den Impulsen der Gruppenseele ihrer Art zu koordinieren. Dadurch legen sie bei den Tieren den Keim für deren zukünftige »Persönlichkeit« und begleiten sie auf ihrem Weg in die Individuation.

Auf der Heimreise einige Tage später wurde mir auf dem Bahnhof in Villach ein Beispiel für dieses Zusammenwirken vorgeführt. Ich beobachtete einen jungen Hund, wie er sensibel auf die unzähligen Reize aus seiner Umgebung reagierte. Sein Bewusstsein wäre gern allem nachgegangen, hätte gern alles erleben wollen und sich in der Vielfalt der Anregungen verloren. Auf der anderen Seite gewahrte ich die Gruppenseele der Hunde, die als geistige Autorität weiß, was für die Entfaltung dieses Tiers wichtig ist. Als drittes Element der Dynamik, die sich vor meinen Augen abspielte, konnte ich das Elementarwesen des Hundes wahrnehmen, das sich heftig bemühte, die Instinkte des Tiers zu zügeln und sie im Rahmen dessen zu halten, was die Gruppenseele als optimal für den jungen Hund erachtete.

Aus diesem Beispiel geht klar der Unterschied zur Rolle der Elementarwesen bei den Pflanzen hervor. Wie schon an anderer Stelle ausgeführt, verkörpern sie bei den Pflanzen deren Bewusstsein. Bei den Tieren hinge-

Das Elementarwesen bemüht sich, die Aufmerksamkeit »seines« Hundes in die richtigen Bahnen zu lenken.

gen ziehen sie sich schon teilweise aus dem Bereich des Bewusstseins heraus, um der Entwicklung des individuellen Ichs des Tiers Raum zu lassen.

Die Beziehung zum Menschen ist noch einmal anders. Da unser Bewusstsein in der Lage ist, nicht nur auf der emotionalen, sondern auch auf der mentalen Ebene relativ selbständig zu wirken, brauchen wir in dieser Hinsicht die unmittelbare Unterstützung durch ein Elementarwesen nicht – was aber nicht heißt, dass wir Menschen während unserer Verkörperung auf der Erde auf die Hilfe der Elementarwesen persönlich verzichten könnten. Der Tätigkeitsbereich des persönlichen Elementarwesens liegt auf der Ebene der energetischen und der physischen Körperstrukturen.

In dem bereits zitierten Buch, das Ajra in Zusammenarbeit mit ihrem Engel-Meister Christopher Tragius geschrieben hat, wird das sogenannte Elementar-Ich als ein Glied innerhalb der Ganzheit des menschlichen Wesens dargestellt. Dass der Mensch im Zustand der Verkörperung der Hilfe eines Elementarwesens bedarf, begründet der Engel damit, dass das individuelle Ich des Menschen – auch Seele genannt – als ein geistig-kosmisches Wesen unfähig wäre, sich in der Materie zurechtzufinden, hätte es nicht die Unterstützung der Elementarwelt. In Wahrheit seien es nämlich die Elementarwesen, die den Umgang mit der materiellen Schöpfung auf dem Planeten Erde vollkommen zu meistern verstünden und folglich auch die komplizierte Komposition des mehrdimensionalen menschlichen Körpers nach den Impulsen der Seele steuern könnten.

So sei es, nach Aussage des Engels Christopher, in einer relativ fernen Vergangenheit zu einem Abkommen zwischen den geistigen und den irdischen Evolutionen gekommen, wonach sich die Elementarwesen verpflichtet hätten, die Verkörperung der Menschenseelen zu unterstützen und zu begleiten, damit diese die für ihre Entwicklung notwendigen Erfahrungen in der Materie sammeln könnten. Seither werde die Inkarnation jeder Seele durch ein Elementarwesen begleitet, das im Bereich der emotionalen Kraftstrukturen des menschlichen Körpers wohne. Christopher nennt es das Elementar-Ich des Menschen, um es von der Persönlichkeit, dem äußeren Ich, und der Seele als dem inneren Ich zu unterscheiden. Das Elementar-Ich helfe der Seele, während ihrer Verkörperung in der Materie all das zu erfahren, was sie sich als Aufgabe gestellt habe. Schon in der Zeit vor der Empfängnis, die der Engel die Phase der energetischen Schwangerschaft nennt, verbinde sich die Seele mit einem bestimmten Elementarwesen, das dann die richtigen Umstände für ihre Verkörperung manifestiere und den Zeitpunkt der Empfängnis genau abstimme. Später leite es auch den Aufbau des Körpers im Mutterleib und lenke dessen Transformationen das ganze Leben hindurch. Ein Leben lang verbringe die Seele in enger Partnerschaft mit einem Elementarwesen.

50 — Landschaftstempel der Verkörperung

In der Region Immenstadt im Oberallgäu habe ich einen »Landschaftstempel der Verkörperung« entdeckt. Es ist einer jener kostbaren Landschaftsbereiche, in denen die Menschenseelen auf die bevorstehende Verkörperung vorbereitet werden. Sie werden stufenweise an die Welt der Materie herangeführt, um nach der Geburt deren relativ massive Schwingungen aushalten zu können.

Freilich geschieht das alles auf den unsichtbaren Ebenen, jedoch genügend nahe an unserer alltäglichen Realität, so dass es sensible Menschen spüren konnten. Sämtliche sakralen Plätze jener »Verkörperungslandschaft« wurden entweder als Wallfahrtsorte angenommen, so etwa Bühl am Alpsee, wo drei Kirchen nebeneinander stehen, oder mit abschreckenden Namen belegt, wie der Teufelssee.

Vom kleinen, tiefen, schilfumstandenen Teufelssee wird erzählt, der Teufel komme einmal im Jahr aus ihm hervor und nähme die erste Menschenseele, die er sehe, mit in die Tiefe – ein Hinweis auf die wichtige Vorphase der Verkörperung, die sich tief unter dem See ereignet.

In meiner Vision sehe ich unter dem See einen weiten, lichten Raum. Scharen von Menschenseelen, die sich auf die bevorstehende Inkarnation vorbereiten, schreiten feierlich um die Mitte des Raums herum. Dazwischen laufen kleinere Wesenheiten hin und her, die in der Tat etwas teuflisch aussehen, aber von jeder Bedrohlichkeit weit entfernt sind. Sie sind den Menschenseelen höchst liebevoll zugeneigt und lediglich in ihrem Aussehen ganz anders gestaltet, als wir Menschen es gewohnt sind. Offenbar repräsentieren sie Elementarwesen, die sich zur Verfügung gestellt haben, die versammelten Menschenseelen auf ihrem Weg durch die nächste Verkörperung zu begleiten.

Plötzlich wurde mir bewusst, dass ich ein Liebesspiel beobachtete: Die Menschenseelen waren gerade damit beschäftigt, ihren Elementarwesen-Partner für die bevorstehende Inkarnation zu wählen, mit dem sie lebenslang ihren Körper teilen würden. Die Stimmung im Raum vibrierte in Vorahnung der heiligen Hochzeit.

In der Tat, wenn sich eine Seele und ein Elementarwesen füreinander entschieden haben, verschwinden sie aus dem Raum. Ich vermute, sie gelangen zur nächsten Station auf ihrem nunmehr gemeinsamen Weg, wo sie für die Dauer des Lebens miteinander energetisch verkoppelt werden. Meine Intuition lokalisiert diese Station auf dem heiligen Hügel von Bühl in der Nähe der Wallfahrtskapelle Maria Loreto.

Diese Partnerschaft kann nun aber sowohl für den Menschen wie auch für das Elementarwesen schmerzhaft werden. Den Anweisungen der Seele folgend, muss das Elementarwesen gelegentlich auch Schmerzen oder eine psychische Bedrängnis konstellieren, weil wir Menschen in der Regel durch Probleme erfolgreicher lernen als durch harmonische Bedingungen. Verwirrung entsteht zum Beispiel dadurch, dass unsere Kultur keine bewussten, rituell gestalteten Übergänge von einer Lebensphase in die nächste mehr vollzieht. Diese Rituale nahmen die Elementarwesen einst als Signal, dass der betreffende Mensch in eine neue Phase seiner Entwicklung einzutreten begann, wobei sie ihn bei diesem Prozess aktiv unterstützten.

Diese heute fehlende Kommunikation führt dazu, dass das Elementar-Ich den Wandlungen nicht mehr zu folgen vermag, was sich auf der emotionalen Ebene negativ auswirken kann. Verliert die Persönlichkeit auf diese Weise das innere Gleichgewicht, so kann es zu einem Konflikt zwischen den beiden »Partnern« kommen, bei dem das Elementarwesen immer negativer wird und schrittweise die Kontrolle über das fein abgestimmte Zusammenwirken bestimmter Organe im Körper verliert. Dann ist es nicht mehr in der Lage, den vollkommenen Zusammenhalt zwischen dem energetischen und dem physischen Körper aufrechtzuerhalten. Dieses Herausfallen aus der Ordnung zeigt sich zuerst auf der emotionalen Ebene, dann auf der energetischen Ebene und schließlich auf der physischen Ebene des Körpers, was letztlich zu einer schwerwiegenden Krankheit führen kann. Einen solchen Zustand nennt der Engel Christopher Tragius eine »aktive Blockade« und empfiehlt, die Hilfe eines Heilers zu suchen, der dem Betroffenen helfen kann, sein Elementarwesen in dessen ursprünglichen Zustand neutraler Sorgfalt zurückzuführen. Die gleiche Wirkung auf das Elementarwesen sei auch durch eigenständiges Bemühen des Kranken zu erzielen, wenn dieser sich in einer gefühlsmäßig positiven Einstellung übe.

Als ich mich an jenem Morgen mit dem Pan in Findhorn über die Rolle der Elementarwesen bei den Tieren austauschte, bat ich ihn auch, mir ein körperliches Gefühl für die Präsenz meines eigenen Elementarwesens zu vermitteln. Ich nahm ein warmes, pelzartiges »Gestell« wahr, das meinen Körper vom Boden her nach oben unterstützte. Bis in Hüfthöhe fühlte ich mich darin wohlig eingebettet und geborgen, wobei mir das »Gestell« gleichzeitig das Gefühl gab, stabil geerdet zu sein. Das klassische Bild des Pans mit dem behaarten Unterleib scheint aus dieser Körpererfahrung heraus entstanden zu sein; dies um so mehr, als ich auch eine Verbindung meines Elementarwesens entlang der Wirbelsäule zum Kopf als dem Sitz der Persönlichkeit wahrnahm, was in dem antiken Bild wohl in Form der Bockshörner dargestellt wird.

Dieses mir vom Pan geschenkte Bild brachte mir die Gefühlsqualität des persönlichen Elementarwesens nahe, die grundsätzlich tragend, erhebend und fürsorgend ist – sofern keine Störung vorliegt. Die Erfahrung seiner

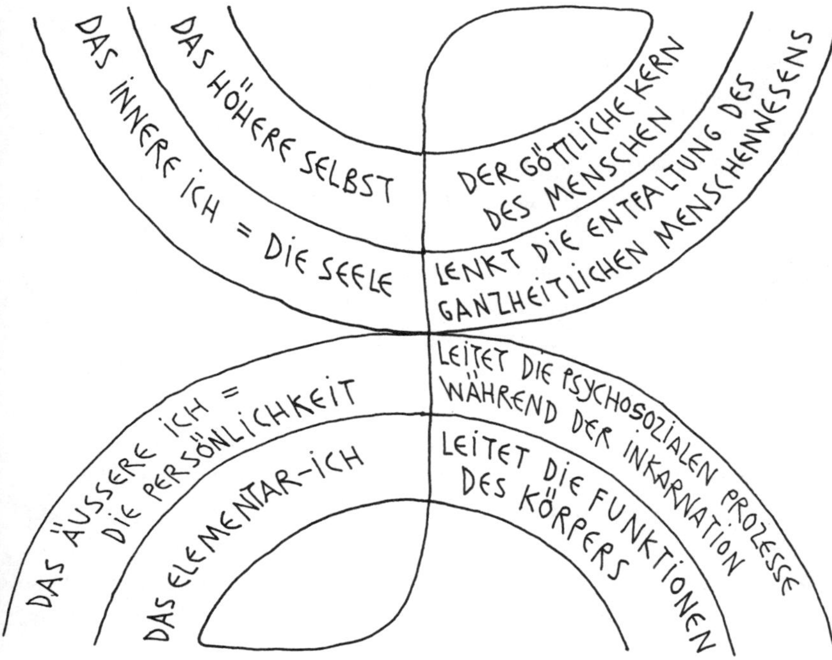

Der Platz des Elementar-Ichs in der Gliederung des Menschenwesens.

Gestalt würde ich hingegen am ehesten mit einer Mischung aus »rosarotem Panther« und volkstümlichem Teufel vergleichen. Der Eindruck der Disproportion, den das Körperelementarwesen verbunden mit dem Gefühl des Hässlichen vermittelt, rührt von der bereits besprochenen, uns fremd und unheimlich erscheinenden Ästhetik des Erdelements her, dem das Wesen angehört (vgl. Kapitel 4). Das Körperelementarwesen gehört zu den höherentwickelten Geistwesen dieser Gattung. Es steht auf einer dem Faun vergleichbaren Entfaltungsstufe. Seine Aufgabe ist höchst komplex, denn es trägt dafür Sorge, dass alle Ebenen, die ein Mensch während seiner Inkarnation in seinem Körper zentriert hat, harmonisch aufeinander eingestimmt bleiben: die emotionale, die vitalenergetische und die physische Ebene.

Einige Künstler haben die in unserer Kultur völlig verdrängte, ja geradezu verteufelte symbiotische Gemeinschaft der Menschenseele mit einem Körperelementarwesen wahrgenommen und in verschlüsselter Form dargestellt. Ich denke zum Beispiel an Tizians Riesengemälde »Mariä Tempelgang« (1534–1538), das eine ganze Wand der ehemaligen »Scuola della Carità« – der heutigen Akademie – in Venedig bedeckt. Wir sehen darauf die Jungfrau Maria als Vertreterin der menschlichen Seele, eingehüllt in ein hauchzartes Licht-Ei, ihren geistigen Stufenweg emporschreiten, der als Treppe dargestellt ist. Am Fuße der Treppe sitzt ein fast vollkommen verhülltes altes Weib mit eher hässlichen Gesichtszügen. Sie thront zwischen einer toten Henne, die rechts von ihr am Boden liegt, und einem Korb voller Eier zu ihrer Linken. Von ihr wird gesagt, sie verwalte den Lebenszyklus zwischen Geburt und Tod. Auf diese Weise hat der Künstler auf die geheime Beziehung zwischen der Seele und dem Körperelementarwesen hingedeutet, die das menschliche Leben entscheidend prägt.[53]

Ein anderes Beispiel habe ich am Fuß des Großglockners in der Wallfahrtskirche Heiligenblut entdeckt. Es handelt sich um eine barocke Holzskulptur, die jährlich in einer Prozession dreimal um die Kirche herumgetragen wird. Sie stellt einen Knaben dar, der von zwei Wesenheiten berührt wird. Von oben lässt sich ein Engel herab und flüstert etwas in sein Ohr. Von unten her kommt eine schwarze Teufelsfigur und hält ihn an seinem Fuß fest. Den Knaben verstehe ich als Darstellung des Egos beziehungsweise der Persönlichkeit des Menschen, die das Leben durchwandert. Durch das Ohr der Intuition soll das Ego auf die Stimme der Seele lauschen, die durch den Engel verkörpert wird. Gleichzeitig werden die Beziehungen

53 Die herkömmliche kunstgeschichtliche Interpretation sieht die Beziehung zwischen den beiden Figuren nicht, sondern erklärt die Alte als einen Genrezusatz, der der Unterhaltung des Betrachters diene.

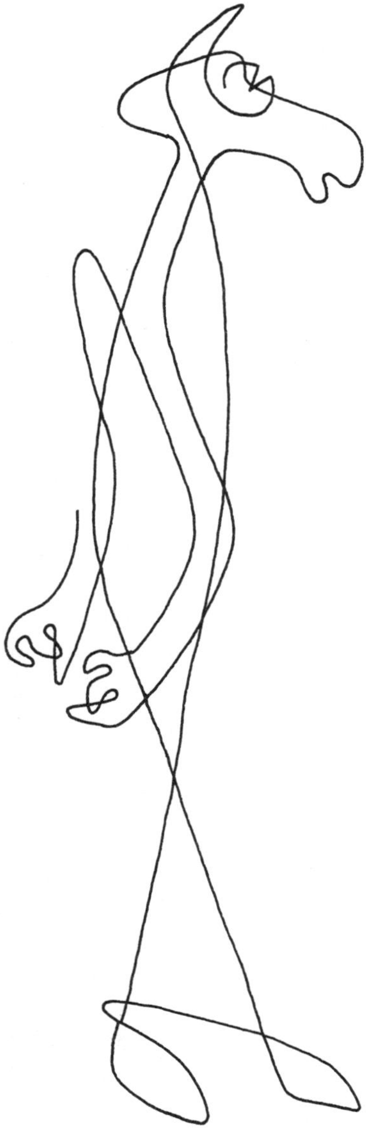

So stellt sich mir das persönliche Elementarwesen eines Menschen dar.

der Persönlichkeit zur Materie durch ein Erdelementarwesen gesteuert, das hier im Bild des den Fuß des Jünglings lenkenden Teufels dargestellt ist. Es ist eine verblüffend hellsichtige Darstellung des schicksalhaften Zusammenhangs der drei Bewusstseinsbrennpunkte, die das menschliche Leben bedingen und die ich als das innere Ich, das äußere Ich und das Elementar-Ich bezeichnet habe. Leider wird dieser Zusammenhang nicht so neutral verstanden, wie ich ihn dargestellt habe. Vielmehr ist er im Licht der christlichen Moral einer dualistischen Wertung zum Opfer gefallen, die das innere Ich als Engel ehrt, während sie seinen Elementar-Partner als Widersacher auf dem geistigen Weg verteufelt.

Dieser lebensfeindliche Dualismus hat seinen tragischen Höhepunkt in der Zeit der sogenannten Hexenverfolgungen zwischen dem 15. und 18. Jahrhundert erreicht, als von seiten der kirchlichen Inquisition der massive Versuch unternommen wurde, den »Teufel« gewaltsam aus dem Menscheninneren zu vertreiben.[54]

Die Männer, die diese moralische Fehldeutung der Körperelementarwesen in ihrem Übereifer »tod«-ernst genommen haben, waren sich nicht bewusst, dass der Mensch unfähig wäre zu leben, hätte er diesen »Teufel« nicht als seinen nächsten Gefährten mit auf seinem irdischen Weg. Unschuldige Frauen und Männer mussten unter grausamster Folter sterben, weil man ihnen zum Vorwurf machte, dass sie – wie wir alle – den Segen und die Güte eines Elementarwesens in ihrem Inneren trugen, durch das uns Menschen das Geschenk des Lebens überhaupt erst zugänglich ist. Ein Körper ohne den hingebungsvollen Dienst eines Körperelementarwesens wäre ein dem Tod geweihter Körper.

51 – Übung für den Kontakt mit dem persönlichen Elementarwesen

Es ist viel einfacher mit Elementarwesen in unserer Umgebung zu kommunizieren als mit dem eigenen elementaren Ich. Das persönliche Elementarwesen scheint zu nahe um es gut wahrnehmen zu können. Folgende Übung kann dabei helfen. Sie wird im Stehen ausgeführt, wobei der Körper die Imaginationen mit den vorgeschlagenen Gesten begleitet:

- Stell dir vor, zwischen deinen Füßen liegt am Boden ein helles Kügelchen, das einen Samen des Lebens darstellt.
- Beuge dich zu dem Kügelchen hinab, strecke deine Hände danach aus, und ziehe aus dem Lichtsamen eine Pflanze heraus.

54 Bei den »Hexen«-Verfolgungen geht es auch um eine Verknüpfung mit der Göttinfeindlichkeit, da die Göttin allgemein die Lebenskräfte verkörpert, die durch die Welt der Elementarwesen manifestiert werden.

Die Beziehung zwischen dem Elementar-Ich und der Seele eines Menschen, interpretiert nach dem Tizian-Gemälde »Mariä Tempelgang«.

- Ziehe die Pflanze langsam und liebevoll hoch bis zu deinem Schoß. Nun stehst du schon aufrecht.
- Im Verlauf des Hochziehens hat die Pflanze eine Frucht entwickelt, die sich vor deinem Schoß in ein zusammengerolltes Tier mit weichem Fell verwandelt. Nimm dir Zeit, seine Qualität zu erspüren, indem du es in deinen Händen hältst und gegen deinen Bauch lehnst.
- Nun führe das runde Tierknäuel höher bis zu deinem Herzbereich. Achte darauf, dass das Tier deinen Körper die ganze Zeit berührt.
- Während du es zum Herzen hochhebst, wird das Tier in ein kleines Kind verwandelt, das du schließlich im Herzbereich umarmst und fest an dein Herz drückst.
- In diesem Augenblick kannst du das persönliche Elementarwesen spüren und durch die Gestalt des inneren Kindes erahnen.
- Welche Empfindungen durchziehen dich in jenem Moment? Halte dein zweites Ich, durch das du der Naturwelt angehörst, eine Zeitlang umarmt. Welche Gefühle werden in deinem Inneren geweckt? Achte auf die kleinsten Anregungen. Wenn es sich ergibt, sprich mit deinem persönlichen Elementarwesen.
- Bedanke dich schließlich für die Erfahrung.

Eine bewusste Beziehung zum eigenen Elementar-Ich ist besonders für uns moderne Menschen von Bedeutung, weil wir eine völlig von mentalen Mustern beherrschte und im Kopf zentrierte Kultur entfaltet haben, die uns vom Boden und von der Erde abhebt. Wir sind zwar der Meinung, wir hätten es ständig mit der Materie und mit der Realität zu tun, aber in Wahrheit schweben wir kaum merklich über dem Boden, abgehoben auf einer abstrakten Gedankenebene. Wir bedürfen dringend der Erdung, die uns diesem illusionären psychologischen Zustand entreißt und damit wieder befähigen würde, unsere Seelenkräfte als eine ständige Quelle des persönlichen Heilseins und der Harmonie im eigenen Körper zu verankern. Es ist genau diese Gabe der Erdung, die das Körperelementarwesen dem Menschen in jedem Augenblick anbieten kann.

Um an dieser Gabe bewusst teilzuhaben, wende ich eine einfache Meditationsform an, mit der ich jeden Tag einleite und die auch in Situationen körperlicher oder seelischer Bedrängnis hilfreich ist. Als Erstes konzentriere ich meine Aufmerksamkeit auf einen Punkt einige Zentimeter unterhalb des Abschlusswirbels der Wirbelsäule, um die Beziehung zum Körperelementarwesen aufzunehmen. Ich spüre die Fülle seiner Kraft und seine starke Verbindung zur Erde unter meinen Füßen – sie liegt vielleicht tief unter einem Gebäude, aber unweigerlich ist sie irgendwo zu erreichen –, die mich, den Wurzeln eines Baums gleich, mit der Kraftsphäre der Erdmutter vereint. Danach lenke ich meine Aufmerksamkeit behutsam nach oben in die Bauchmitte, ohne dabei die Verbindung mit der Erdsphäre zu verlieren. Dadurch bringe ich die Qualität, die das Elementarwesen verkörpert, in die Mitte meines Gefühlsbereichs, um damit die ganze körperlich-seelische Struktur zu durchfluten. Danach konzentriere ich meine Aufmerksamkeit auf den Bereich einige Zentimeter über dem Kopf, um mit den Kräften meiner Seele – dem inneren Ich – in Verbindung zu treten. Ich versuche, ihre kosmische Tiefe zu erspüren und mich, den Ästen eines Baums gleich, in ihre unermessliche Weite zu begeben. Danach leite ich diese Seelenerfahrung hinunter in meine Herzmitte und lasse sie von da aus mein ganzes Wesen durchstrahlen.

Während der Meditation werde ich mir zugleich der in meiner Bauchmitte zentrierten Kraft des Elementar-Ichs bewusst, so dass beide Brennpunkte meines Wesens harmonisch aufeinander abgestimmt den Ausgangspunkt bilden können, aus dem heraus ich ausgewogen und mit Freude an meine täglichen Aufgaben herangehen kann.

52 – Die Qualität der Erdung

Die Qualitäten der Erdung und des inneren Friedens sind die entscheidenden Qualitäten, die gepflegt werden müssen, wenn man mit der Welt der Elementarwesen und Umweltgeister in Berührung kommen und bleiben möchte. Tatsächlich sind es Qualitäten, die auch für unsere eigene Gesundheit und unser Wohlsein von entscheidender Bedeutung sind.

Wenn Naturgeister versuchen, uns Menschen unseren Mangel an Erdung bewusst zu machen, wollen sie den modernen Menschen davor bewahren, seine Lebensgrundlage zu verlieren. Das persönliche Elementarwesen als Hüter des Lebens nimmt diese Gefahr am deutlichsten wahr.

Eingebunden in die Logik einer globalen Zivilisation werden wir immer mehr in unsere Verstandesmuster verwickelt. Wir merken gar nicht, dass wir dabei sind, unsere Beziehung zur eigenen Seele zu kappen. Ein solcher Verlust schwächt auch die Verbindung mit dem Fluss der Lebenskraft, bis das persönliche Elementarwesen kaum noch für den normalen Ablauf unserer vitalen Körperfunktionen sorgen kann. Dann wird Alarm geschlagen.

Um einen derartigen Zusammenbruch zu vermeiden, der meist in einer Krankheit mündet, sollte man lernen, seine Erdung permanent aufrechtzuerhalten, und zwar die Erdung in unserer inneren Erde, die durch den Schoßbereich verkörpert wird. Am Boden der Schale unseres

Schoßes pulsiert das holographische Teilstück der Erdseele. Es kann als sicherer Garant unserer Erdung dienen. Darunter kann man durchaus dasselbe Kraftzentrum verstehen, das in der japanischen Tradition Hara genannt wird. In meinem Buch »Erdwandlung als persönliche Herausforderung« spreche ich vom »Lendenkraftkanal«. Das ist auch das Zentrum, an dem sich das persönliche Elementarwesen bei seiner Tätigkeit innerhalb unserer Körperkraftfelder orientiert.

Wir sollten diesem Erdungszentrum immer wieder Aufmerksamkeit schenken und prüfen, ob wir noch darin verankert sind. Und wir müssen lernen, die Qualität des inneren Friedens permanent aufrechtzuerhalten. Der innere Ort dafür ist das Herzzentrum und dessen Mitte, worin der Funke der göttlichen Präsenz verankert ist.

Ist der Mensch in der Mitte seines Herzzentrums präsent, so wird er zur Quelle ewigen Friedens und gleichzeitig selbst im Frieden verankert.

Letztlich gehören beide Qualitäten zusammen, sie sollten auch simultan geübt und verwirklicht werden. Durch die Interaktion der beiden Zentren wird der Mensch wieder ganz und kann sich auch der Kommunikation mit der Natur neu öffnen.

Neben den Beziehungen, die der Mensch bewusst oder unbewusst ein Leben lang zu seinem persönlichen Elementarwesen unterhält, um Erfahrungen in der Materie machen zu können, gibt es eine zweite Art von Beziehungen, die wir zu den Elementarwesen unserer Umgebung knüpfen. Solche Beziehungen können allerdings nur zustandekommen, wenn wir bewusst dazu bereit sind, mit der Welt der Elementarwesen zu kommunizieren. Wird diese Kommunikation beharrlich fortgeführt, so kommt es nach und nach zu einer gedeihlichen Zusammenarbeit mit der Welt der Elementarwesen. Ich kann dies an zwei Beispielen aus meiner eigenen Erfahrung zeigen.

Im Mai 1993 meißelte ich gemeinsam mit meiner Frau im Schlosspark von Murska Sobota mehrere Lithopunktursäulen. Zwischendurch ging ich immer wieder in den Park, um über die richtigen Punkte für die Aufstellung der ersten neun Steinsäulen zu grübeln. Am 25. Mai war ich mir bereits über die Platzierung im Klaren, als mich Erika, eine Mitarbeiterin aus dem slowenischen Kärnten, anrief: Sie habe in der Meditation die Bitte empfangen, ich möge mit dem Faun einer bestimmten Eiche im Park Kontakt aufnehmen, da er eine Botschaft für mich habe.

Ich ging zu der mächtigen, mindestens dreihundert Jahre alten Eiche, stützte mich mit den Händen dicht am Stamm ab und schloss die Augen. Nun sah ich, wie die Eiche aus der Wurzelmitte heraus ein mondsichelförmiges Horn in eine bestimmte Richtung ausgebildet hatte. An der Spitze des Horns entwickelte sich eine leuchtende, silbergraue Perle. Vergeblich suchte ich das Zeichen zu verstehen. Da empfing ich den Impuls, mich rasch umzudrehen und zu schauen, zu welchem Punkt das Horn im realen Park hindeutete. Sofort hatte ich die Botschaft verstanden.

Genau an dem bezeichneten Punkt wollte ich ursprünglich eine der ersten Lithopunktursäulen aufstellen. Dann aber hatten Überlegungen, ein geometrisches Muster, das von der Schlossachse ausging, in den Lithopunkturplan einzubeziehen, die Oberhand gewonnen. Um die betreffende Steinsäule in das Muster einordnen zu können, hatte ich beschlossen, sie auf einen anderen, zehn Schritte östlich davon gelegenen Akupunkturpunkt zu stellen. Dabei hätte ich genau den Fehler begangen, auf den mich der Faun der Eiche aufmerksam machen wollte: Ich wäre einem abstrakten Muster gefolgt und hätte die Lithopunktursäule ihrer wirklichen Aufgabe innerhalb des Parks entfremdet. Nachdem ich die Botschaft verstanden hatte, habe ich meinen Plan sofort korrigiert.

Das zweite Beispiel für eine bewusste Zusammenarbeit zwischen Elementarwesen und der menschlichen Kultur betraf einen riesigen Wackelstein[55], der sich auf einem bewaldeten Hügel in der Nähe des Dorfes Stierberg im österreichischen Waldviertel befindet. Zusammen mit Günther Kantilli und einer Gruppe von Studenten der Fakultät für Bodenkultur in Wien haben wir das megalithische Monument im Rahmen eines Seminars besucht. Es lag hoher Schnee.

Während die Gruppe eine halbe Stunde Zeit zum Sammeln persönlicher Erfahrungen mit dem Ort bekam, kroch ich in die Spalte zwischen den beiden Felsen, die die Komposition des Monuments bilden. Ich traf dort auf eine muntere Schar von Zwergen, die sofort bereit waren, mir zu erklären, wie die Wackelsteinanlage einst zu Heilungszwecken diente.

Der Mensch, der sich dem Wackelstein mit der Bitte um Heilung seiner Beschwerden näherte, gab unbewusst durch seine gezielte, dem Wackelstein zugewandte Aufmerksamkeit einen Impuls frei, der den Zwergen das Signal gab, mit dem Wackeln zu beginnen. Sie rüttelten aber nicht an dem physischen Stein, sondern an dessen ätherischem Komplement, das in Form einer Kraftwolke der materiellen Form des Steins angepasst ist. Dabei kam es zu einer Differenz zwischen der Statik der physischen und der Dynamik der ätherischen Struktur des Wackelsteins. Auf diese Weise entstand ein dünner Kanal, durch den die heilenden Kräfte hin zum Heilungsuchenden, der vor dem Wackelstein stand, fließen konnten. Die

55 Als Wackelsteine werden megalithische Steinsetzungen bezeichnet, bei denen ein Stein in einer labilen Position über einem zweiten liegt, so dass er »wackeln« konnte.

aktive Mitwirkung der Elementarwesen mittels des Wackelsteins machte so die Heilung möglich.

53 – Die Kraft der Geschenke

Die alten Kulturen, die ganz selbstverständlich mit der Welt der Naturgeister kommunizierten, kannten das selbstlose Schenken als Ritual, dessen Kraft den Weg zur Zusammenarbeit mit den Elementarwesen bahnt. Heutzutage denkt niemand mehr daran, höchstens noch die Kinder.

Ich wurde von den Elementarwesen darauf angesprochen, als ich in Basel das Zentrum der Umweltgeister am Spalenbrunnen untersuchte. Ich hatte sie gefragt, womit ich ihnen zusammen mit der Gruppe beim bevorstehenden Workshop behilflich sein könnte. Daraufhin hatten sie drei Wünsche geäußert, von denen der zweite von Geschenken handelte.

Die Art, wie sie mir diesen Wunsch bewusst machten, ist charakteristisch. Ich erhielt einen Impuls, meinen Blick in einer bestimmten Richtung fokussiert zu halten. In diesem Augenblick ging ein Mädchen mit einer Tüte voller Haselnüsse vorbei. Genau als sie meinen Sehstrahl durchquerte, wackelte die Tüte in ihrer Hand, und sechs Nüsse fielen zu Boden. Ich verstand, dass sich die Elementarwesen nach einer rituellen Darbringung von Gaben sehnten – als Kommunikationsform, in der sich ursprüngliche Kulturen Jahrtausende lang geübt haben.

Im Workshop am folgenden Tag wählten wir aus der Gruppe drei Frauen aus, die mit den sechs Haselnüssen zu dem Platz gingen, um sie den Elementarwesen durch Imagination zu schenken, wobei die Gruppe sie durch Farbenvisualisierung unterstützte.

Wichtig ist mir zu betonen, dass es hier nicht darum geht, in eifrigen Schenk-Aktionismus zu verfallen. Die Elementarwesen können mit den materiellen Gaben nichts anfangen. Es ist die das Geschenk begleitende bewusste und liebevolle Absicht, die sie stärkt und beglückt. Deshalb braucht man die materielle Ebene nicht einzubeziehen, es sei denn, rituelle Gründe erforderten dies. Meiner Erfahrung nach ist die Darbringung einer Gabe genauso wirksam, wenn man das Geschenk visualisiert und es imaginativ mit seinen Händen an die betreffenden Naturgeister übergibt. Dabei sollte man unbedingt auch ihrer Antwort lauschen. Ein Ritual dieser Art kann sich leicht zu einem Gespräch ausweiten.

Auch dem persönlichen Elementarwesen kann man Geschenke machen und dadurch eine Kommunikationsebene sozusagen in sich selbst entwickeln. Die physische Schönheit der Natur zum Beispiel, die wir

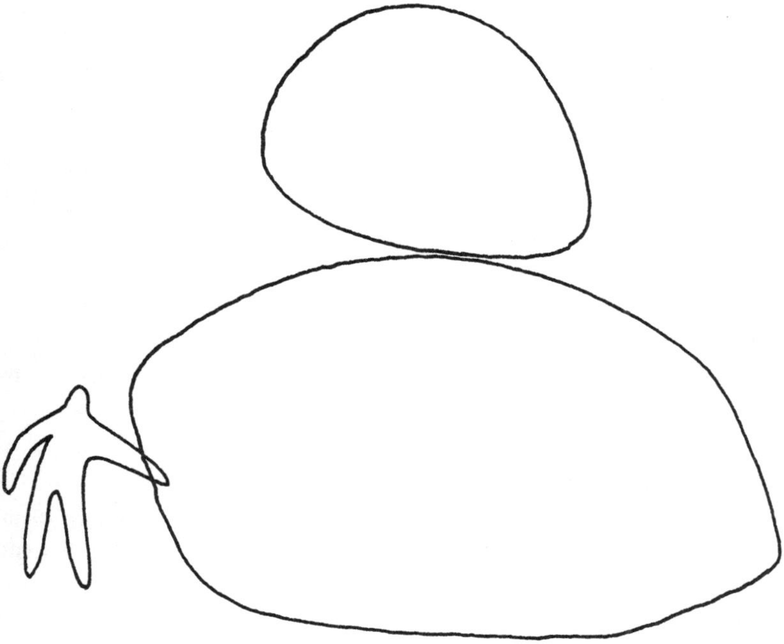

Der Wackelstein in der Nähe von Stierberg im österreichischen Waldviertel.

durch unsere Augen sehen, kann das Elementarwesen nicht wahrnehmen, wenn es sie nicht durch unser Bewusstsein vermittelt bekommt. Wenn der Mensch etwas Schönes oder Bedeutungsvolles erlebt, kann er es mit seinem Genossen aus der inneren Naturwelt teilen. Man sollte das Erlebnis intuitiv in Schwingungen übersetzen und es wellenartig den ganzen Körper entlang nach unten bis zu den Fußsohlen schicken. Danach sollte man auf mögliche Rückmeldungen achten.

Die entscheidende Voraussetzung für die bewusste Zusammenarbeit des Menschen mit dem wunderbaren Reich der Elementarwesen ist eine erfolgreiche Wahrnehmung. Bezüglich der unsichtbaren Ebenen der Wirklichkeit kann man von einem dreistufigen Prozess der Wahrnehmung sprechen.

Die erste Stufe der vertieften Wahrnehmung äußert sich derart, dass der Mensch zwar im gewöhnlichen Bewusstsein lebt, sich aber zusätzlich durch besondere meditative Zustände, durch Traumreisen oder Trancen in die unsichtbaren Welten begibt. Um die in diesem Ausnahmezustand gemachten Erfahrungen ins Wachbewusstsein hinüberzubringen, muss sich die Person später erinnern, was sie dort erlebt hat. Auf dieser ersten Stufe, die häufig mit Hilfe schamanischer Rituale betreten wird, kann die Person die Erfahrung der unsichtbaren Welten noch nicht unmittelbar ins tägliche Bewusstsein integrieren, sondern pendelt zwischen zwei Welten hin und her. Meine ersten Erfahrungen der Elementarwelt, über die ich im Eingangskapitel berichtet habe, gehörten zum Beispiel dieser ersten Stufe der Hellsichtigkeit an. Ich saß in der Küche unseres Hauses mit geschlossenen Augen bei der Meditation und bewegte mich dabei geistig durch die Welt der Erdelementarwesen.

Auf der zweiten Stufe braucht der Mensch sich nicht mehr zwischen zwei gegensätzlichen Bewusstseinsebenen hin und her zu bewegen. Er wird fähig, die unsichtbare Welt als eine der gewohnten Wirklichkeit parallel gelagerte Schicht wahrzunehmen. Im Zustand des ganz normalen Bewusstseins werden gleichzeitig die Erfahrungen der »zweiten« Realität voll registriert, durch den Verstand überprüft und sofort in die eigene Erfahrungswelt eingeordnet. Während dem Menschen die Eindrücke der anderen Weltdimension zuteil werden, ist er zugleich in jedem Augenblick voll in seinem Körper verankert und empfindet sich als neben der unsichtbaren Realität voll anwesend. Auf dieser Stufe wird die vertiefte Wahrnehmung sozusagen in das Alltagsbewusstsein integriert. Die meisten Erfahrungen der Elementarwelt, über die ich in diesem Buch berichte, gehören dieser zweiten Stufe der Wahrnehmung an.

Die dritte Stufe der Wahrnehmung besitzt die Qualität einer Offenbarung. Nehmen wir ein Wesen auf dieser Stufe wahr, so werden wir innerlich eins mit diesem Wesen und erfahren dadurch seine Wirklichkeit, als sei sie unsere eigene. Als Beispiel dafür habe ich mein Gespräch mit dem Pan in Findhorn erwähnt, als dieser mich einlud, in die Landschaftsaspekte einzutreten, die er in ihrer einmaligen Schwingungsqualität in sich gespeichert trägt. Dabei erhielt ich nicht nur eine Information über diesen Gegenstand der Betrachtung, sondern ich durfte die Allumfassendheit des Bewusstseins des Pans voll erleben, so als sei ich selbst der Pan jener Landschaft.

Aus meiner Erfahrung möchte ich der Leserin oder dem Leser dieses Buchs die zweite Stufe der vertieften Wahrnehmung für die eigene Vorbereitung auf die Kommunikation mit den Elementarwesen empfehlen. Die dritte Stufe stellt eine Ausnahme dar, weil sie nur bei den höchstentwickelten Elementarwesen und bei Wesenheiten möglich ist, die dem Bereich der Elementargeister entwachsen sind. Die erste Stufe der Wahrnehmung würde ich hingegen für unsere heutige Zeit nicht empfehlen, da sie leicht auf Abwege führen kann, und zwar aus folgendem Grund:

Astrologisch gesehen befinden wir uns am Übergang vom Zeitalter der Fische zum Zeitalter des Wassermanns.[56] Das Sternzeichen Fische hat aufgrund seiner zwiespältigen Natur Polarisierungsprozesse in unserer Kultur initiiert, die zur Spaltung in Gut und Böse, positiv und negativ usw. geführt haben. So ist auch die erste Stufe der hellsichtigen Wahrnehmung auf der Polarisierung zweier einander entgegengesetzter Welten begründet, zwischen denen die hellsichtige Person hin und her pendelt. Beschreiten wir heute diesen Weg, so werden aufgrund der entstehenden Resonanz die Kräfte des alten Zeitalters leicht in den Wahrnehmungsprozess hineingezogen und können die Wahrnehmung unbemerkt verzerren. Im Gegensatz dazu ist die zweite Stufe der Hellsichtigkeit auf die Kräfte des kommenden Wassermannzeitalters als Ära der Synthese eingestimmt, da sie auf der Einbeziehung des höhernatürlichen Schauens in das Tagesbewusstsein gründet.

Allen, die die zweite Stufe der Wahrnehmung als Ziel der eigenen Entwicklung wählen, möchte ich noch den wichtigen Hinweis geben, dass innere Bilder dabei keine unabdingbare Rolle spielen. Die Verknüpfung des Begriffs Hellsichtigkeit mit dem inneren Schauen von Bildern lässt leicht die falsche Vorstellung entstehen, das Auftauchen solcher imaginärer Bilder sei eine Voraussetzung für die Kommunikation mit den unsichtbaren Dimensionen der Wirklichkeit. Diese Vorstellung kann zu einer psychischen Blockade führen mit dem Ergebnis, dass selbst recht sensible

56 Diese Auffassung ist in der Struktur des sogenannten platonischen Jahres begründet, das mehr als 24 000 irdische Jahre umfasst. Dabei steht die Erde ungefähr 2000 Jahre lang unter dem Einfluss eines der zwölf Zeichen des Tierkreises.

Menschen meinen, sie seien unempfindlich für die Wahrnehmung der unsichtbaren Welten.

Das Wort »Hellsichtigkeit« deutet vielmehr darauf hin, dass das Wahrnehmungsvermögen eines Menschen in Richtung »hellerer« Schwingungsbereiche erweitert wird, die bei der gewöhnlichen Beobachtung aus dem Wahrnehmungskreis ausgeschlossen werden, und zwar schon bevor sie das Bewusstsein des Betrachters erreichen. Diese »helleren« Schwingungen werden automatisch ausgeschlossen, weil ihr reales Vorhandensein in unserer vollständig auf die Materie ausgerichteten Kultur von Generation zu Generation tabuisiert wurde. Natürlich wurde von Generation zu Generation auch eine geistige Tradition weitervermittelt, doch können wir, was die verbannte hellsichtige Wahrnehmung angeht, darin keine mildernden Umstände sehen. Die christliche Tradition beruht auf einem wertenden und ausschließenden Dualismus, in dem die höheren, für das Wahrnehmungsvermögen des durchschnittlichen Menschen unerreichbaren Welten ihren festen Platz im Glauben haben, während die eng mit den Lebensprozessen verbundenen »helleren« Schwingungsbereiche[57] tabuisiert und für das Wahrnehmen verboten sind.

54 — Gegenseitige Wahrnehmung von zwei Welten

Heutzutage würde ich nicht mehr von einer »Hellsichtigkeit« sprechen. Es klingt zu mystisch. Damals wurde ich einfach von der Wortwurzel »hell« inspiriert, wie ich erklärt habe. Durch jahrelange Erfahrung im Lehren derartiger Wahrnehmungstechniken bin ich mehr und mehr zur Überzeugung gelangt, dass es nicht um Hellsichtigkeit, sondern um eine normale Erweiterung unserer Wahrnehmungsfähigkeiten geht. Statt von Hellsichtigkeit spreche ich heute von einer erweiterten Wahrnehmung.

Während der zu Ende gehenden Evolutionsphase haben sich die Menschen zu einer Wahrnehmungsweise hinentwickelt, die den Kriterien des Verstands angepasst ist. Dabei wurden viele unserer normalen Wahrnehmungsfähigkeiten, die den Interessen unseres Verstands nicht nützlich schienen, der Verkümmerung überlassen. Nun geht es darum, diese wiederzuerwecken und in den Wahrnehmungsprozess einzubinden. Es handelt sich um feine Körperreaktionen, um die Feinfühligkeit unserer Aurakraftfelder, um kreative Potenziale unserer Imagination und Intuition. Sogar die Kraftzentren unseres ätherischen Organismus, die Chakren, können als Wahrnehmungsorgane wirken.

57 Als »hellere« bezeichne ich hier diejenigen Schwingungen, die den physischen Schwingungsbereich unmittelbar berühren, jedoch jenseits der Grenze des Sichtbaren liegen.

Den besten Weg, sich durch diese dualistische Blockade hindurchzuarbeiten, sehe ich darin, sich zum einen ein grundlegendes Wissen über die Natur der »helleren« Welten anzueignen und sich gleichzeitig ihrer Anwesenheit hier und jetzt liebend zuzuwenden. Indem wir uns wieder und wieder mit den erwähnten Hemmnissen auseinandersetzen, wird der Weg zur hellsichtigen Wahrnehmung freigelegt. Die Dynamik einer solchen Wahrnehmung gründet in der Berührung zweier unterschiedlich gearteter Kraftfelder, die den beobachtenden Menschen einerseits und das beobachtete Wesen – beispielsweise ein Elementarwesen – andererseits als Ausdruck ihrer selbst umgeben. Im Grund handelt es sich dabei um einen Austausch von Energie zwischen zwei Partnern, der die Kommunikation[58] ermöglicht.

Aus dieser Berührung der beiden Kraftfelder und dem anschließenden, auf gegenseitiger liebevoller Anerkennung beruhenden Kraftaustausch entstehen gewisse Gefühle, die die emotionale Ebene des wahrnehmenden Menschen durchfluten. Mit Hilfe des Bewusstseins werden sie registriert, bewertet und formuliert. Dabei entstehen vor dem inneren Auge des Bewusstseins entsprechende Ahnungen, Farbeindrücke, Umrisse von Formen oder bildhafte Eingebungen, die das Wesen der wahrgenommenen unsichtbaren Realität widerspiegeln. Auch Hör-, Geruchs- oder Geschmackseindrücke sind dabei möglich. Aus der Kombination der gefühlsmäßigen Wahrnehmung und der mittels des Bewusstseins formulierten Eindrücke kann daraufhin die Verstandesseite unseres Bewusstseins die Botschaft interpretieren und in unser Weltbild einordnen.

Damit dieser Prozess erfolgreich verläuft, ist es unbedingt notwendig, geerdet zu bleiben[59] und gleichmäßig zu atmen. Damit wird sichergestellt, dass die Beziehung zum realen Rahmen der Wahrnehmung nicht verlorengeht und wir nicht der Gefahr von Illusionen erliegen. Eine zweite, nicht minder wichtige Voraussetzung ist, dass wir regelmäßig an uns selbst und an der Klärung unserer psychischen Probleme arbeiten. Auf diese Weise beugen wir einer weiteren Gefahr der Verwicklung in Illusionen vor, die darin bestehen kann, dass das ungeklärte Ego – das äußere Ich – eigene Wünsche und Vorstellungen unbemerkt in den Wahrnehmungsprozess hineinprojiziert.

Eine dritte Bedingung für die erfolgreiche Wahrnehmung auf der zweiten Stufe der Hellsichtigkeit ist das regelmäßige Üben. Kommen

58 Abgeleitet von »communis« (lat.) – Gemeinschaft. Folglich sollte es sich bei der Kommunikation nicht nur um einen Informationsaustausch, sondern auch um ein gegenseitiges Durchfluten zweier Wesen handeln.

59 Um die Erdung zu erreichen, genügt es gewöhnlich, sich immer wieder bewusst zu machen, dass wir auf der Erde stehen und unsere Wurzeln tief in die Erde hinabreichen.

wir beispielsweise bei einem Waldspaziergang zu einem Platz, an dem eine besondere Atmosphäre waltet, dann sollten wir uns Zeit nehmen, in das erahnte Kraftfeld einzutauchen, und dabei versuchen, die uns entgegenströmenden Schwingungen so genau und umfassend wie möglich zu erspüren und genau zu beobachten, welche gedanklichen Assoziationen, Empfindungen oder bildhaften Ausdrücke auftauchen. Es empfiehlt sich, um die Sprache des eigenen Bewusstseins besser kennenzulernen, aufmerksam zu beobachten, welche Symbolformen aktiviert werden, um die Schwingungswelle entsprechend zu interpretieren. Auch das Umgekehrte gilt: Tauchen auf einem solchen Platz Bilder vor dem inneren Auge auf, so sollten wir uns bemühen, durch diese Bilder hindurch die ihnen zugrundeliegende Schwingung wahrzunehmen, um zu erkennen, um welche Art von Wirklichkeit es sich handelt, oder – falls die Bilder nicht von einer Schwingungswelle getragen werden – sie als Illusion zu entlarven. Werden dabei schmerzhaft zerrissene, nur unregelmäßig verbundene oder chaotisierte Schwingungsgewebe wahrgenommen, so liegt die Vermutung nahe, dass es sich um einen Fall von Heilungsbedürftigkeit handelt.

55 – Der Prozess der Erdwandlung hat begonnen

In den vergangenen zehn Jahren ist unerwartet viel Neues in der Welt der Elementarwesen und Umweltgeister geschehen, gewiss mehr als in den vorangegangenen tausend Jahren. Ich selbst wurde fast täglich von Veränderungen überrascht und konnte mich im Neuen kaum zurechtfinden. Es tauchen nicht nur neue Arten von Elementarwesen wie die erwähnten Elementarwesen des fünften Elements auf. Auch neue Dimensionen der elementaren Welt öffnen sich. Was geschieht da?

Im fünften Kapitel »Evolution des Elementarreichs« war bereits die Rede von einem neuen Zeitalter, das vom Element Luft regiert wird und dadurch ganz anderen Gesetzmäßigkeiten unterliegt als unser Zeitalter des Elements Erde. Damals, beim Gespräch mit Ajras Engelmeister auf den Kanarischen Inseln, schien die bevorstehende Wandlung in ferner Zukunft zu liegen. Nun mehren sich die Zeichen, dass wir Menschen zusammen mit der Erde und ihrer Welt der Elementarwesen schon mitten in einem Wandlungsprozess stecken, der uns in eine neue Entwicklungsepoche hineinführt, obwohl unser waches Bewusstsein darüber sehr wenig weiß.

Was bestimmt jeder von uns während des letzten Jahrzehnts wahrnehmen konnte, war eine ungewöhnliche Zunahme der Umweltkatastrophen. Sie ereigneten sich abwechselnd im Rahmen eines der vier Elemente: Überflutungen (Element Wasser), Erdbeben (Element Erde), Vulkanausbrüche (Element Feuer) und zerstörerische Winde (Element Luft). Dazu kommen Wellen von Krankheitsepidemien unter den Zuchttieren.

Während des verheerenden Hochwassers in Prag im Jahr 2002, als man 45 000 Menschen evakuieren musste, hatte ich Gelegenheit, mich mit Julius, dem Alten Weisen aus dem Geschlecht der Erdwesenheiten, der über der Adriainsel Srakane waltet, auszutauschen. Ich habe Julius bereits an der Stelle erwähnt, wo ich von den Eigennamen sprach, die höherentwickelte Elementarwesen besitzen.

Ich fragte ihn, wie es dazu käme, dass gegenwärtig viele Menschen von Naturkatastrophen, die ja zu allen Zeiten etwas Natürliches waren und sind, so tief berührt würden, als wäre darin eine zusätzliche Botschaft eingewoben. Im nächsten Augenblick kam schon seine Erklärung in Form einer Bewusstseinswolke an mich heran. Er deutete die angesprochenen Katastrophen als eine Art Sprache, mit der die elementare Welt versucht, uns Menschen vor der bevorstehenden Erdwandlung zu warnen. Eingeschlossen in unseren Panzer des perfekt ausgearbeiteten logischen Denkens, sind wir dabei, die letzten Kontakte zur Wirklichkeit der Natur, der Erde und des Kosmos zu verlieren. Wir sind nicht mehr fähig, die Wendepunkte auf dem Weg der Erdevolution – deren Teil wir noch immer sind – wahrzunehmen.

Damit wir in der kommenden Verwirrung der Erdwandlungen nicht verlorengehen, soll unser blindes Vertrauen in die Stabilität unserer mental bedingten Welt erschüttert werden. Durch heftige Naturereignisse wird uns von Seiten der Elementarintelligenz signalisiert, dass eine Weltdimension, nämlich genau diejenige, an der wir uns zur Zeit orientieren, Schritt für Schritt abgebaut wird. Das Leben wird gewiss weitergehen, jedoch auf einer anderen Frequenzebene. Mit Hilfe der zunehmend auftretenden Naturkatastrophen schlagen die Elementarwesen Alarm, um uns Menschen dazu zu bringen, uns rechtzeitig von den alten Weltstrukturen bewusstseinsmäßig abzukoppeln und dem Strom der Wandlung zu folgen, der die Fortsetzung des Lebens auf der Erdoberfläche gewährleistet.

56 – Die Erdseele erwacht

Seit 1997 besteht unsere alltägliche Wirklichkeit aus zwei völlig unterschiedlichen Ebenen, die gleichzeitig existieren. Ohne dass wir es merken würden, wird die Realität seither in jedem Augenblick aus diesen zwei Weltdimensionen zusammengewoben. Einerseits leben wir in einer instabilen und turbulenten Welt, die durch Narben und Traumata gekennzeichnet ist, welche Jahrtausende menschlicher Entwicklung und insbesondere die ungewöhnliche Aggressivität der vergangenen Jahrhunderte ihr zugefügt haben. Es handelt sich um eine Weltdimension, deren Existenz durch ökologische Schäden und die emotionale Flut menschlichen Leidens ernsthaft bedroht ist .

Andererseits pulsiert in unseren Körpern und in unserer Umwelt bereits eine zweite, parallele Wirklichkeit, die durch die geistige Intervention der Erdseele und durch konzertierte Bemühungen ihrer Bewusstseinseinheiten, der Elementarwesen, etabliert wird. Genauer gesagt, die »neue« Wirklichkeit (der neue Raum) wird durch Umwandlung der alten, ausgelaugten Kraftstrukturen geschaffen. Obwohl noch unsichtbar, kann der neue Wirklichkeitsraum mit Hilfe der Gefühle wahrgenommen werden, die einem immer wieder sagen: Es läuft alles bestens, schau dich um, wie das Leben zu strahlen beginnt.

Dabei habe ich beobachtet, dass es inzwischen eine besondere Art von Elementarwesen gibt, die sich eigens entwickelt haben, um bei der Erdwandlung zu helfen. Man könnte sie »Hebammen der neuen Weltdimension« nennen. Sie unterscheiden sich von den anderen Ele-

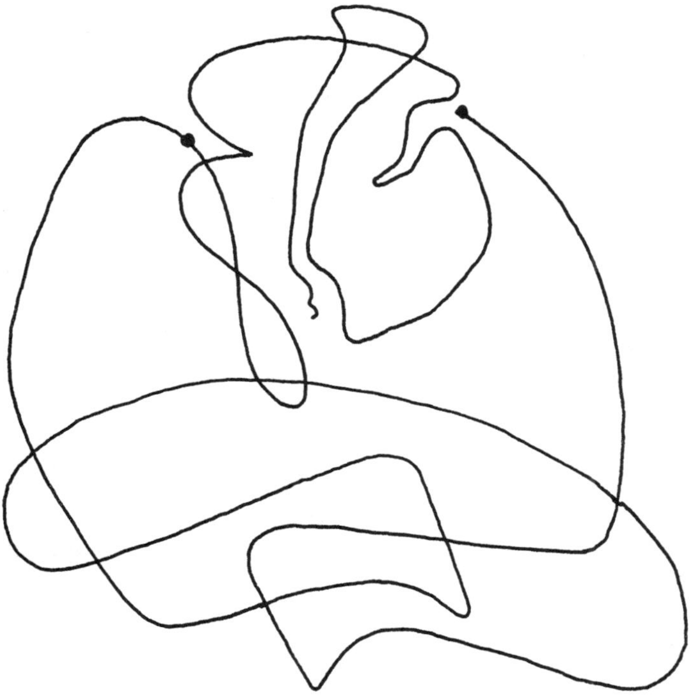

Julius, der Alte Weise, mit dem ich auf der Insel Srakane konferierte.

mentarwesen zum einen dadurch, dass sie keinem der vier Elemente zuzuordnen sind. Zum Zweiten zeichnen sie sich durch eine äußerst reine Schwingung aus, die am besten mit der Farbe Weiß beschrieben ist. Ich habe sie bereits als »Wesenheiten des fünften Elements« erwähnt.

Als ich im Juli 1999 einer großen Schar jener strahlend weißen Elementarwesen, die dem Aufbau des neuen Erdraums dienen, begegnete, fragte ich sie, worin ihre Aufgabe im Rahmen des Erdbewusstseins bestehe. Sie antworteten, indem sie auseinander glitten und einen weiten Kreis um eine kahle Erdfläche bildeten. Als ich näher hinsah, konnte ich durch den Boden die verschwommenen Konturen einer schlafenden Riesin erkennen, der Erdseele. Nun begann die Riesin, ihre Arme und Beine zu bewegen; dann richtete sie ihren Kopf auf, bis er die Schicht der sie bedeckenden Erde durchdrungen hatte. Ich nahm wahr, wie sie langsam die Augen öffnete. Offenbar erblickte sie zum ersten Mal seit langer, langer Zeit wieder das Tageslicht.

Die begleitende Botschaft, in menschliche Worte gefasst, lautete: »Die Erde wird in ihrer Gegenwart vollständig erwachen, und wir bereiten uns darauf vor, ihr dabei zu helfen, ganz und gar sie selbst zu werden« (vgl. auch mein Buch »Liebeserklärung an die Erde«).

57 — Umweltgeister und Christusbewusstsein

Die Gründe für diese tiefgreifende Wandlung der Erde und ihrer Umweltgeister sind kaum zu begreifen. Zwar spüren wir, dass die gewaltigen ökologischen Probleme, die sich wie schwere Wolken über der Erde zusammenziehen, Auslöser für diesen Vorgang sind. Welches sind aber die tieferen Ursachen?

Eine erste Ahnung über die tieferen Zusammenhänge bekam ich am 27. Mai des Jahres 2000, als ich tief in einem Wald im Saarland mit einer Gruppe von Geomantiestudierenden Übungen zur Wahrnehmung der Elementarwesen anleitete. Völlig unerwartet erschien vor mir die riesige Gestalt des Pans mit allen Merkmalen des antiken Gottes der Natur. Als er die Arme hob, konnte ich an seinen Händen und Füßen und an seiner Seite deutlich die Stigmata sehen, die Wundmale Christi. Aus ihnen schossen silberne Strahlen hervor und trafen die entsprechenden Stellen meines eigenen Körpers.

Diesmal stand ich nicht vor dem holografischen Teilstück (Fraktal) des Pans, der die Einheit und Allverbundenheit der Naturwelt innerhalb einer bestimmten Landschaft verkörpert. Ich stand dem integralen Pan, seiner Kerngestalt gegenüber, die alle seine Teile in einer Einheit verbunden hält und deswegen von den alten Griechen als Gott der Natur verehrt wurde.

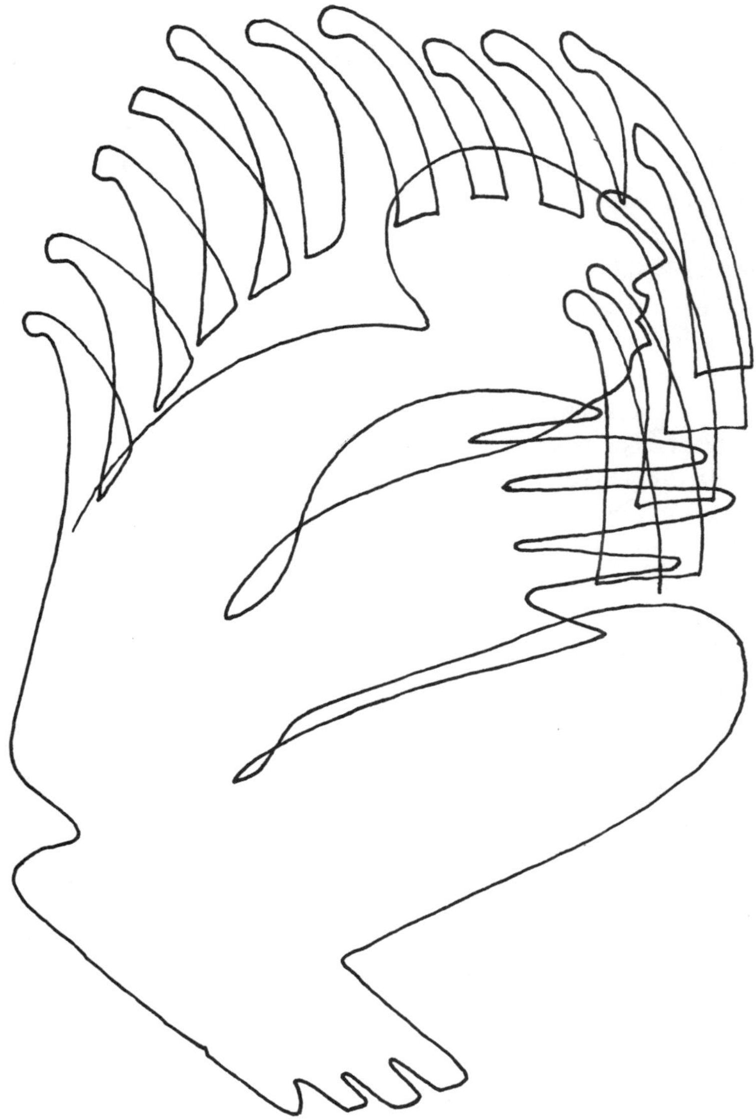

Die Elementarwesen bildeten einen Kreis um die soeben erwachende Erdseele.

In der Folge versuchte ich, diese zutiefst erschütternde Vision auf verschiedene Weise zu interpretieren. Doch ist die Botschaft eigentlich einfach: Mir wurde die Wirkung des Christusbewusstseins in der elementaren Welt der Erde zu Bewusstsein gebracht. Eine ganz neue Dimension der Erdwandlung hatte sich mir aufgetan (vgl. mein Buch »Die Tochter der Erde«).

Unter dem Christusbewusstsein wird in der westlichen Welt der zukunftsweisende Aspekt Gottes verstanden. Auch der tibetische Buddhismus kennt den Zukunftsbuddha, den Buddha Maitreya. Verblüffend ist die Beziehung Christi zum Pan und zur Naturwelt. Gewöhnlich wird der verkörperte Gottessohn ausschließlich in Beziehung zur menschlichen Welt gesehen. Als einziges Beispiel steht der heutzutage hochgeschätzte heilige Franziskus von Assisi, der mit dem Mond, den Bäumen und den Vögeln kommunizierte und ebenfalls die Stigmata Christi trug, für diesen Naturbezug. Seinen Fußstapfen folgend, kam ich durch ein »neues« Elementarwesen im Jahr 2006 wesentlich weiter. Ich entdeckte es im bayerischen Wasmuthhausen an der Rückseite eines steinernen Wegkreuzes aus dem Jahr 1704.

Als ich an der Seite des Kruzifixes kniete, erklangen plötzlich Worte des Elementarwesens in meinem Bewusstsein: »Nicht nur den Menschen, auch den Elementarwesen wurde die Erfahrung der Verkörperung Christi zuteil.« Tatsächlich repräsentieren sie das Bewusstsein des irdischen Stoffs, in den hinein er sich inkarniert hatte. Die Information seiner kosmischen Präsenz hat sie selbstverständlich erreicht.

Es hat nur lange gedauert. Die Information hat eine lange Zeit gebraucht, um durch sämtliche Schichten des Erdbewusstseins durchzudringen, bis sie die Erdmitte erreichte. In diesem Moment wurde die göttliche Essenz der Erdseele berührt und erweckt, was schließlich die vollständige Wandlung ihres Bewusstseins – und somit der elementaren Welt – in Gang setzte.

58 – Elementarwesen im Aufruhr

Es ist selbst für Elementarwesen kaum zu fassen, was heutzutage alles gleichzeitig geschieht. Das wurde auf erschütternde Weise deutlich, als ich zusammen mit einer Geomantiegruppe im Oktober 2006 einen Lithopunkturstein an einem Bach im ostslowenischen Odranci aufstellte. Es ging um ein Lithopunkturprojekt beidseits der Grenze zwischen Ungarn und Slowenien, das von der Europäischen Union finanziert wurde, um den sanften Tourismus in der Region Murania zu fördern. Insgesamt wurden 17 Steinstelen mit eingemeißelten Kosmogrammen errichtet.

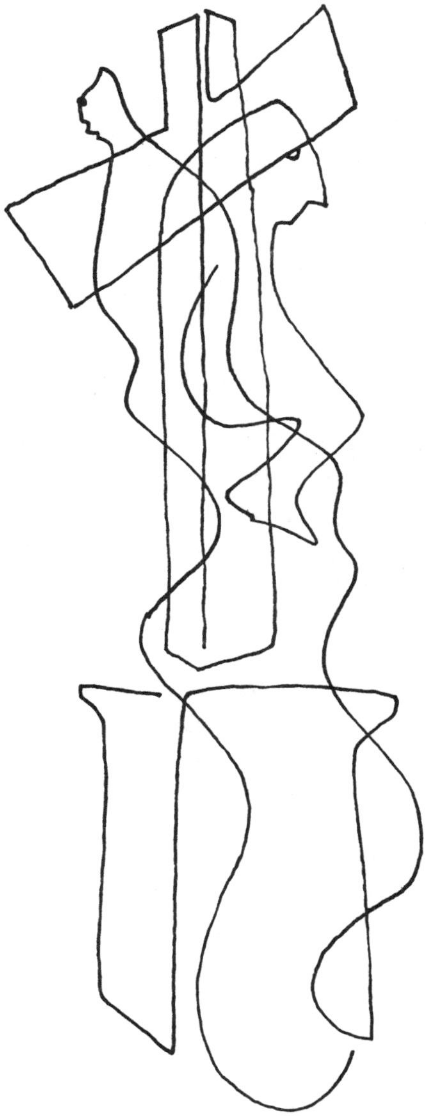

An der Rückseite des Kreuzes von Wasmuthhausen mit der sterbenden Christusgestalt steigt ein »neues« Elementarwesen als Geist der Auferstehung empor.

Das Kosmogramm für jenen Punkt in Odranci war von Katja Majer gestaltet worden und bezeichnete einen Fokus der Kräfte, die am Aufbau des neuen, heilen Raums beteiligt sind. Damit ist eine neue Raum- und Zeitstruktur gemeint, welche die Erde seit einiger Zeit im Rahmen ihres Selbstheilungsprozesses zu entwickeln sucht. Zusätzlich ist Odranci ein Ort, der mit dem Christusbewusstsein in Beziehung steht.

Bei der Aufrichtung der Säule fühlte sich eine Teilnehmerin, die sensible Simona, zunehmend schlecht. Weinend erklärte sie, die Elementarwesen des Bachs, an dem der Stein stehen sollte, seien in Aufruhr. Sie würden die Kraft nicht anerkennen wollen, die Katja dort wahrgenommen hatte und der der Lithopunkturstein gewidmet war. Sie würden sich heftig dagegen wehren, den Stein dort dulden zu müssen.

Sofort unterbrachen wir die Arbeit, um den Elementarwesen des Orts zu helfen, sich auf die »neuen« Energien und Qualitäten, die sich infolge der Erdwandlung manifestieren, einzustimmen. Gemeinsam zelebrierten wir ein Ritual, das ich zusammen mit meiner Tochter Ajra einige Jahre zuvor genau für einen solchen Anlass entwickelt hatte.

Man stößt immer wieder auf Gruppen von Elementarwesen, die so tief in ihre eigene Welt versunken sind, dass sie den umfangreichen Wandel des Erdbewusstseins rings um sie her nicht bemerkt haben. Sie bleiben in ihrem alten Bewusstseinszustand zurück, ohne sich vom neuen Wind berühren zu lassen. Bei jenem Ritual geht es um die Einstimmung auf die neuen Kräfte und Qualitäten, indem die Information des kosmischen Augenblicks, die im Herzen jedes Menschen pulsiert, auf die betreffenden Elementarwesen übertragen wird. Da im Kern unseres Herzzentrums das ewige Jetzt schwingt, kennt das Herz die Befindlichkeit des Kosmos im gegebenen Augenblick, auch wenn wir darüber kein bewusstes Wissen besitzen.

Wenn also jeder der Teilnehmenden, im Kreis stehend, den Ton ihres oder seines Herzens tönen lässt, entsteht eine Schwingungsmembran, durch welche die Elementarwesen aus ihrer separaten Zeit heraus in die wahre Gegenwart geführt werden können. Dazu bittet man die Wesenheiten, die Schwingungsmembran zu passieren.

Nachdem wir das Ritual ausgeführt hatten, wurde die Steinsäule mit dem Kosmogramm problemlos von den Wasserwesenheiten des Bachs akzeptiert, der Črnec, »schwarzer Bach«, heißt.

59 – Hüter des neuen Raums

Menschen, die sich für die Existenz der Elementarwesen interessieren, sollten angesichts der neuen Entwicklungen im Erdbewusstsein nicht verwirrt werden. Darum vereinbarte ich im Sommer 2006 eine Sitzung

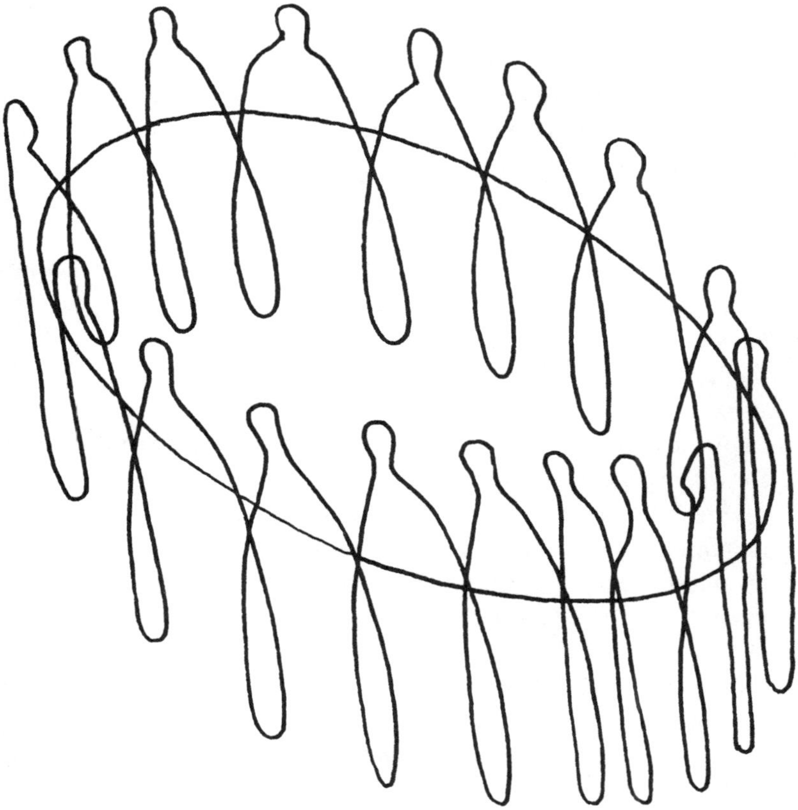

Das Membran-Gruppenritual zur Einstimmung auf die Elementarwesen.

mit Julius, meinem Elementarwesen-Lehrer. Zuerst versuchte ich, von ihm ein Gefühl zu bekommen, wie er die »neuen« Elementarwesen klassifizieren würde. Mein Bewusstsein deutete seine aus verschiedenen Schwingungen zusammengesetzten »Aussagen« folgenderweise:

- Es handelt sich um Wesenheiten des Erdbewusstseins, die nicht an Prozesse gebunden sind, die im Rahmen eines der vier Elemente oder im Kontext eines bestimmten Orts ablaufen.
- Es sind Wesenheiten, die auf die Wandlung der vorhandenen Raum- und Zeitstrukturen spezialisiert sind.
- Sie wurden von der Erdseele ausgebildet, als Medien bei der Kommunikation zwischen Wesenheiten verschiedener Arten, auch als Vermittler zwischen Menschheit und Erdseele, zu wirken.
- Sie wirken am Aufbau eines ganzheitlich konzipierten Erdraums mit. Sie verkörpern die Fähigkeit, verschiedene Dimensionen des Seins, die zur Zeit getrennt voneinander existieren, »zusammenzukleben«, indem sie Kommunikationsbrücken zwischen ihnen erschaffen.
- Die Wesenheiten des fünften Elements sind in die Geheimnisse des menschlichen Bewusstseins und Gefühlslebens eingeweiht. Deswegen sind sie fähig, sich den Menschen anzunähern und uns bei unseren persönlichen Wandlungsprozessen zu unterstützen.
- Sie sind mit der Information des Christusbewusstseins in Berührung gekommen, daher zeigt ihre Grundfrequenz die Qualität der Liebe und der Neugierde.

Des weiteren bat ich Julius, die laufenden Erdwandlungsprozesse zu kommentieren. Hier meine Übersetzung seiner »Worte«:

»Die Erde befindet sich mitten in den Turbulenzen, die unser Universum zur Zeit erschüttern. Die Erdwandlungsprozesse entwickeln sich parallel zum Rhythmus jener Turbulenzen. Die Situation im Universum verändert sich ständig, deswegen kann man keine sichere Vorhersage erwarten. Wichtig ist, zu verstehen, worum es bei der Erdwandlung geht. Überlasst uns, den erfahrenen Elementarwesen, die Verantwortung für die ›Rettung‹ der Welt. Glaubt an die Auferstehung des neuen irdischen Raum- und Zeitorganismus, damit er sich manifestieren lässt. Gleitet durch die bevorstehende Epoche auf den Wellen der Veränderung. Die Entwicklung des Universums ist alles andere als linear!«

60 — Erfahrung auf dem Doga

Während eines Ausbildungsseminars in Kärnten am Weißensee habe ich den Doga entdeckt. Der Hügel, der diesen mysteriösen Namen trägt, ist gleichermaßen ein Berg des Herzens wie ein Berg der Wandlung. Mitten im Berg pulsiert ein vital-energetisches Herzzentrum. Die

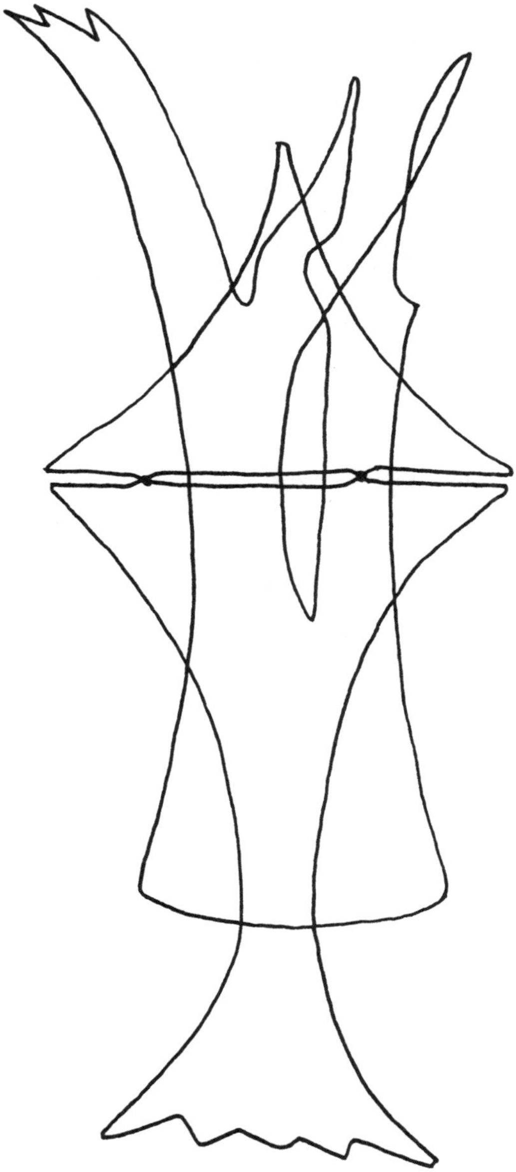

Der Geist einer alten Eiche, mit dem ich ständig zum Thema der Erdwandlung im Gespräch bin.

Abhänge des Doga sind in ihrer Form unglaublich bewegt, als ob im Bauch des Hügels ständige Wandlungsprozesse stattfänden.

Man hat das Gefühl, dass der Doga einen uralten sakralen Platz darstellt, der für die Zwecke der sich entfaltenden Erdwandlung reaktiviert wurde. Vom Doga aus wird die traumhaft schöne Landschaft des Weißensees mit der Qualität einer Lichtinsel durchtränkt. Die Qualität der Lichtinsel bezieht sich auf die in jüngster Zeit auftauchenden »Samen des neuen Raums«. Es heißt, dass die Erdseele an gewissen Orten die Qualität des zukünftigen Erdraums schon heute manifestiert, sozusagen als Modell und als Wegweiser durch die Wirrungen der Wandlungsepoche.

Die Hänge und das Plateau des Doga sind von den Kühen kahlgefressen. Am westlichen Rand des Hügels gibt es jedoch eine lebendige, dicht von Bäumen überwachsene Hecke. Dort habe ich eine lustige Gruppe von Elementarwesen des Äther-Elements – die »neuen« Elementargeister – entdeckt. Um mit ihnen in Kommunikation zu kommen, schlug ich der Ausbildungsgruppe folgende Übung vor:

- Stell dir vor, im Bereich zwischen deinen Hüften liegt eine kleine weiße Kugel.
- Kippe nun dein Becken abwechselnd nach vorne und nach hinten, so dass die imaginäre Kugel auf deinem schaukelnden Beckenboden vor und zurück rollt.
- Plötzlich brichst du das Schaukeln abrupt ab. Stell dir in diesem Augenblick vor, die Kugel zu öffnen, wie man einen Samen öffnet.
- Damit öffnet sich der entsprechende Wahrnehmungskanal, und du gleitest ohne Zögern in die Wahrnehmung hinein.
- Wiederhole die Übung nach Bedarf mehrmals hintereinander.

Da ich schon längere Zeit Hustenbeschwerden hatte, ergriff ich die Gelegenheit, die Geister des Doga als »Meister der Wandlung« um Rat zu fragen. Die Antwort kam mir sofort entgegen: »Ihr seid zu dicht geworden. Die Wandlungswellen können nicht frei durch euch laufen. Eure Körper müssen ausgelüftet werden.«

Und schon spürte ich, wie sie anfingen, meine Körperzellen auseinanderzuzupfen, so dass winzige und auch größere Freiräume zwischen den Zellen entstanden. Die Übung wiederholte ich später alleine mehrmals, und im Nu war mein Husten weg. (Die Übung sei bei allen ungewöhnlichen körperlichen Beschwerden empfohlen.)

Die Epoche der großen Wandlung nimmt unseren Körper unentwegt mehr oder weniger in Anspruch. Man meint oft, man sei krank, dabei handelt es sich gar nicht um eine Krankheit, sondern um Spiegelungen unserer inneren Wandlungsprozesse.

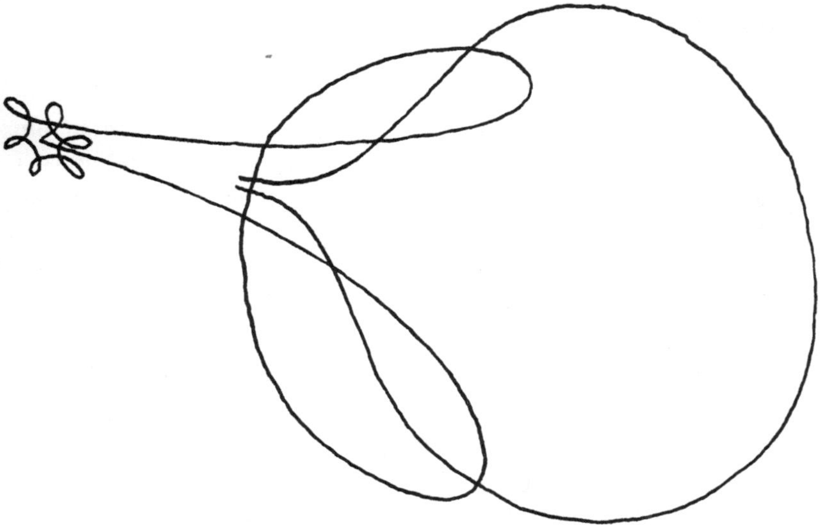

Aus dem Herzen des Hügels von Doga wird die Lichtinsel des Weißensees immer wieder neu »aufgeblasen«.

Am Ende unserer Kommunikation mit den Umweltgeistern des fünften Elements auf dem Doga-Hügel geschah noch etwas für die »neuen« Elementarwesen Charakteristisches: Sie lieben die Freiheit und den Scherz. Als wir zum Abschluss unseres Besuchs harmonisch tönten, um uns für die Erfahrungen zu bedanken, beobachtete ich, wie die Umweltgeister des Doga hoch über unserer Gruppe unser Ritual mit dem Schaukeln des Beckens unter lautem Gelächter »übten«.

61 – Kosmische Elementarwesen

Um möglicher Verwirrung vorzubeugen, die eine Begegnung mit den sogenannten kosmischen Elementarwesen anrichten könnte, will ich noch über deren Existenz berichten. Auch das gelegentliche Auftauchen der kosmischen Elementarwesen an der Erdoberfläche gehört zu den Phänomenen der gegenwärtigen Epoche der Erdwandlung.

»Kosmisch« heißt nicht, dass jene Elementarwesen aus dem weiten Universum auf die Erde gelangt sind. Genau umgekehrt! Die kosmischen Elementarwesen sind in den inneren Schichten der Erde beheimatet. Es handelt sich um den inneren Kosmos der Erde, der im 42. und 43. Abschnitt des vorliegenden Buchs angesprochen wurde. Sie verkörpern das Gedächtnis der Erde, sind Vermittler ihrer Erfahrungen, die sie durch Jahrmillionen ihrer Interaktion mit den auf der Erdoberfläche angesiedelten Evolutionen und Kulturen gesammelt hat. Der Wert des Gedächtnisses liegt darin, dass man auf die Erinnerung zurückgreifen kann, wenn man mit einer komplexen Situation konfrontiert wird, die nach Entscheidung verlangt. Im Gedächtnis sind ähnliche Zusammenhänge und Umstände gespeichert, wie sie auch in der gegenwärtigen Epoche vorkommen können. Die Erinnerung an vorangegangene Entscheidungen, Reaktionen und Lösungen hilft, in der konkreten Lage den richtigen Weg zu finden.

Die Wandlungsphase, in der sich die Erde zusammen mit unserer Zivilisation befindet, bringt eine unsichere Epoche des Übergangs mit sich, die verlangt, dass alle geistig-seelischen Ressourcen, die Gaia zur Verfügung stehen, aktiviert werden, darunter auch die in ihrem Gedächtnis gespeicherten Erinnerungen aus ähnlichen Wandlungsepochen der Vergangenheit. So kommt es, dass die kosmischen Elementarwesen aus dem Erdinneren begonnen haben, Beziehungen zum Leben auf der Erdoberfläche zu knüpfen. Ich vermute, dass das bereits in Abschnitt 29 erwähnte geomantische System der interdimensionalen Portale durch die Hüter des planetaren Gedächtnisses – die kosmischen Elementarwesen – erweckt und aktiviert wurde, um Wege zur Kommunikation mit der Erdoberfläche zu öffnen.

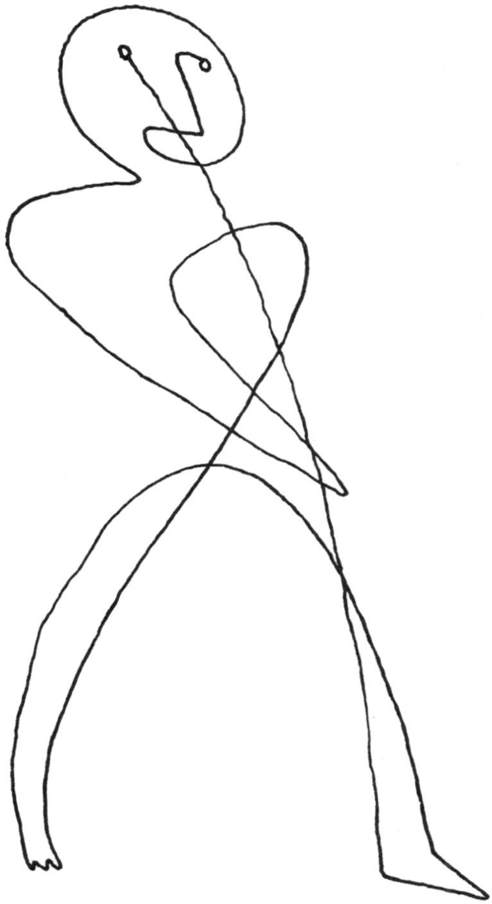

Kosmische Elementarwesen zeigen sich gewöhnlich in einer menschenähnlichen Form.

Ähnlich wie die Elementarwesen des fünften Elements sind auch die kosmischen Elementarwesen frei, die ätherische Form zu wählen, durch die sie im menschlichen Bewusstsein auftauchen. Manchmal werden sie als hochtechnisierte UFOs gesichtet, ein anderes Mal als menschenähnliche Wesenheiten, etwas kleiner in Gestalt und mit fremdartigen Gesichtszügen. In meinem Buch »Liebeserklärung an die Erde«, Kapitel 45, habe ich ihre Präsenz mit der ausgestorbenen Rasse der sogenannten Neandertaler verglichen.

Ein Merkmal kennzeichnet sie jedoch besonders: Aufgrund ihrer energetischen Nabelschnur, die sie mit dem Gesamtgedächtnis der Erde verbindet, verfügen sie über eine geradezu fantastische Intelligenz.

62 – Die Feennatur im Menschen

Spricht man von der gegenwärtigen Epoche der Wandlung, so denkt man als Erstes an Veränderungen in den Naturreichen, an den Klimawandel und die ungewöhnliche Erderwärmung. Des weiteren kommen einem die Wandlungen des menschlichen Bewusstseins in den Sinn. Der Mensch beginnt, ganzheitlich zu denken, er wird sich der Kostbarkeit des Lebens bewusst und macht sich frei vom sogenannten Massenbewusstsein und den damit verbundenen veralteten Gedankenformen.

Den Veränderungen auf der emotionalen Ebene des Raums hingegen wird kaum Beachtung geschenkt. Genau diese ist aber die Sphäre, in der die Elementarwesen tätig sind. Wie immer wieder erwähnt, haben Umweltgeister kein mentales, sondern stattdessen ein emotionales Bewusstsein. Sie vermitteln zwar zwischen der ätherischen und der materiellen Schicht des Raums, wirken jedoch durch die Gefühlsebene. Die emotionale Ebene ist ihre Heimat und ihr Wirkungsbereich.

Dass die Elementarwelt aus unserem modernen Bewusstsein vollständig ausgeblendet worden ist, hängt vor allem damit zusammen, dass wir Menschen uns zu extrem an unseren Verstand geklammert und dabei dessen Gegenpol in uns, die Gefühlsebene, weitgehend unterdrückt haben.

Und siehe da – auf dem besten Weg, kalte, vom Verstand gesteuerte Rechner zu werden, stießen wir auf die lichtdurchwobene und emotional erschütternde Welt der Elementarwesen. Eine rettende Hand streckt sich uns entgegen! Lasst uns den Augenblick der angebotenen Wende nicht verpassen!

Dabei geht es nicht vordergründig um die Anerkennung der parallelen Realität der Umweltgeister und Elementarwesen, denn diese erfüllen ihre Aufgabe im Erdkosmos weitgehend autonom, auch wenn

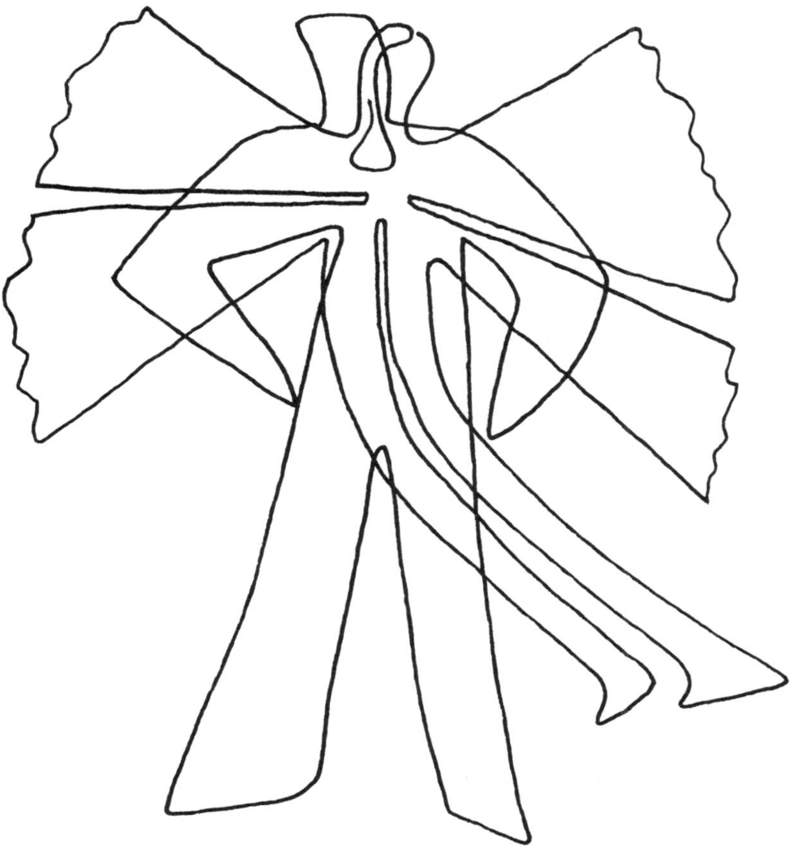

Die Feennatur schwingt im Menschen.

unsere Zivilisation sie verkennt. Es geht vielmehr um den feenartigen Aspekt von uns Menschen selbst. Wie öfters betont, gehören wir als verkörperte Wesenheiten ebenfalls weitgehend der irdischen Welt an. Auf eine eigentümliche und doch wesentliche Art sind auch wir mit der Gefühlswelt der Erde verwoben.

Unsere Feennatur sehnt sich danach, anerkannt und entfaltet zu werden. Würden wir der ewigen Sonne der Feenwelt in unserem Inneren erlauben, nach außen zu strahlen, so wäre im selben Augenblick die Trübsal der von Kriegen und Gesundheitsproblemen geprägten Welt unseres Alltags in eine lichte Welt gewandelt. Nicht umsonst spricht man vom Zauberstab, mit dem die Feen zu hantieren wissen. Ich bin überzeugt: Die Feensubstanz in uns ist bereit, ihren Zauberstab zu schwingen. Unser Bewusstsein muss dies aber zulassen und willkommen heißen, sonst geht es nicht. Wir selber halten den Schlüssel zu unserer Feennatur in der Hand.

63 — Übung zur Förderung unserer Feennatur

Unbeachtet von unserem Wachbewusstsein lebt unsere persönliche Feennatur ihr eigenes Leben, eingesponnen in unsere menschliche Gefühlswelt. Müssen die beiden Ebenen auf ewig getrennt bleiben? Keineswegs! Die Zeit der Wandlung ist angebrochen!

Was kann uns dabei helfen, die lichte, märchenhaft schwingende Welt aus unserem Inneren in den Alltag zu integrieren? Allem voran müssen wir der feenartigen Qualität in uns Aufmerksamkeit schenken. Das ist tatsächlich keine hochmysteriöse Angelegenheit, wie unser Verstand glaubt, sondern es geht schlicht um unsere unbestreitbare Teilhabe am Leben der Natur, der Erde und so auch an der Präsenz ihrer Elementarwesen in uns und um uns herum. Wir alle tanzen denselben Tanz – obwohl unsere Logik es anders darstellen möchte.

Zweitens müssen wir uns darin zu üben, die Aufmerksamkeit, die wir unserer Feennatur zukommen lassen, stets lebendig zu erhalten. Dazu biete ich eine Übung an, in der es um die spielerische Berührung unseres inneren Kinds, sei es Mädchen oder Knabe, geht. Die Übung wirkt jedoch nur, wenn sie über einen längeren Zeitraum mehrmals am Tag – und wenn auch nur für einige Augenblicke lang – wiederholt wird.

→ Mache dir jetzt, in diesem Augenblick, bewusst, dass dich dein inneres Mädchen, dein innerer Knabe (entscheide selbst, was für dich lehrreicher – nicht einfacher! – ist) begleitet. Spüre das innere Kind an deiner Seite hüpfen, wenn du gehst, an deiner Seite spielen, wenn du liegst usw. – stets in einer wenigstens minimalen Berührung mit deinem Körper.

Zur Übung mit dem inneren Kind.

- Sei achtsam gegenüber dem dich begleitenden inneren Kind. Es kann nicht so schnell gehen wie erwachsene Menschen. Auch wenn du in Eile bist, solltest du ihm ermöglichen, in seinem eigenen Rhythmus mitzukommen. Vielleicht musst du für einige Momente langsamer voranschreiten. Merke: Es geht nicht um das imaginäre Kind, sondern darum, einen ganz anderen Schwingungsrhythmus in dir zuzulassen, wozu dir das innere Kind verhilft.
- Lass in bestimmten Augenblicken die Qualität des dich begleitenden Mädchens oder Knaben spiralartig durch deinen Körper aufsteigen und sich durch deine Aura ausbreiten. Wie fühlt sich das an? Wie sieht in diesem Augenblick die Umwelt aus? Versuche, die Sensibilität, die sich in diesem Augenblick entfaltet, ständig beizubehalten.

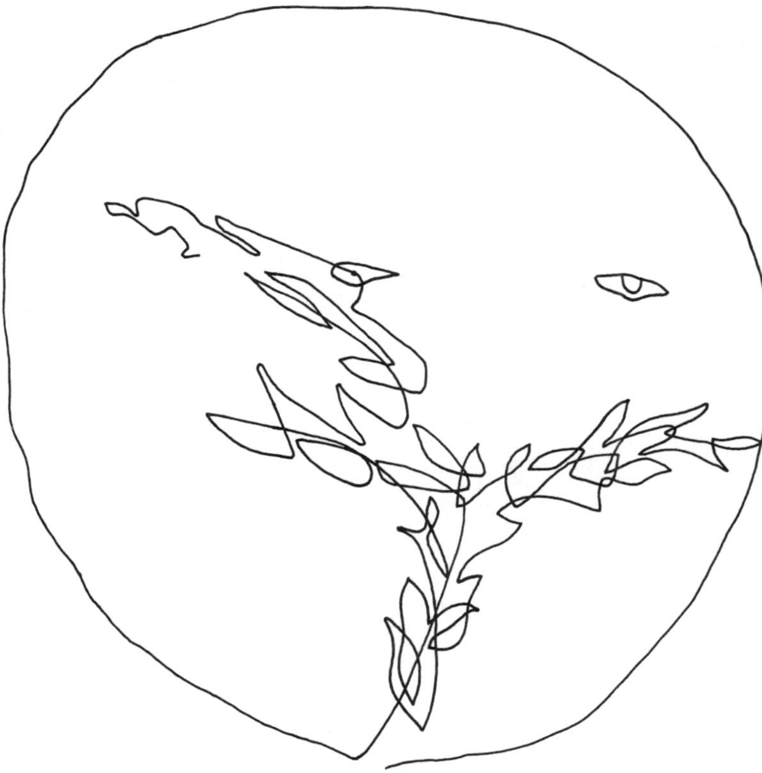

Elementarwesen einer Pflanze.

Über den Autor

Marko Pogačnik (geb. 1944) lebt in Šempas, Slowenien. Von 1965 bis 1979 wurde er als Konzept- und Land-Art-Künstler im Rahmen der von ihm gegründeten Gruppen »OHO« und der »Šempas-Familie« international bekannt. Seine Arbeiten wurden unter anderen im Aktionsraum München (1970), in den Museen für moderne Kunst in Ljubljana, Zagreb und Belgrad (1968–70), im Museum of Modern Art, New York (1970), auf der Biennale Venedig (1978), in der Biennale Trigon, Graz (1978), sowie im Queens Museum of Modern Art, New York (1999), ausgestellt.

Zu Beginn der achtziger Jahre entwickelte er eine geomantische Methode zur Heilung und Ausbalancierung von Orten und Landschaften, vergleichbar der Anwendung der Akupunktur beim menschlichen Körper. Dabei werden Steinsäulen mit eingemeißelten Kosmogrammen auf Akupunkturpunkte der Erde gesetzt und miteinander verbunden.

Zu den bekannteren Beispielen für die von Pogačnik »Lithopunktur« (von griechisch *lithos,* »Stein«) genannte Methode zählen:

- Lithopunktur beidseits der Grenze zwischen Nordirland und Republik Irland in der Region Derry, 1991–92, im Auftrag der Orchard Gallery Derry,
- Lithopunktur der Städte Villach (1995), Jesenice (1996), Klagenfurt (1998), Aachen (1999), Bad Radkersburg (2001), Nova Gorica (2002), St.Veit an der Glan (2003), Prag (2004-05), Bad Pyrmont (2006),
- »Alpenstern« – Lithopunkturprojekt im Auftrag der Stadt Villach mit Steinstelen in Italien, Österreich, Slowenien und Deutschland, 1997,
- Lithopunktur der Landschaft Circuito das Aguas, Brasilien, 1998, im Auftrag des Interamerikanischen Instituts zur Förderung der Landwirtschaft,
- Lithopunktur beidseits der Grenze zwischen Österreich und Slowenien mit Lithopunktursteinen in Bleiburg, Eberndorf, Völkermarkt, Griffen, St. Paul, Ravne, Črna und Loibach, 1999–2000, in Zusammenarbeit mit den sieben genannten Gemeinden,
- Lithopunktur der Hundertwasser-Therme Blumau, 1996–2004,
- Lithopunktur des Schweizerischen Seelands, 1998–2003, im Auftrag der Hans-Pauli-Gesellschaft, Bern,
- Lithopunktur von Quito, Hauptstadt von Ecuador, 2003, im Auftrag des Stadtbauamts von Quito,
- Lithopunktur von Zagreb, 2004, im Auftrag des Kulturamts der Stadt,
- Lithopunktur des Landeskrankenhauses Klagenfurt (zusammen mit Mitarbeitern), 2006.

Von Marko Pogačnik sind folgende Bücher in deutscher Sprache erschienen:

- »Die Erde heilen. Das Modell Türnich«, Diederichs, 1991,
- »Die Landschaft der Göttin – Heilungsprojekte in bedrohten Regionen Europas«, Diederichs, 1993,
- »Elementarwesen – Die Gefühlsebene der Erde«, Knaur, 1995,
- »Schule der Geomantie«, Knaur, 1996,
- »Wege der Erdheilung«, Knaur, 1997,
- »Geheimnis Venedig – Modell einer vollkommenen Stadt«, Diederichs, 1997,
- »Erdsysteme und Christuskraft«, Knaur, 1998,
- »Brasilien – Ein Pfad zum Paradies«, Edition Ecorna, 2000 (erhältlich beim AT Verlag),
- »Die Erde wandelt sich«, Knaur, 2001,
- »Die Tochter der Erde«, AT Verlag, 2002,
- »Erdwandlung als persönliche Herausforderung«, Knaur, 2003,
- »Das Herz so weit – Zu den Wurzeln des Friedens in Israel und Palästina« (zusammen mit Ana Pogačnik), AT Verlag, 2004,
- »Liebeserklärung an die Erde«, AT Verlag, 2007.

Seit 1993 ist Marko Pogačnik als Dozent bei Ausbildungen in Geomantie tätig und gibt Seminare für Geomantie und persönliche Entwicklung in Deutschland (Hagia Chora), Österreich (Raum und Mensch), der Schweiz, Italien, Schweden, England, den USA, Kroatien und Slowenien, gelegentlich unterstützt von seinen Töchtern Ajra und Ana oder von durch ihn ausgebildeten Fachkräften.

Das offizielle Staatswappen der Republik Slowenien zeigt ein von Marko Pogačnik entworfenes Kosmogramm.

Literatur

Bloom, William: *Devas: Fairies and Angels. A Modern Approach,* Glastonbury 1986.

Findhorn Community, The: *The Findhorn Garden,* Findhorn 1975.

Gelder, Dora van: *Im Reich der Naturgeister,* Grafing 1989.

Hodson, Geoffrey: *The Kingdom of the Gods,* Madras 1980.

Höflinger, Heinz und Lehner, Thomas: *Der Feengarten,* Freiburg i. Br. 1985.

Lorber, Jakob: *Der Großglockner – ein Evangelium der Berge,* Bietigheim 1923.

Marwede, Wendelin: *Die Zwergsagen in Deutschland nördlich des Mains,* Würzburg 1933 (Dissertation an der Universität Köln).

Miška, Ajra Pogačnik: *Von der Ewigkeit berührt – Die Erzählung eines Engels,* Edition Ecorna, 2002 (erhältlich beim AT Verlag, Baden und München).

Petzold, Leander: *Kleines Lexikon der Dämonen und Elementargeister,* München 1990.

Petzold, Leander: *Sagen aus Salzburg,* München 1993.

Pogačnik, Marko: *Die Erde heilen. Das Modell Türnich,* München 1989.

Pogačnik, Marko: *Die Landschaft der Göttin. Heilungsprojekte in bedrohten Regionen Europas,* München 1993.

Pogačnik, Marko: *Die Tochter der Erde,* AT Verlag, Aarau 2002.

Pogačnik, Marko: *Liebeserklärung an die Erde,* AT Verlag, Baden und München 2007.

Poortvliet, Rien und Huygen, Wil: *Das große Buch der Heinzelmännchen,* München 1992.

Poortvliet, Rien und Huygen, Wil: *Das geheime Buch der Heinzelmännchen,* München 1993.

Spiesberger, Karl: *Naturgeister – wie Seher sie schauen, wie Magier sie rufen,* Berlin 1978.

Steiner, Rudolf: *Die geistigen Wesenheiten in den Himmelskörpern und Naturreichen,* Dornach 1960.

Von Marko Pogačnik im AT Verlag bereits erschienen

Liebeserklärung an die Erde
Ein weltumspannender Steinkreis
für die Kraft des Wandels
Mit Meditationen und praktischen Übungen

23 Orte rund um den Globus, an denen Marko Pogačnik Erdheilungsprojekte initiiert hat, werden in diesem Buch als Kraftorte für eine friedvolle Zivilisation beschrieben. Praktische Imaginationsübungen und 60 energetisch aufgeladene Zeichnungen führen uns hin zur Kommunikation mit der Erdseele und laden dazu ein, selbst aktiv zu werden.

Die Tochter der Erde
Die Wiedergeburt des göttlichen Weiblichen

Mutter Erde, die dreigestaltige Göttin oder die schwarze Madonna sind Urbilder des Weiblichen, die unsere Kultur seit der Steinzeit geprägt haben. Dieses Buch zeigt Wege auf, wie wir uns wieder mit dem göttlichen Weiblichen in allen seinen Erscheinungsformen verbinden können, sei es im persönlichen Leben, in der Kulturgeschichte oder in der sakralen Dimension der Landschaft.

Weitere Bücher aus dem AT Verlag

Leszek Matela
Die Kraft der Steine und Megalithen
Die Energie von Steinen nutzen – Geschichte, Wirkung, Praxis

Paul Devereux
Der heilige Ort
Vom Naturtempel zum Sakralbau
Wie die Menschen das Heilige in der Natur entdeckten

Johannes Groht
Tempel der Ahnen
Megalithbauten in Norddeutschland

Pier Hänni
Wege zu Orten der Kraft
Plätze der Erholung, Inspiration und Heilung selbst finden

Ursula Walser-Biffiger
Vom schöpferischen Umgang mit Orten der Kraft
Ein Praxisbuch mit Übungen und Ritualen

Wolf-Dieter Storl
Naturrituale
Mit schamanischen Ritualen zu den eigenen Wurzeln finden

Blanche Merz
Die Seele des Ortes
Metaphysische Energien und ihre Wirkkraft

Blanche Merz
Orte der Kraft
Die Stätten höchster kosmo-terrestrischer Energie

Blanche Merz
Orte der Kraft in der Schweiz

Werner Anderhub, Andreas Müller
Phänomen Kornkreise
Forschung zwischen Volksüberlieferung, Grenz- und Naturwissenschaft

Jeff Saward
Labyrinthe und Irrgärten
Geschichte, Verbreitung, Bedeutung

Marco Bischof
Tachyonen, Orgonenergie, Skalarwellen
Feinstoffliche Felder zwischen Mythos und Wissenschaft

Demetri Dimas Efthyvoulos
Geister des Regenwalds
Die Pforten der Wahrnehmung öffnen

AT Verlag
Stadtturmstraße 19
CH-5401 Baden
Telefon +41 (0)58 200 44 00
Fax +41 (0)58 200 44 01
E-Mail: at-verlag@azag.ch
Internet: www.at-verlag.ch